미래세대를 위한 과학 융합교육

우리시대
질문총서
12

미래세대를 위한 과학 융합교육

Integrated Science Education
for Future Generation

남윤경 저

부산대학교출판문화원

차 례

차 례

표

차 례

그림

발간사

우리는 지금까지와는 다른 '격변'의 시대를 살고 있다. '변화'는 시간의 흐름에 따르는 자연스러운 결과지만, 이 시대의 '변화'는 과거와는 전혀 다른 양상을 보이고 있다. 과거의 변화가 기존의 패러다임 내에서 일어나는 크고 작은 변화들이었다면, 지금의 변화는 가히 '패러다임의 전환'이라고 일컬을 만하다. 기존의 패러다임은 인간 중심적 인식의 틀 속에서 과학기술 문명의 발전과 자본주의적 체제의 구축, 명확히 경계 지어진 세계 속에서 전문성을 강조한다는 점에서, 어쩌면 여전히 근대성의 틀을 벗어나지 못했다고 할 수 있다.

지금 이런 패러다임으로 우리 시대를 판단하고 예견하는 데는 한계가 있다. 우리 시대는 지나간 시대로부터의 위기와 예측할 수 없는 미래에 대한 불안감, 그리고 도래할 시대에 대한 희망이 공존한다는 데 그 독특함이 있다. 새로운 패러다임은 기존의 패러다임에서 잉태된 위기로부터의 출구를 모색하는 과정이자 다가올 시대의 새로운 지향과도 관련되어 있다. 그래서 우리 앞의 복잡다기한 상황에 맞서, <우리시대 질문총서>는 '환경 변화와 인류의 미래', '신자유주의의 팽창과 연대', '휴머니즘에 대한 재성찰과 대안적 삶', '첨단기술혁명과 융복합', '글로벌/로컬의 관계 속에서 인간 삶의 변화'라는 주제를 통해 지금 이 시대를 성찰하고자 한다.

인간이 세계를 지배하는 시대, 인간이 환경의 전반적 흐름에 영향을 행사하는 이른바 인류세의 시대는 역설적이게도 인간의 무력함과 한계를 절감하게 한다. 인간이 누린 풍요의 대가가 되어버린 기후 변화와 생태계 변화는 우리 시대 초미의 관심사이지만 이런 변화는 사람들을 삶의 '지속 가능함'을 확신하기 어려운 상황으로 내몰고 있다. 그럼에도 불구하고 이런 불확실한 상황은 그동안 우리의 삶 자체를 성찰하는 한편 진정한 대안들을 새롭게 모색할 것을 촉구하고 있다.

4차 산업혁명으로 인한 자본주의의 급변과 인간과 기술의 포스트휴먼적 융합 시대의 도래는 인간의 존재적 위기와 함께 전통적인 인간상의 유효성에 의문을 제기하고 있다. 기계는 인간에게 어떤 영향을 끼칠 것인가, 인간은 기계의 문제에서 주도적일 수 있는가, 혹은 이런 변화는 인간과 기계의 대립을 넘어 새로운 가능성을 제시해줄 수 있는가. 최근 포스트휴먼의 가능성은 이런 질문들과 연결되어 있다. 포스트휴먼 시대에 인간의 자리를 묻고 기술의 변화가 인간과 사회에 어떤 변화를 줄지 성찰하는 노력들이 필요하다.

한편 우리 시대는 근대 국민국가의 경계를 뛰어넘는 문화적 현상을 수없이 목격하고 있다. 국민과 난민의 경계가 모호해지면서 수많은 이질적인 문화들이 접촉하고 갈등하고 섞이는 혼종의 시대, 바로 이 시대에 우리는 민족문화의 중심성을 넘어서 글로벌과 로컬이 보다 긴밀해지는 문화적 관계 속으로 편입되고 있다. 그 결과 그동안 민족문화의 틀과 프리즘 밖에 존재하던 문화들이 새로운 관심사로 부각되고 있으며, 근대, 자본, 민족의 구조를 넘어서는 대안적 사고들이 곳곳에서 출현하고 있다. 전지구화와 함께 등장한 전지구적 자본과 문화의 압도적 힘 앞에서 무기

력해진 개인, 신자유주의의 팽창으로 인한 경쟁의 격화와 인간 소외는 '관계 맺는 존재로서의 인간'의 가능성에 대해 되묻고 다양한 방식의 '소통과 연대'를 제안하고 있다.

이러한 변화들은 우리의 기존 사고로 담아낼 수 없는 우리 시대의 현상들이다. 이런 현상들 앞에서 우리는 '왜?', '어떻게?'라는 질문을 던지고, 그 답을 찾아가는 비판적 사유의 여정을 시작하고자 한다. 이러한 비판적 사유의 여정은 분과학문으로 나누어져 전문성만을 강조해온 기존의 학문구조의 틀을 벗어나, 각 학문의 내적 융합뿐만 아니라 인문학, 사회과학, 자연과학 같은 학문 간의 융합을 전제로 한다.

<우리시대 질문총서>는 우리 앞에 놓인 이러한 현상들에 대한 성찰을 제공하고 대안을 모색하는 데에 그 취지가 있다. 이 총서는 우리 세계의 변화를 미시적이고 거시적으로 살펴볼 수 있는 학문적 시각을 제공하는 한편, 도래할 세계(the world to come)와 지나간 미래(future past)의 쌍방향적 대화와 성찰을 통해 우리 시대를 비판적으로 반성하고 예견하는 우리 시대의 문제적 활동들을 기획, 소개하고자 한다. <우리시대 질문총서>를 통한 사유와 성찰이 우리시대의 성숙한 집단 지성을 형성하는 마중물이 되었으면 한다.

그리고 <우리시대 질문총서>의 출판을 위해 도움을 주신 많은 분들께 감사드린다.

우리시대 질문총서 제작위원회

저자의 말

4차 산업혁명 시대를 기반으로 한 미래사회에 적합한 인재를 양성하기 위해 과학교육은 어떤 방향으로 나아가야 할까? 미래사회는 IoT와 AI등 첨단기술의 발전으로 새로운 과학지식이 기하급수적으로 축적될 것이다. 이에 따라 미래 세대인 학생들은 예측 불가능한 다양한 문제들에 직면할 것이다. 이러한 시대에는, 필요한 지식을 찾아 적절하게 문제를 해결하는 문제해결력, 협력하려는 태도, 의사소통 능력, 그리고 방대한 정보를 논리적 사고와 과학적 근거에 따라 판단하는 의사결정 능력이 요구된다. 따라서 미래 과학교육은 지식의 습득보다는 지식을 습득하는 방법을 가르치고, 이것을 융합적인 문제해결에 적용할 수 있는 역량을 키우는 방향으로 나아가야 한다. 미래 세대인 학생들이 변화하는 지식을 빨리 수용하고 활용할 수 있도록 과학교육은 교수-학습의 방법뿐 아니라 교과 내용의 범위에 대한 개혁도 있어야 한다.

여러 선진국에서는 이미 과학 기술과 지식의 변화에 발맞추어 교육의 방법과 내용을 바꾸고 있다. 지식의 양보다는 학습자가 스스로 학습하는 능력을 기르도록 다양한 교수법적 접근이 시도되고 있으며, 내용적 측면에서 과학·기술·공학의 학문적 경계를 넘어선 융합적 문제해결력을 기르기 위해 과학·공학·수학·컴퓨팅(전산)이 융합된 융합교육에 초점을 두고 있다. 지난 10년간 학문의 경계를 넘어선 간학문적 문제해결과 실제 상황에서의 문제해결 능력을 증진하는 것이 선진국을 포함한 여러 나라에서 미래세대를 위한 과학교육의 중요한 목표가 되었다. 한국의 과학 융합교육도 STEAM 융합교육이라는 개념을 중심으로 지난 10년간 극적으로 증가했다. 하지만 한국의 과학 융합교육은 학교 현장 교사를 위한 명확한 교육목표와 구체적인 교수법, 교사를 위한 명확한 교수-학습 지침이 제공되지 않았다. 미국 등 주요 선진국에서 시도한 STEM 융합교육은 문제해결 능력을 교육의 핵심으로 다루며, 구체적으로 공학 설계를 핵심적인 교수 방법으로 강조한다. 반면, 한국에서는 학생들의 융합적 문제해결력 향상보다 과학 개념에 대한 지식 습득, 과학에 대한 태도나 흥미 증진을 학습의 효과로 보고하는 경우가 많았다.

따라서 이 책에서는 과학 융합교육의 핵심적 목표를 융합적 문제해결력 향상으로 보고, 4차 산업혁명 시대를 살아갈 미래 세대 양성을 위해, 초중고 과학교육에서 공학·수학·컴퓨팅을 중심으로 한 융합교육을 어떻게 실현할 수 있는지 구체적 방향을 제시하고자 한다. 이를 위해 과학 융합교육의 이론적 근거를 제시하며, 교과의 경계를 과감하게 허물고 과학·공학·수학·컴퓨팅 교과별 성취기준을 해체·통합·재배치 할 수 있는 수업 설계틀 및 모형을 제시한다.

먼저 1장에서는 4차 산업혁명 시대의 특징과 이를 대비한 과학 융합교육이 나아가야 할 방향을 제시한다. 2장에서는 과학·수학·공학·컴퓨팅에서 문제해결의 공통점과 차이점을 살펴본다. 3~5장에서는 현장 과학교사들의 과학 융합수업에 대한 실천 수준을 확인하고 개선하기 위한 구체적인 기준을 제공 할 뿐 아니라 학교 현장의 상황을 고려하여 설계된 융합수업의 예시, 적용

사례와 학습효과에 대한 증거를 제공하고 있다. 구체적으로 3장에서는 과학-공학 융합교육의 이론적 배경과 과학-공학 융합교육 설계를 위한 설계틀 및 예시를 제공한다. 4장에서는 과학-공학 융합교육의 방향과 예시를 제시하고, 5장에서는 과학-컴퓨팅 융합교육의의 방향과 예시를 제시한다. 3~5 각 장에서 제공하는 자료를 통해 손쉽게 학교 상황에 맞춘 과학 융합수업안을 개발할 수 있도록 안내함으로써 현장 과학교사 뿐 아니라 예비 과학교사들에게 과학 융합수업에 대한 지침을 제공한다. 마지막으로 7장에서는 현재 급변하고 있는 팬데믹 교육상황과 에듀테크의 발전, 다양한 학습자와 지속가능한 발전 등을 고려하여 과학 융합교육이 나아갈 방향을 모색해보고자 한다.

이 책에 수록된 과학 융합교육에 대한 다양한 아이디어와 예시들은 저자와 함께 연구에 참여한 많은 연구자들의 노력의 결과이다. 또한 이 책의 편집·디자인·교정에 도움을 주신 부산대학교 출판문화원에 감사의 뜻을 전하고 싶다.

The fear of the Lord is the beginning of wisdom, and knowledge of the Holy One is understanding (Proverbs 9:10).

제 1 장

4차 산업혁명 시대와 미래 과학교육의 방향

들어가기

우리는 4차 산업혁명 시대에 살고 있다. 4차 산업혁명은 인공지능으로 대표되는 스마트지능, 사물인터넷(Internet of Things: IoT) 기술이 가져다준 초연결 사회(Hyper-connected Society), 방대한 데이터 분석에 의한 지식과 기술의 창출, 가상공간에서의 사회생활, 내 손안에서 모든 것이 이루어지는 유비쿼터스 등이 현실화되는 시대다. 다가올 미래에 대한 기대도 있지만 두려움과 혼돈도 함께 존재한다. 미래를 이끌어갈 학생들은 지금보다 더욱 예측 불가능한 기술적 발전에 적응함과 동시에 그에 따른 사회적 책임도 감당해야 할 것이다.

이러한 시대에 대비하기 위해 과학교육은 어떤 방향으로 나아가야 할까? 미래 시민인 학생들은 과학교육을 통해 어떤 역량을 길러야 할까? 4차 산업혁명 시대에 적합한 융합적 문제해결력을 갖춘 인재를 길러내는 것은 선진국를 포함한 여러 나라의 주요 교육목표이다. 한국를 포함한 선진국들은 과학·기술·공학·수학이 융합된 교육, 즉 STEM(Science, Technology, Engineering and Mathematic: 이하 STEM) 교육의 중요성을 인식하여, STEM 각 분야뿐 아니라 학문 간의 체계적인 지식 연계성을 찾고 이를 근거로 실제 상황에서의 문제해결력을 강조하는 STEM 융합교육에 막대한 국가적 예산을 투입하고 있다. 학문의 경계를 넘어선 간학문적 문제해결과 실제 상황에서의 문제해결 능력을 증진하는 것이 4차 산업혁명 시대 시민 양성을 위한 과학교육의 중요한 목표가 되었다.

이장에서는 4차 산업혁명 시대를 맞아 현재 초중등 학생들에게 필요한 미래사회 역량은 무엇인지를 고민해보고자 한다. 먼저 4차 산업혁명 시대를 위한 미래 과학교육의 방향을 선진국 과학교육의 특징과 함께 살펴보고, 미래 핵심역량으로 주목받는 융합적 문제해결력의 정의를 살펴본다. 마지막으로 현재 한국 과학 융합교육의 문제점과 개선점을 살펴봄으로써 4차 산업혁명 시대를 위해 한국 과학교육이 나아가야할 방향에 대해 제언하고자 한다.

1. 4차 산업혁명 시대의 교육

4차 산업혁명은 한 가지 첨단 기술에 의존했던 지난 1차(증기기관), 2차(전기), 3차(디지털)혁명과는 차원적으로 다르다. 1차 산업혁명은 18세기 증기기관의 발명이 이끈 기계화의 혁명이며, 질소비료의 생산이 가능해지면서 식량문제가 해결된 것이 가장 큰 특징이라면, 2차 산업혁명은 19세기에서 20세기 초 전기 에너지 생산에 따른 대량 생산의 혁명이라고 할 수 있다. 20세기 후반의 3차 산업혁명은 컴퓨터의 개발과 인터넷에 기반한 초고속 정보통신망 구축에 따른 정보혁명이라고 할 수 있다. 21세기 초에 시작된 4차 산업혁명은 여러 가지 첨단기술이 복잡하게 융합된 예측 불가능한 산업적 혁명을 말한다. 기술의 발달로 방대해진 과학지식의 축적은 새로운 기술 개발을 이끌었고, 이는 다시 자연계와 인간 사회에 대한 정보를 축적하는 데 기여했다. 4차 산업혁명 시대는 가속화되는 지식과 기술의 축적에 따른 예측 불가능한 현실에 직면하고 있다. 4차 산업혁명 시대를 맞아 미래사회의 일원으로서 역할을 감당해야 하는 현재 초중등 학생들에게 필요한 미래사회 역량은 무엇일까? 교육과정과 학교 현장에서 어떤 지식과

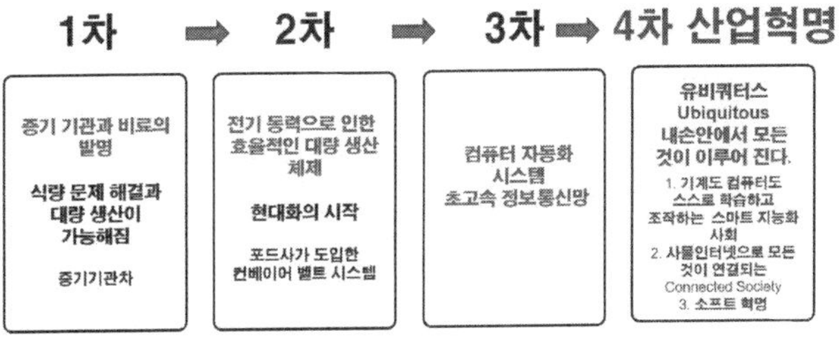

[그림 1.1] 1차~4차 산업혁명 시대의 특징

능력을 습득해야 할까? 다음 그림은 4차 산업혁명의 특징을 보여준다. 4차 산업혁명의 특징을 이해하는 것은 4차 산업혁명 시대에 필요한 능력을 정의하고, 나아가 모든 학생들에게 필요한 과학교육의 방향을 제시하기 위해 중요하다.

[그림 1.2] 4차 산업혁명 시대의 특징

4차 산업혁명의 특징은 무엇일까? 먼저, 4차 산업혁명은 인공지능으로 대표되는 스마트지능을 사용하는 사회이다. 인공지능은 인간의 고유 영역이라 이해되던 창의적 발견과 조직, 즉 미술·작곡·저작뿐 아니라 창의적 문제해결과 추론까지 그 영역을 넓히고 있다. 인공지능의 발전은 인간의 생산 활동을 도와주는 차원을 넘어, 인간이 할 수 있는 무수한 직업을 대체할 수 있기에 이로 인한 실업이 가속화 될 것이다.

4차 산업혁명은 또한 초연결 사회(Hyper-connected Society)이다. 사물인터넷(IoT)으로 대표되는 기술은 센서가 부착된 장치와 착용가능한 장치(wearable device)등이 인터넷을 통해 정보를 주고받으며 우리 생활의 거의 모든 부분에서 영향을 주게 된다. IoT로 연결된 사회는 에너지 절약, 건강·안전 측면에서 우리에게 많은 이익을 줄 것이다.

이러한 인공지능과 사물인터넷을 통해 무수한 데이터가 모아질 것이며 이러한 데이터를 사용하는 능력은 4차 산업혁명에서 살아남을 것인지 아니면 도태될 것인지를 결정하는 중요한 변수가 된다. 예를 들어 미국 제너럴일렉트릭(General Electric, GE)에서는 비행기 엔진을 파는 것 뿐 아니라 엔진에 부착된 센서를 통해 들어오는 정보를 분석해서 최적의 서비스를 제공하는 것으로 수익의 많은 부분을 창출한다(이성훈, 2017). 데이터를 사용하는 능력은 미래사회를 살아갈 학생들에게 꼭 필요한 능력이다. 마지막으로 4차 산업혁명 시대는 유비쿼터스, 즉 내 손안에서 모든 것이 이루어지는 시대이다. 온라인을 통한 학습이 보편화되고, 생활에 필요한 모든 것이 스마트 디바이스를 통해 구매되며, SNS를 통한 의사결정 및 의사소통이 이루어질 것이다.

2020년부터 우리가 겪은 코로나 팬데믹은 이러한 4차 산업혁명 시대가 가진 기술적 특징을 교육상황에 적용하는 계기를 제공했다. 코로나로 인한 갑작스러운 비대면 수업과 재택근무는 국가적 차원에서 교육공학 및 기술적 진보를 가져왔다. 미국의 정보 기술 연구 및 자문 회사인 가트너 주식회사(Gartner, Inc)는 코로나 팬데믹 시대를 지나면서 유초중등교육에서 일어난 다섯 가지 핵심적인 교육공학 및 기술적 변화 추세를 조사·분석하여 발표했다(Williams, 2021). 다음 [그림 1.3]은 이 보고서에서 제시한 다섯 가지 중요한 교육 추세를 보여준다.

첫 번째 Hybrid World는 대면과 원격교육을 조합하여 사용하는 하이브리드 교육환경을 의미한다. 하이브리드 교육환경은 대학을 중심으로 활용, 발전 중이었으나 코로나 팬데믹 이후 대면 교육이 불가능한 상황에 대한 해결책으로 모든 교육기관에 확산

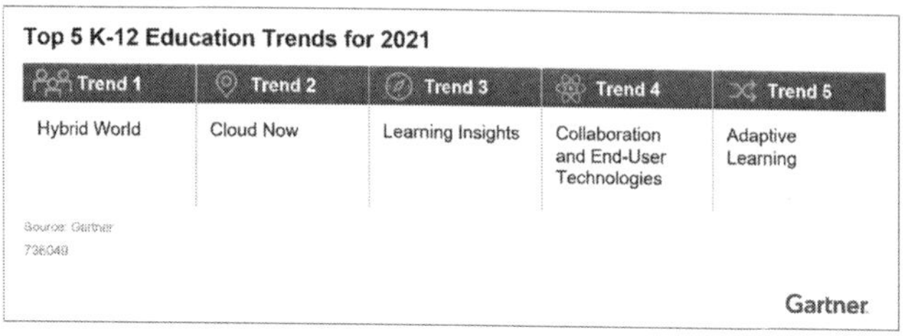

[그림 1.3] 2021년의 다섯 가지 대표적인 교육추세
*출처: Williams 2021, p.3.

되었다. 포스트 코로나 시대에는 기존의 대면교육으로 돌아가야 한다는 압박이 있지만 오히려 하이브리드 교육의 이점을 경험한 교육자들과 학습자들의 요구에 따라 하이브리드 교육환경은 포스트 코로나 시대 이후에도 여러 가지 교육상황에 더욱 유연하고 민첩한 교육 방법으로 자리잡을 것으로 전망된다.

두 번째 Cloud Now는 인터넷 기반의 원격 가상화 컴퓨팅 시스템을 일컫는 클라우드컴퓨팅에 관한 것이다. 클라우드는 데이터 저장 및 공유, 공동작업을 가능하게 하고(예: 구글드라이버, 마이크로소프트 원드라이브), 인공지능 및 머신리닝을 위한 데이터 처리 서비스도 가능하게 하면서(예: 아마존 웹 서비스(aws), 마이크로 소프트 애저(AZURE)) 언제 어디서나 사용자의 직접적 관리 없이 필요한 서비스를 사용할 수 있게 하였다. 팬데믹 시대를 거치면서 점점 더 많은 교육기관이 클라우드 제공업체의 서비스를 사용하고 신뢰하게 되었다. 클라우드가 언젠가는 교육기관의 민감한 데이터를 안전하게 전달하고 관리하는 역할을 할 것이라던 기대는 팬데믹을 거치면서 "바로 지금 클라우스(Cloud Now)"를 사용하는 상황으로 이끌었다.

세 번째 Learning Insights는 팬데믹으로 인한 학습손실을 빠르고 정확하게 진단·관리하기 위한 디지털 시스템의 필요성을 의미한다. 팬데믹 기간에 진행된 비대면 수업은 다양한 디지털 학습도구의 사용과 인터넷을 통한 정보를 접하게 한 반면, 교사와 직접적인 상호작용을 통한 학습 진단과 평가의 기회를 상실하게 하였다. 학습자의 가정이 학습의 공간이 되면서 학교에서 지원할 수 있는 다양한 도움이 제한되었고 학습자의 가정 환경과 지원 가능한 도움(교육용 디바이스에 접근 가능성, 부모의 학력, 학습 지원 가능 시간 등)의 차이가 학습 격차에 직접적인 영향을 미치게 되었다. 국가 교육기관들은 이 기간 동안의 학습 결손을 효율적으로 진단·관리하기 위한 디지털 시스템에 눈을 돌리고 있다. 이는 학습결손 문제뿐 아니라, 하이브리드로 진행될 수밖에 없는 미래교육을 위한 학습의 효율적인 평가·진단·관리에 디지털 시스템이 필요하다는 것을 보여준다.

네 번째 Collaboration and End-User Technologies는 누구나, 언제 어디서나, 일하고 가르칠 수 있는 기술적 지원을 의미한다. 팬데믹 기간 비대면 수업에서 사용한 다양한 화상강의 플랫폼과 연결 서비스(예: Google Meet, Microsoft Teams, Zoom)가 활성화되었다. 팬데믹 이후에도 학생과 교사는 필요에 따라 학교 또는 가정에 머물면서 필요한 수업을 제공하고 제공 받을 수 있어야 하며, 하이브리드 교육상황에서 유연하게 대처할 수 있는 체계적인 기술적 지원이 개발되고 적용될 것이다.

다섯 번째 Adaptive Learning은 학습 상황에서 학습자의 선호도와 반응에 대한 대량의 데이터를 수집하고, 이것을 기반으로 AI가 학습자의 학습을 분석하여 적절한 교육적 반응을 제공하는 기술이 적극적으로 도입될 것을 의미한다. AI 기술은 학습자의 학습을 지속적으로 평가·분석하여 학습효과를 높일 수 있는 최적화된 해결책을 제공할 것이다. AI 알고리즘은 학습자에 대한 데이터 분석 결과로 학습자의 학습과정을 설계하고, 학습의 속도를 조절하고, 학습의 유형을 변경하면서, 비대면 상황에서 학습을 도울 것이다.

가트너 보고서에서 제시한 이러한 추세는 포스트 코로나 시대에서도 지속될 것으로 예상된다. 4차 산업혁명 시대와 함께 겪었던 전 세계 비대면 수업 상황을 통해 방대한 양의 과학지식을 학생들에게 주입시키는 접근이 학습자의 학습에 효율적이지 않다는 것을 깨닫게 되었다. 빠르게 변화하는 과학·공학·기술적 지식에 학교 교육 시스템이 따라 갈 수 없게 되는 시대가 도래한 것이다. 이러한 시대에 학생들은 변화하는 지식을 빠르게 수용하고 이용할 수 있는 능력을 길러야 하고, 이를 위해 과학교육은 교수-학습 방법뿐 아니라 교과 내용의 범위도 바꾸어야 한다.

선진국의 여러 교육기관은 이미 기술과 지식의 변화에 발맞추어 교육의 방법과 내용을 바꾸고 지식의 양 보다는 학습자가 배우는 방법을 익히는데 초점을 두고 있다. 미국 미네르바 스쿨(Minerva School)이 미래 대학의 운영방식을 보여주는 대표적인 예인데, 전 세계 7개국에 캠퍼스를 두고 온라인 수업과 학생 네트워크를 구축하여 현장에서 문제해결력에 초점을 맞춘 수업을 진행한다. 이 외에도 고등학교(4년 과정)와 전문대학(2년 과정)을 함께 운영하는 프랑스의 P-TECH 스쿨, 15주의 인텐시브한 프로그래밍 교육으로 현장 중심의 지식과 기술을 가진 인재를 양성하는 미국의 플랫아이언 스쿨(Flatiron School) 등이 있다. 이러한 학교들은 급변하는 사회에서 융합적 문제해결이 가능한, 문제해결력을 갖춘 미래인재를 양성하는 데 목적을 두고 있다.

이러한 대학 체제의 변화와 함께 수업의 방법도 바뀌고 있다. 플립드러닝(Flipped learning) 방식을 적극적으로 도입한 싱가포르 난양 공과대학은 모든 수업을 동영상으로 녹화하는 플립드러닝 시스템 구축을 위해 2015-2020년까지 800억을 투자했다. 학교라는 물리적 공간을 넘어선 학습자주도의 교육이 가능하도록 러닝허브인 'The Hive' 교육관을 건축하여 56개 원형 스마트 교실을 갖추었다.

니콜라 사디락(프랑스 파리 3년제 소프트웨어교육 학교 에꼴42 교장)은, 머지않아 어떤 직업도 현재와 같은 방식으로 수행되지 않을 것이기에 지식을 필요로 하거나 활용하는 일을 컴퓨터와 로봇이 대체할 것이라고 말한다(EBS, 2017). 그렇다면 이러한 시대에 우리에게 필요한 역량은 무엇일까? 그는 우리에게 필요한 것은 인간 본연의 역량, 즉 창의성, 예술, 사람들과의 상호작용, 그리고 공감능력과 같이 가까운 시대에 자동화 될 수 없는 것들이라고 말한다.

이러한 시대에 요구되는 역량은 지식을 습득하는 능력이 아니라 지식을 찾고 적절하게 문제해결에 활용하는 문제해결력, 문제를 함께 해결하는 협력과 의사소통 능력, 그리고 방대한 정보를 논리적 판단과 과학적 근거에 따라 의사결정 능력이다. 따라서 미래 과학교육은 그 어느 때보다 지식의 습득보다는 지식을 습득하는 방법을 가르치고, 이것을 융합적인 문제해결에 적용할 수 있는 역량을 기르는 방향으로 나아가야 한다.

2. 4차 산업혁명 시대를 위한 미래 과학교육의 방향

4차 산업혁명 시대에 적합한 인재를 양성하기 위해 과학교육은 어떤 방향으로 나아가야 할까? 4차 산업혁명 시대에 대비해 The Partnership for 21st Century Skills(P21)는 미래사회를 위한 역량으로 4C(Creativity, Critical Thinking, Communication, Collaboration)를 제안했다(Formanack, 2008). 미래사회는 창의적이고 비판적 사고력을 가지고 문제를 직시하며, 다른 이들과 효율적으로 의사소통하고, 서로 협력함으로써 문제를 해결할 수 있는 인재를 요구한다.

2016년 교육부에서는 대한민국 교육이 2030년까지 나아가야 할 5개 방향과 그에 따른 추진 전략 22개를 담은 "지능정보사회 대비 중장기 교육방향"을 발표했다. 교육부에서 제시한 5개 미래 교육방향은 1. 학생들의 흥미와 적성을 최대한 발휘할 수 있는 교육, 2. 사고력·문제해결력·창의력을 키우는 교육, 3. 개인의 학

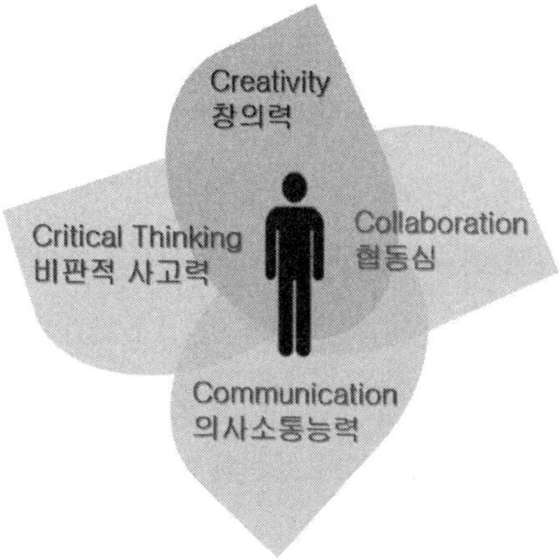

[그림 1.4] 미래역량 4C

습능력을 고려한 맞춤형 교육, 4. 지능정보기술 분야 핵심 인재를 기르는 교육, 5. 사람을 중시하고 사회 통합에 기여하는 교육이다. 이를 중점 추진 전략으로 제시하면 다음 [그림 1.5]와 같다.

교육부 중장기 교육방향에서도 4차 산업혁명 정보화 시대를 대비하는 초중고 및 대학의 소프트웨어 교육과 지능정보 핵심 인재 양성 및 연구 인력 양성, 역량 강화를 중점 추진 전략 중 하나로 제시하고 있다.

특히 정보교육은 과학, 수학교육과 함께 미래인재 양성의 주요 과목으로 주목받고 있다. 지난 2018년 4월 25일부터 과학·수학·정보교육의 활성화를 위해 교육부에서 「과학·수학·정보교육진흥법」을 시행하였다. 「과학·수학·정보교육진흥법」은 과학, 수학, 정보 각각의 교과내용에 대한 교육과 더불어 교과간 융합을 통해 창의적 인재를 양성할 수 있도록 교육환경을 조성(제4조 제4항)하기 위한 것이다. 이는 국가적 차원에서 과학·수학·정보교육의

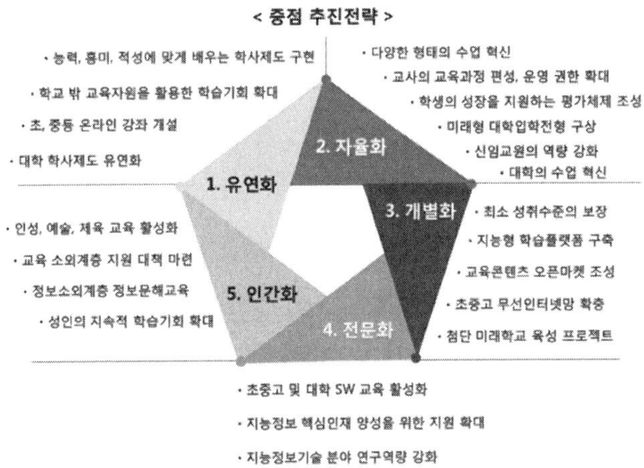

[그림 1.5] 지능정보사회 대비 중장기 교육방향 중점 추진 전략(2010-2030)
*출처: 교육부, 2016. p.7.

융합적 접근을 위한 체계적 기반을 마련하고자 노력하고 있다는 것을 보여준다.

학문의 경계를 넘어선 간학문적 문제해결과 실제 상황에서의 문제해결 능력을 증진하는 것이 미래 시민 양성을 위한 과학교육의 중요한 목표가 되었다(Lockwood and Mooney, 2017). 실제로 2013년에 발표된 미국 차세대 과학교육과정에서는 "공학, 기술, 그리고 응용과학(Engineering, technology, and applications of science)" 을 과학의 고유 학문 분야를 넘어서 하나의 다른 학문 분야로 정의하고 있다. 또한 공학 설계를 이용한 과학교육을 권장하면서 공학적 문제해결을 과학교육을 위한 하나의 교수법으로 제시하고 있다. 이는 지난 20년간 과학의 핵심 교수법이었던 과학적 탐구의 범위를 공학적 문제해결로 확대했다는 데 의미가 있다. 또한 과학적 탐구를 위한 다섯 가지 핵심 요소를 공학적 문제해결의 특성을 반영하여 "과학과 공학의 실천 (Science and Engineering Practices)"으로 제안하였다. 과학과 공학적 실천에 추가된 새로운 핵심 요소 중 "수학과 컴퓨팅사고의 이용(Using mathematics and computational thinking)"과 "모델의 개발과 이용(Developing and using models)"은 과학적 문제해결에서 공학·수학·컴퓨팅사고의 중요성을 강조한 것이다. 그리고 '증거에 기반한 토론(Engaging in argument from evidence)'은 과학적 의사소통과 사고력을 강조한 것이다.

한국 과학교육과정에서도 2015년 개정 교육과정을 통해 과학적 사고력(Scientific reasoning skill), 과학적 탐구능력(Scientific inquiry skill), 과학적 문제해결력(Problem solving skill), 의사소통능력(Communication skill), 그리고 자기 주도적 평생 학습능력

(Self-directed life-long learning skill)을 다섯 가지 과학역량으로 제시한 바 있다. 이처럼, 한국을 포함한 세계 주요국가에서 미래 시민 양성을 위한 과학교육에, 공학적 융합을 포함한 수학과 컴퓨팅 교육의 융합을 시도하고 있으며, 급변하는 4차 산업혁명 시대에 적합한 미래 역량으로 학문적 융합을 통한 문제해결력과 창의성, 비판적 사고력, 의사소통 능력, 협업 능력 등을 강조하는 것을 알 수 있다.

따라서 미래 시민을 위한 과학교육은 학습자가 공학·수학·컴퓨팅사고의 학문적 경계를 과감히 넘나들며, 보다 다양한 지식과 기능을 연결하여 실생활 문제를 해결 할 수 있는 역량을 함양하도록 해야 한다. 이를 위해 과학 융합교육은 단순히 학문간 지식의 융합이 아닌 미래사회에 효과적으로 대비할 수 있는 융합적 소양, 융합적 사고력, 그리고 궁극적으로 융합적 문제해결력을 목표로 해야 한다.

3. 융합적 문제해결력이란

그렇다면 융합적 문제해결력이란 무엇일까? 융합인재가 갖추어야할 융합적 문제해결력에 대해 학자들 간 합의된 하나의 정의가 존재하지는 않는다. 융합적 문제해결력을 논하기 전에 그보다 더 넓은 의미에서 사용되는 융합적 역량이라는 용어에 대해서 생각해 볼 필요가 있다. 기존 연구에서 융합적 역량은 보통 융합적 소양, 융합적 사고력, 또는 융합적 문제해결력 등으로 다양하게 논의된다. 하지만 융합적 역량 또한 학문적 정의와 이에 대한 학자들간의 합의가 부족하다(심재호 외, 2017). 한국의 창의 융합교육과 융합인재교육이라는 교육적 방향을 고려해 볼 때 융합적 역량에 대한 학문적 정의는 융합교육의 명확한 목표를 제시하고 나아가 융합교육의 방향과 전략을 위한 중요한 기준이 된다. 융합교육의 목표가 명확히 제시되지 않는다면 융합교육의 효과가 정확히 측정될 수 없으며(임유나, 2012), 교육 효과에 대한 정확한 평가 없이 현장 교육의 방향을 정확히 제시할 수도 없다. 실제로 지금까지 융합인재교육에 대한 연구들을 살펴 볼 때 융합 역량이나 융합적 문제해결력에 대한 평가도구 개발 연구가 3.42%로 매우 미진한 것도 평가 도구 개발의 목표인 융합적 역량에 대한 정의가 정확하게 제시되지 않았기 때문이다(심재호 외, 2015).

기존 연구에서 개발된 융합적 역량 측정도구들은 융합적 문제해결력에 초점을 맞추기보다는 융합적 소양과 같이 포괄적인 의미를 가리키는 경우가 많다(예:융합인재소양(최유현 외, 2013)). 윤회정 외(2016)연구에서는 융합적 소양을 상상력이나 학문적 소양과 기초지식 외 학습동기 등의 복합적 역량으로 제안하면서 융합을 바라보는 시각이나 가치를 실천한다는 측면을 강조하였다. 이러한 융합적 소양은 융합적 문제해결을 위한 인지적, 정의적 영역을 보완하고 구체화한다고 하였다(윤회정 외, 2016). 최유현 외(2013) 또한 융합적 소양의 요인으로 융합·창의·존중·소통을 강조하면서, 실천적 가치를 강조하였다. 윤회정 외(2016)와 최유현 외(2013)의 연구는 융합적 역량에서 인지적, 정의적 영역 외에 소양적 영역을 구별하고 강조했다는 점에서 그 의의가 크다.

반면 심재호 외(2017)는 융합적 소양 영역이 다양한 지식과 사고를 활용할 수 있는 기초라고 강조하면서 실질적 문제해결을 위해 얼마나 다양한 영역의 지식과 기능을 융합하여 활용하는지를 중요한 척도로 제안했다. 박현주(2014) 또한 심재호 외(2017)의 융합적 소양에서 문제해결의 중요성을 강조했는데 다양한 영역의 지식과 기능들을 적재적소에 융합하여 활용하는 능력을 융합적 소양으로 제시했다. 이를 종합해 볼 때 융합적 소양은 다양한 영역의 지식과 기능을 바탕으로 문제상황에 대해 이해하고, 문제에 대한 해결책을 생각해내며, 다양한 방법으로 해결책을 실행하고, 그 해결책이 가지는 사회적·윤리적·문화적 영향력을 이해하는 능력이라고 할 수 있다.

즉 지금까지 선행연구에서 융합적 역량과 융합적 소양은 비슷한 의미로 사용돼왔으며, 그 내재된 의미에 융합을 바라보는 시각과 가치, 다양한 지식과 기능을 융합하여 문제를 해결하는 능력을 강조하고 있다.

그렇다면, 앞의 연구들을 종합했을 때, 융합적 문제해결력을 어떻게 정의해야 할까? 지금까지 진행된 선행연구들에서 융합적 문제해결력은 융합적 소양, 융합적 사고력, 융합적 지식 등 다양한 개념을 포함하고 있다. 따라서 융합적 문제해결력을 구성하는 요인을 추출하는 것이 쉽지는 않다. 박현주(2014)는 PISA-2003에서 정의한 '실제적이고 범교과적인 문제해결력'(OECD, 2003)의 개념을 바탕으로 융합적 문제해결력을 다음과 같이 정의하고 구성 요소들을 인지적, 동기적, 정의적이라는 세 가지 차원으로 구분했다.

> 학습자의 수준에서 문제의 해결 방안이 명료하지 않고 그 해결 과정에서 범교과적 문제상황에 직면했을 때, 수학과 과학의 개념 및 탐구뿐만 아니라 공학적 사고와 실행을 활용하는 등 다양한 영역에서 최

적의 해결 방안을 모색하고 실행한 후 그 효과를 검증할 수 있는 개인의 인지적, 동기적, 정의적 능력(p.162)

"융합적 문제해결력은 학습자의 수준에서 문제의 해결 방안이나 과정이 명료하지 않고 열려 있으면서 그 해결 과정에 적용 가능한 영역이 특정 교과 영역 내에 제한되지 않는 실생활의 범교과적 문제상황에 직면했을 때, 문제상황을 이해하고 그 문제가 내포한 제약(constraints)의 의미를 고려하여 수학과 과학의 개념 및 탐구뿐만 아니라 공학적 사고와 실행을 활용하는 등 다양한 영역에서 최적의 해결 방안을 모색하고 이를 실행한 후 그 효과를 검증할 수 있는 개인의 인지적, 동기적, 정의적 능력을 의미한다."(p. 201)

여기서 '동기'는 실천적 의미를 포함하는 것으로 학습자가 당면한 문제에 대해 융합적인 접근의 필요성을 인식하고 실질적으로 수행하는 동기와 행동적 측면을 강조한다. 이후 박기문과 이규녀(2016)는 융합교육의 핵심역량에 대한 평가도구개발 연구에서 인지적, 동기적, 정의적 능력에 대해 좀 더 구체적으로 제시하였는데, 융합인지능력(인지적), 융합수행능력(동기적), 융합태도능력(정의적)으로 정리하였다. 이때 융합인지능력은 창의적 사고, 비판적 사고, 융합지식이해를 의미하며, 융합적 지식과 사고를 강조한다. 융합수행능력은 문제해결, 협동, 의사소통, 융합도구 활용을 의미하며 실질적인 문제해결 상황에서 협업과 의사소통 등의 역량을 의미한다. 정의적 영역으로 표현되는 융합태도능력은 배려심과 책임감으로 구성된다. 박기문과 이규녀(2016)의 연구는 융합적 문제해결력이 사고력과 지식적 이해를 포함한 인지적 영역, 태도에 초점을 맞춘 정의적 영역, 그리고 수행과 실천에 초점을 맞춘 동기 및 소양적 영역으로 구별될 수 있음을 시사한다.

윤회정 외(2016)는 융합교육의 효과변인을 추출하는 연구를 통해 융합적 문제해결 과정에서 요구되는 18개의 관련변인을 확정하였으며, 이를 토대로 창의성, 문제해결, 통합인지와 감성, 대인관계 관련, 학문적 소양의 5개의 관련변인으로 최종 범주화했다. 윤회정 외(2016)가 제시한 다섯 가지 관련변인은 인지적, 실천적, 정의적 영역으로 구분할 수 있는데, 창의성과 문제해결을 인지적 영역으로, 학문적 소양과 대인관계를 소양적 또는 실천적 영역으로, 통합인지와 감성을 정의적 영역으로 다시 구별할 수 있다. 심재호 외(2017) 또한 STEAM 문제해결력 평가도구 연구에서 사고력, 설계와 실행, 융합적 소양의 세 가지 영역으로 융합적 문제해결력의 구성 요소를 정리하였다. 이때 사고력은 논리비판적 사고, 창의적 사고, 경제적 사고를 포함하며, 설계와 실행은 설계, 실행의 타당성과 구체성, 그리고 융합적 소양은 학문분야의 융합정도로 구체화 할 수 있다. 강주원과 남윤경(2016)의 연구는 공학적 문제해결이라는 특정한 상황에서 과학과 공학적 융합문제해결력 검사도구를 개발하고 그 구성요인을 제시하였다. 이 연구에서는 창의성과 창의적 문제해결력, 공학 문제해결 성향을 통합하고 정량으로 측정할 수 있는 도구개발을 위해 공학설계 기반 문제상황에서 정의적 측면의 세 가지 요인(동기, 환경, 성격), 인지적 측면의 두 가지 요인(공학 설계, 공학적 사고 습관), 그리고 소양적 측면의 두 가지 요인(공학과 공학자, 소통 및 협업 능력)을 추출하여 과학과 공학의 융합이라는 상황에서 융합적 문제해결과 관련된 요소를 정리하였다.

반면, 세 영역 중 일부의 영역을 다룬 연구도 있다. 신세인 외

(2014)는 융합에 대한 태도 검사도구 개발 연구에서 융합교육이 다양한 지식의 흡수보다는 융합에 대한 관심과 다각도의 시선을 갖도록 하는 태도를 길러주는 것이 중요하다고 보았다. 이에 따라 융합에 대한 다섯 가지 태도 요인을 중심으로 융합에 대한 태도적 요소를 정리했다. 최유현 외(2013)는 융합인재소양을 측정하는 도구개발 연구에서 융합적 문제해결을 위한 융합적 소양(STEAM Literacy)의 중요성을 강조하며 융합적 소양을 구성하는 요소를 융합, 창의, 존중, 소통이라는 4요소로 정리했다. 이 두 연구는 융합적 문제해결력의 영역 중 정의적 영역과 수행 및 소양적 영역의 중요성을 강조한 연구라고 할 수 있다.

대부분의 선행 연구들은 융합적 문제해결 역량의 3개 영역 중 모두 또는 일부를 포함하고 있음을 알 수 있다. 하지만 각 영역을 구성하는 요소는 연구에 따라 다르게 제시되고 있기 때문에 다루어야 할 구인의 범위가 훨씬 넓어진다. 대부분의 연구에서 공통적으로 인지적 영역의 요소로 문제해결 과정에서의 사고력(논리비판적 사고, 창의적 사고 등)을 다루고 있으며, 정의적 영역에서는 개인적 태도(흥미,동기 등)와 사회적 태도(소통, 존중, 등), 그리고 인지적, 정의적 영역과는 별개로 융합을 바라보는 시각이나 가치를 실천한다는 의미에서 소양 영역을 다루고 있음을 알 수 있다.

이에 근거하여 융합적 문제해결력을 정의한다면, 그 구인의 특성을 반영하여 인지적 영역(수렴적 사고의 대표적 요인인 비판적 사고, 발산적 사고의 대표적 요인인 창의적 사고, 그리고 문제해결적 사고과정), 정의적 영역(각 사고과정 요소의 성향을 대표하는 개인적 성향, 타인과 협력하여 문제를 해결하려는 성향인 사회적 성향), 그리고 융합을 바라보는 시각과 가치의 실현으로 인지적, 정의적 영역을 보완하는 융합적 소양을 포함하고 있다고 할 수 있다.

융합적 문제해결력의 구성 요인들을 간략하게 제시하면, [표 1.1]과 같다. 융합적 문제해결력의 인지적 영역은 문제해결적 사고, 비판적 사고, 창의적 사고로 크게 나눌 수 있다. 문제해결적 사고는 과학에서 다루는 통합 탐구 기능과 비슷한 의미로 문제를 인식하고 정의하며, 문제해결책을 설계하고, 수행하여 결론을 도출하는 전반의 과정에 필요한 사고력을 의미한다. 이 문제해결적 사고는 문제해결의 시작 단계에서 요구되는 발산적이며 직관적 사고를 의미하며, 이를 구체화하여 문제해결책을 창의적으로 만들어 내는 능력과 수집된 증거를 비판적으로 바라보고 분석하는 능력 등을 포함한다.

[표 1.1] 융합적 문제해결력의 구성요인

영역	요소	구성요인
인지적 영역	문제해결적 사고	문제인식/정의, 탐구설계, 수행, 결론도출, 반성/일반화 등
	비판적사고	개방성, 분석성, 체계성, 탐구성, 진실추구 등
	창의적사고	유창성, 융통성, 독창성, 정교성 등
정의적 영역	개인적 성향	도전성, 인내, 호기심, 민감성 등 자신감, 자기신뢰, 분석, 체계성 등
	사회적 성향	소통, 상호존중, 협업, 역할이행 등
융합적 소양 영역	융합적 소양	융합 학문의 사회적 영향력, 융합적 지식의 효율적 활용 등

***출처:** 이동영 외, 2020, p.675에서 번역됨.

융합적 문제해결력의 정의적 영역은 개인적 성향과 사회적 성향으로 구분할 수 있다. 선행 연구에서 정의적 영역은 개인의 태도에 한정되어 다루어진 경향이 있었으나 비교적 최근 연구들에서는 융합적 문제해결력에서 사회적 성향(팀워크, 소통, 협업)의 중요성에 대해 함께 논의한다(강승희와 윤소정, 2015; 강주원과 남윤경, 2016; 신세인 외, 2014).

이와 함께 융합적 소양은 기본적 지식을 바탕으로 문제상황에 대해 이해하고, 다양한 지식을 융합하여 문제해결에 활용하며, 융합 학문의 사회적·윤리적·문화적 영향력을 이해하는 능력이라고 할 수 있다. 다음은 융합적 문제해결력 구성요인을 기반으로 이동영 외(2020)에서 제시된 융합적 문제해결력 검사지 예시이다.

<예시>

융합적 문제해결력 검사지

1~5점 척도: 매우 그렇다(5)-그렇다(4)-보통이다(3)-그렇지 않다(2)-전혀 그렇지 않다(1)

1. 나는 문제해결 도중에 어려운 점이 생기더라도 끝까지 포기하지 않고 도전해 볼 수 있다고 생각한다.
2. 나는 어려운 문제를 해결하고 알아가는 것이 재미있다고 생각한다.
3. 나는 어려운 문제가 주어지더라도 해결할 수 있는 능력이 있다고 생각한다.
4. 나는 내가 잘 모르는 분야의 문제라도 시간이 충분하다면 해결할 수 있다고 생각한다.
5. 나는 친구들이 가지고 있는 경험과 지식은 존중해야 한다고 생각한다.
6. 나는 문제해결을 위해 친구들과 의사소통하는 것이 중요하다고 생각한다.
7. 나는 문제를 해결하기 위해 자료 조사를 조사하고 아이디어를 공유를 할 수 있어야 한다고 생각한다.
8. 나는 친구들과 모둠 활동에서 서로 격려하고 이해하는 것이 중요하다고 생각한다.
9. 나는 혼자 활동하는 것 보다 친구들과 함께 문제를 해결하는 것이 중요하다고 생각한다.
10. 나는 모둠 활동에서 각자 맡은 일을 열심히 하는 것이 중요하다고 생각한다.
11. 나는 복잡한 문제에서 내가 해결할 수 있는 부분을 찾아낼 수 있다.
12. 나는 복잡한 문제에서 어떤 부분부터 문제를 풀어야 하는지를 판단할 수 있다.
13. 문제를 해결하는 과정에서 주어진 재료와 자원을 잘 관리할 수 있다.
14. 문제해결을 위한 구체적인 방법을 계획할 수 있다.
15. 문제해결에서 같아야 할 조건과 달라야 할 조건을 구분할 수 있다.
16. 문제해결 과정에서 나타난 자료를 잘 기록할 수 있다.
17. 나는 문제를 해결할 때, 여러 번 시도해서 가장 좋은 해결책을 찾을 수 있다.
18. 문제해결 과정에서 기록된 자료를 이해하고 그래프나 글, 그림으로 나타낼 수 있다.
19. 탐구한 결과가 잘못 나오면, 무엇이 잘못되었는지 찾아낼 수 있다.
20. 나는 현재 상황을 바탕으로 앞으로 일어날 일을 예측할 수 있다.
21. 나는 내가 생각한 대로 문제가 해결되지 않으면, 다른 방법을 빨리 떠올릴 수 있다.
22. 나는 평소에 남들이 생각하지 못한 아이디어를 잘 생각해낼 수 있다.
23. 나는 많은 사람들이 이야기 하는 정답이 아닌, 내 나름대로의 답을 만들 수 있다.
24. 나는 대략적인 해결책을 구체적으로 만들어 낼 수 있다.
25. 나는 다른 사람과는 다른 창의적인 생각을 할 수 있다.
26. 나는 문제상황에서 남들이 발견하지 못하는 사실을 찾아낼 수 있다고 생각한다.
27. 나는 과학, 공학, 기술자들이 겪는 여러 가지 문제와 어려운 점들을 이해하고 있다.
28. 과학, 공학, 기술적 문제에 대한 결정을 내릴 때 도덕적인 측면도 고려해야 한다.
29. 나는 과학, 공학, 기술의 발전이 환경과 사회에 미치는 영향과 문제점들을 이해하고 있다.
30. 나는 문제해결을 위해 과학, 공학, 기술등의 지식을 함께 활용하면 더 효율적이라고 생각한다.

4. 4차 산업혁명 시대를 위한 한국 과학교육의 방향

한국의 미래를 위한 창의적 인재와 선진 과학기술을 준비하기 위해 지난 2010년에 발표된 대통령 보고서(교육과학기술부[MEST], 2010)는 한국의 미래 성공이 21세기 STEM 리더 교육의 질에 달려 있다는 데 국가적 공감대가 커지고 있음을 반영한 단적인 예이다. 교육과학기술부(2010)는 새로운 국가적 STEM 교육 노력을 STEAM (Science, Technology, Engineering, Art, and Mathematics) 융합교육이라고 부르고 유초중등 교육은 창의적인 미래 리더를 준비하기 위해 모든 STEAM 분야의 통합에 중점을 두어야 한다고 강조했다(p. 8). 이에 따라 한국에서는 2011년부터 창의적 융합인재 양성을 국가 과학교육의 중요한 목표로 삼고 융합인재교육(이하 STEAM (Science, Technology, Engineering, Art, and Mathematic) 교육)을 도입하여 한국과학창의재단과 교육부의 주요 사업으로 진행하고 있다.

하지만 다른 선진국에서 융합적 문제해결과 공학적 문제해결을 STEM 융합수업의 중요한 목표로 다룬 것과 달리 한국에서 STEM 융합교육을 도입한 정당성 중 하나는 STEAM 융합교육을 통해 과학과 수학에 대한 한국 학생들의 관심을 향상시켜야 한다는 것이었다(한국과학기술기획평가원[KISTEP], 2014). 실제로 많은 국제 비교 연구에서 보고된 바와 같이, 한국 학생들의 과학 태도 점수는 국제 평균보다 훨씬 낮은 반면, 과학 성취 점수는 가장 높은 순위를 기록하고 있다(한국교육과정평가원[KICE], 2021). 하지만 학생들의 STEM에 대한 태도와 흥미 증진은 STEM 수업이 바르게 적용될 때 긍정적 효과로 당연히 따라오는 결과이지 궁극적인 목적은 아니다.

지난 10년간 STEAM 융합교육에 대한 국가적 투자가 지속된 결과, STEAM 융합 프로그램 개발과 초중등 과학 교실에서 STEAM 융합교육의 적용 및 그 영향을 탐구하는 연구가 극적으로 증가했다(김방희와 김진수, 2014). 실제로 한국의 초중고 학생을 대상으로 한 융합인재교육(이하 STEAM 교육) 프로그램에 대한 연구를 살펴보면 대부분이 프로그램에 대한 소개와 학생들의 태도 변화에 대한 연구이다. STEAM 교육 관련 연구를 분석한 심재호 외(2015)는 STEAM 프로그램 연구의 48.7% 가량이 프로그램에 대한 소개 연구이며, 20.5%가 수업의 효과에 대한 학생들의 태도나 지식 변화에 대한 연구, 그리고 15.4%가 학생들의 인식조사에 관한 연구라고 밝힌 바 있다. 즉 융합적 문제해결력보다는 학습자의 동기 유발과 STEM 교과에 대한 태도, 그리고 과학적 지식 향상에 관한 연구가 융합교육 연구 주제의 대부분을 이루었다.

학생들의 흥미, 태도, 지식의 증진도 STEAM 융합수업의 중요한 주제이지만 궁극적으로 융합적 문제해결력을 증진시키는 데 기여하지 못한다면, STEAM 융합교육은 지금까지 시도된 다른 여러 교수법과 특별히 다를 바가 없는, 그러나 교육 시간과 예산적 측면에서 상대적으로 비싼 교수방법일 뿐이다.

불행히도 4년 주기로 OECD 국가별 4학년과 8학년(중2)들의 수학과 과학 성취수준을 비교하는 국제연구인 TIMSS(Trends in International Mathematics and Science Study)의 최근 연구결과는 한국 학생들의 과학에 대한 흥미와 태도가 지난 10년간 크게 바뀌지 않았음을 보여준다(교육부, 2020). 초등학교 4학년의 과학에 대한 자신감은 58개국 중 57위이며, 과학에 대한 흥미는 53위이다. 이는 초등학교 4학년의 과학성취도가 58개국중 2위인 것과 매우 대조된다. 중학교 2학년의 경우도 마찬가지이다. 이들의 성취도가 39개국 중 4위임에도 불구하고, 자신감은 26개국 중 24위이며, 과학의 가치에 대해 인식하는 정도에도 39개국 중 36위에 머물렀다(교육부, 2020).

국제비교연구의 결과는 여러 가지 요인에 의한 것이므로, STEAM 융합교육 정책에 대한 비판의 근거로 삼고자 하는 것은 아니다. 다만 한국의 주요 과학교육정책인 STEAM 융합교육의 정당성을 과학에 대한 학생들의 낮은 자신감과 태도에서 찾으려는 교육부의 접근 방법은 문제가 있다고 생각한다. 한국의 교육부에서 지금까지 시도한 많은 과학교육정책의 목적이 학생들의 과학에 대한 흥미 증진과 긍정적 태도 함양에 있었지만 국제비교연구의 결과에 크게 기여하지 못했다.

같은 맥락에서 한국과학창의재단에서 제시한 STEAM 준거틀에서 감성적 체험이 STEAM 수업의 세 가지 핵심 요소로 강조된 것은, 학생들이 창의적 설계 활동을 해봄으로써 성공적 경험을 갖도록 격려하는 데 의미가 있다. 이것은 공학 설계가 정해진 답이 없기 때문에 공학적 문제의 조건을 만족하는 산출물이 모두 의미있게 다루어 질 수 있는 공학 설계 수업의 장점을 반영한 것이다. 하지만 현장 교사들에게 성공적 경험의 교수법적 접근 방법과 궁극적 목적에 대한 체계적인 안내가 제공되지 않은 것이 문제였다. 평가로 학생들을 서열화 해야 하는 현장 교사들의 입장에서 성공적 경험을 모든 아이들에게 주는 것이 당연히 모순처럼 느껴졌을 것이다. 현장교사들은 어떻게 학생들에게 긍정적 성공 경험을 줄 수 있을지 이해하지 못했고, 성공적 경험이 준거틀의 마지막 단계로 제시되었기 때문에 이것이 당연히 평가를 의미하는 것이라고 잘못 인식하기도 하였다.

한국 STEAM 교육의 준거틀(교육부, 2012; 교육부, 2017)[그림 1.6]은 또한 공학 설계에 대한 내용을 '창의적 설계'라는 모호한 용어를 사용하여 과학수업에서 어떻게 공학 설계를 적용하는지에 대한 구체적인 방향이 제시되어 있지 않아 현장 과학교사들에게 구체적인 도움이 되지 못하고 있다(이동영과 남윤경, 2018). STEAM 학습 준거에서 '창의적 설계' 부분은 공학 설계와 유사하지만, 공학 설계에서 핵심적으로 다루는 '최적화 단계' 즉 시제품에 대한 평가와 반복적 개선에 대해 명시적으로 언급하지 않고 있어서 완전한 공학 설계 과정으로 보기에는 어려움이 있다. 또한 주제의 특성에 따라 달라질 수 있는 공학 융합수업의 특성을 고려하지 않았다는 단점이 있다. 공학 설계는 대부분 물리적인 결과물을 해결책으로 요구하기도 하지만, 컴퓨팅사고나 수학적 모델을 해결책으로 제시할 수 도 있다(남윤경 외, 2020).

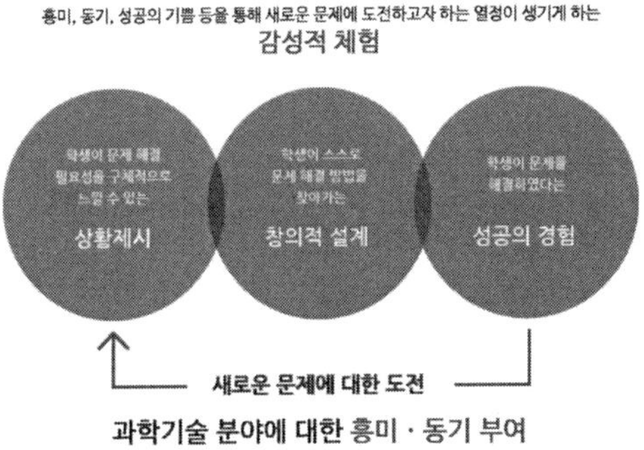

[그림 1.6] 한국창의재단에서 제시한 STEAM 학습 준거
*출처: https://steam.kofac.re.kr/?page_id=34

실제로 이동영과 남윤경(2018)은 한국과학창의재단에서 STEAM 학습 준거에 근거하여 개발된 과학관련 76개의 STEAM 수업을 공학 설계 측면에서 분석 한 결과 최적화 단계를 포함하는 완전한 공학 설계로 수업이 구성된 경우가 5.4%이며, 완전한 공학 설계는 아니지만 공학 설계의 형태를 적용하는 수업은 23%에 불과하는 것을 보여주었다. 이러한 결과는 같은 평가 기준으로 평가한 77개의 미국 STEM 수업에서 공학 설계를 기반으로 하는 수업이 69%이며, 이중 완전한 공학 설계 수업이 47%에 이른 것과 매우 대조된다(Guzey et al., 2014).

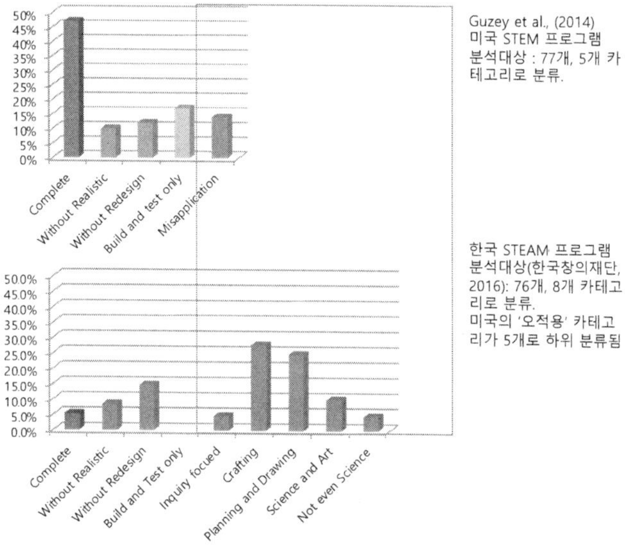

[그림 1.7] 공학 설계 측면에서 미국 STEM 프로그램과 한국 STEAM 프로그램의 비교
***출처**: 이동영과 남윤경, 2018, p.74.

무엇보다 중요한 문제는 미국 등 주요 선진국에서 시도한 STEM 융합교육에서 문제해결 방법의 핵심으로 다루어지는 공학 설계를 한국 교육과정에서 중요한 교수법이나 핵심 방법으로 강조하지 않았다는 것이다(남윤경 외, 2020). 선진국을 중심으로 한 STEM 융합교육은 과학수업에서 공학 설계를 적용하여 학습자의 공학적 문제해결력 향상에 중점을 두고 있다(Roehrig, 2017). 하지만 한국의 2015 개정 교육과정에서는 공학 설계를 과학교육에 어떻게 적용할지에 대한 명확한 방향이 제시되지 않았다. 다만 미국 차세대 교육과정(NGSS Lead States, 2013)에서 제시된 여덟 가지 과학과 공학의 실천(Science and Engineering Practices) 요소 중 일부가 교육과정의 내용체계 중 '기능' 영역에 제시된 것이 전부이다.

다른 중요한 문제는 STEAM 융합교육에 대한 정의와 이에 따른 구체적인 지침이나 방향이 제시되지 않았다는 것이다. 서로 다른 학문 분야로 구분되는 교과 간 융합은 해석하기에 따라 그 융합의 정도를 다양하게 정의할 수 있다. 2015 개정 교육과정에서는 교과별로 '핵심 개념'과 '성취기준 코드'를 제시하여, 이를 통해 교과 간 융합·연계 체계를 구축하고자 하였다. 하지만 경성체제인 교과위주 교육과정의 테두리 안에서 유연성 높은 연성체제인 융합형 교육과정을 도입하기에는 한계가 있으며 실행을 위한 구체적 방안이 없는 상태에서 교육현장에서 유연한 적용을 기대할 수는 없었다.

정영근 외(2016)의 「2015 개정 교육과정에 따른 성취기준 코딩 체계 구축을 통한 교과 간 연계·융합 강화 연구」에서는 이를 실제로 구현한 예시자료를 교과별로 제시하고 있다. [그림 1.8]은 중학교 과학 연계·융합 교수-학습계획 예시자료로 과학과, 수학과, 국어과의 성취기준을 연계하여 2차시의 과학수업을 통해 교과별 성취기준을 모두 만족하는 방식으로 이루어져 있다. 수업은

교과명		과학과		수학과		국어과
해당 성취기준		[9과04-03] 기체의 압력과 부피의 관계를 입자 모형으로 해석하고, 이와 관련된 실생활의 예를 찾을 수 있다.		[9수03-03] 정비례, 반비례 관계를 이해하고, 그 관계를 표, 식, 그래프로 나타낼 수 있다.		[9국03-03] 관찰, 조사, 실험의 절차와 결과가 드러나게 글을 쓴다.
키워드		물질의 상태 입자의 운동 기체의 압력 기체의 압력과 부피의 관계 입자 모형 모형 활용 사례조사 풍선 천연가스 전공 과학자 보일 샤를 엔진 원인(변인)과 결과		정비례 반비례 표 식 그래프		관찰 조사 실험 글쓰기
교과 공통의 키워드 및 원리		원인(변인)과 결과 과학과의 성취기준[9과04-03]은 기체에 압력을 가하면(원인) 부피가 줄어드는(결과) 반비례 관계에 있다는 '보일의 법칙'에 대한 것으로 수학과의 성취기준 [9수03-03]과 직접적으로 관련되어있다. 그리고 보일의 법칙에 대한 실험은 비교적 간단하여 모든 학생들이 쉽게 수행할 수 있어서 국어과의 성취기준 [9국03-03]에 적용하여 실험 활동과 글쓰기를 연계할 수 있다.				
관련 교과 내용(단원)		기체의 압력과 부피의 관계 ((4) 기체의 성질)		함수와 그래프 ((3) 함수)		보고하는 글쓰기 ((3) 쓰기)

[그림 1.8] 중학교 과학 연계·융합 교수-학습 계획 예시자료
***출처**: 정영근 외 (2016), p.252.

과학교과를 맡은 교사 1인이 간접 지도의 형식으로 구현하며, 과학교과에서 주어진 자료를 수학의 그래프로 표현하게 하여 수학의 '비례-반비례' 성취기준을 만족하고, 탐구활동 보고서의 작성을 통해 국어의 '보고하는 글쓰기' 성취기준을 만족하게 하는 내용으로 구성되어 있다.

언뜻 보기에는 3개의 교과에서 제시된 성취기준을 모두 만족하는 융합형 교육과정으로 보이지만, 제시된 예시자료는 교과의 조직 유형 분류에서 상관형 교육과정이라고 볼수 있다. 교과의 조직 유형은 크게 분과형 교육과정(Separated curriculum), 상관형 교육과정(Correlated curriculum), 융합형 교육과정(Fused curriculum), 광역형 교육과정(Broad field curriculum)으로 나눌 수 있다(정영근 외, 2016, p.12).

분과형은 한 교과가 다른 교과와 연관 없이 조직된 교육과정을 말하는 것으로, 국어 교과와 수학교과가 개별교과로 연관성 없이 따로 구성되어 있는 현재의 교육과정을 말한다. 상관형은 교과 내용을 유지하면서 두 개 이상의 교과를 서로 연관시켜 내용을 조직한 교육과정을 말한다. 광역형은 상관형 교육과정보다 한 층 더 교과 간의 구분을 허물고 보다 넓은 범위에서 사실, 개념 또는 원리에 근거하여 구성한 교육과정이다. 이러한 교육과정 조직의 구분을 고려해 볼 때 융합형 교육과정은 상관형과 광역형 교육과정 사이에 존재하며 두 교육과정의 특징을 모두 가지고 있는 교육과정이라고 볼 수 있다. 다시 말해 각 교과의 고유한 학문적 성질을 유지하면서 어떤 개념이나 원리를 축으로 공통요인을 추출하여 구성된 교과의 형태를 가진다고 할 수 있다(정영근 외, 2016).

제시된 상관형 교육과정 예시자료는 융합형에 비해 교과 간 융합의 강도가 느슨한 편이어서 기존의 STEAM 교육에서 많이 활용하는 형태이다. 교과의 경계 및 교과선을 허물지 않고 교과 간의 관련 내용을 연결하는 상관형 교육과정은 타 교과의 성취기준을 차용하지 않고도 교사 역량에 따라 쉽게 학교 현장에서 적용할 수 있는 장점이 있다. 하지만 정영근 외(2016)에서 연구의 한계로 지적한 바와 같이 교과의 경계를 허물지 않고 교과별 연관 성취기준만을 묶어서 수업을 진행하는 상관형의 경우에는 연관 성취기준의 한계가 명확하고, 획일화된 학습모듈[1]이 될 수밖에 없어 융합과 창의의 개념에 부합하기 어렵다. 다시 말해 기존의 상관형 STEAM 수업은 학생들의 융합적 문제해결력과 창의성 측면에서 긍정적인 효과를 기대하기는 힘들다.

안타깝게도 성취기준을 포함하여 국가교육과정에서 제시된 내용을 통해 기대할 수 있는 교과간 연계·융합의 수준은 상관형 교육과정 정도이다. 교과 간 경계를 허물고 일상생활에서 만나는 다양한 문제와 과학 및 공학적 문제해결 상황을 경험하도록 하기 위해서는 교사의 전문성과 교육과정 운영의 자율성, 유연한 시간표 운영 등 학교현장에서 극복해야 할 다양한 문제들에 대한 구체적인 해결책과 방안이 마련되어야 한다.

융합이란 '1+1=2'라는 산술적 결과가 아니라 서로 다른 객체가 만나 녹아서 하나의 또 다른 객체가 되는 것(최재천과 주일우, 2007)이다. 즉 융합교육(Convergence education)은 21세기 인재의 필수 역량을 기르기 위해 교육과정의 재구성, 통합을 통해 이루어지는 통합교육(Integrated education)[2]을 의미하는 것으로, 사회의 급속한 변화를 따라갈 수 있도록 학생 스스로 소통하고 협력하는 융합의 과정에서 창의성과 인성을 기를 수 있는 실제적 학습 방법이라 할 수 있다(오찬숙, 2015).

과학 융합교육의 효과를 가장 극대화 할 수 있는 가장 중요한 기준이 교과목간의 연계성이다. 교과목 간의 연계성은 각 교과목의 교과 핵심 목표와 역량, 교과내용과 본성, 그리고 탐구 방법의

---

1 학습모듈이란 교과별 여러 성취기준들을 해체하고 재편성하여 핵심 성취기준과 단계별로 프로젝트화한 미니 교육과정으로 정의한다.

2 교육과정에서 융합과 통합은 거의 비슷한 뜻으로 사용되는데, 통합의 범위와 경계에 따라 1)교과 내 통합, 2)교과 간 통합(다 학문적 통합, 간 학문적 통합), 3) 탈 학문적 통합으로 나누어 제시 된다. 이 중 특히 교과 간 통합이 융합교육에 대응되는 유형으로 제시된다(정영근 외, 2016, p.11).

연계성을 말하며 교과목간의 연계성이 높을수록 융합교육의 교육적 효율이 높다고 할 수 있다. 이론적으로 타당한 교과 간의 연관성을 찾아내고 이를 바탕으로 논리적으로 융합수업을 구성하고 구체화할 필요가 있다.

교육부를 중심으로 한국의 융합(STEAM)수업을 위한 투자는 엄청나다. 그중 교사들을 위한 프로그램만도 STEAM 교사연구회, 연구/시범학교 운영, 현장컨설팅 실시, STEAM 교원 연수 실시, 인프라 구축, 컨텐츠 개발 및 제공 등 매우 다양하다. 하지만 안타깝게도 한국의 STEAM 융합교육은 명확한 교수 목적과 구체적인 평가 기준을 제시하지 않았기에 과학교사들이 학교 정규 과학수업 시간에 적용하기 부담스러운 수업이 되었다. 과학수업에서 융합수업을 설계하고 평가할 수 있는 구체적인 지침이 없는 상태로 과학교사들은 무엇이 과학 융합수업의 중요한 목표인지 모른 채 융합수업을 설계하고 수업을 시행할 수밖에 없었다(임유나, 2012; 이정민과 신영준, 2014). 실제로 대부분의 과학교사들은 융합수업에 대해 실생활에서 얻을 수 있는 자료를 활용하여 학습자의 흥미나 동기를 이끌어 내는 것이나 수업 결과를 표현 방법만 예술적으로 변경하면 되는 것으로 오인하여 융합수업을 진행하고 있다(이정민과 신영준, 2014; 이효진과 남윤경, 2019; 임유나, 2012).

따라서 이 책에서는 과학 융합교육의 핵심 목표를 융합적 문제해결력 향상으로 보고, 4차 산업혁명 시대를 살아갈 미래 시민 양성을 위해 초중고 과학교육에서 융합교육의 방향을 제시하고자 한다. 먼저 과학 융합교육의 이론적 근거를 제시하며, 이에 따라 교과의 경계를 과감하게 허물고 과학·공학·수학, 컴퓨팅(전산)

교과별 성취기준을 해체·통합·재배치할 수 있는 수업 설계틀 및 모형을 제시하고자 한다. 또한 수업을 주도하는 현장 과학교사들의 STEAM 융합수업의 실천 수준을 확인하고 개선하기 위한 구체적인 기준을 제공하고자 한다. 이 책의 궁극적인 목표는 한국의 학교 과학교육 현장의 상황을 고려하여 설계된 융합수업의 예시와 교육적 연구에 기반한 구체적인 효과를 제시 함으로써 현장 과학교사의 융합교육 전문성 신장과 예비교사 교육을 위한 지침을 제공하는 것이다.

제 2 장

문제해결의 과정

들어가기

과학과 공학·수학·컴퓨팅 교과 간에 의미 있는 융합이 이루어지기 위해서는 먼저 각 교과목이 가지는 특성이 충분히 고려되어야 한다. 뿐만 아니라 각 교과의 핵심 목표와 핵심역량, 교과가 가지는 고유한 본성과 내용에 대한 이해가 있어야 하며, 각 교과의 특징적인 문제해결 방법에 대한 이해가 우선되어야 한다. 이에 근거해서 교과 간의 연계성이 논의되어야 한다. 특히, 과학 융합교육에서 융합적 문제해결력에 대한 합의와 개념 정립을 위해 각 교과의 교육공동체 간 합의가 선행되어야 한다. 융합적 문제해결력을 정의하기 위해서는 STEM 각 교과에서 다루는 문제해결 방법에 대한 이해가 우선되어야 한다.

과학과 수학은 STEM 교과 중 비교적 오랜 학문적 역사를 통해 자연 철학적 배경과 함께 문제해결 방법이 정립되어 왔다. 과학에서는 과학적 탐구(Scientific inquiry)로, 수학에서는 수학적 문제해결과 모델링이 그 방법을 대표하고 있다. 비교적 최근에 정립된 공학은 공학 설계(Engineering design)가 일반적인 공학적 문제해결의 방법으로 알려져 있다. 과학·공학·수학에 비해 기술은 문제해결 방법이라기보다는 문제를 해결하기 위한 도구를 다루는 지식과 기술을 의미하는 경우가 많다(남윤경 외, 2019). 컴퓨터는 3차 산업혁명 시대부터 중요한 기술적 도구로 활용되면서 지금은 그 역할과 사용 범위를 정할 수 없게 되었다. 다양한 분야의 문제해결에 사용되면서 컴퓨터는 과학·공학·수학적 문제해결을 위한 도구의 역할을 넘어서, 컴퓨터 공학에서 컴퓨터 자체가 연구의 분야로 정립되었고 인공지능, 빅데이터 분석과 같이 컴퓨터를 활용한 문제해결 방법 자체가 독립된 하나의 학문 분야로 여겨지고 있다(Weintrop et al., 2016). 최근에는 많은 컴퓨터 과학자와 STEM 교육자들이 컴퓨터를 활용한 문제해결을 컴퓨팅사고(Computational Thinking: CT)라는 용어로 소개하면서 도구적 측면의 컴퓨터 활용(Computing)보다 사고적 측면의 문제해결을 위한 사고(Thinking)로 활용하는 역량이 더욱 중시되고 있다(최숙영, 2016).

Wing(2006)은 컴퓨터를 활용한 문제해결은 인간이 컴퓨터적으로 사고하는 것을 통해 문제해결에 컴퓨팅 기술을 사용하는 것으로 컴퓨팅사고(CT)라는 용어를 제안하였다. 즉 컴퓨팅사고는 컴퓨터가 아니라 인간이 생각하는 방법에 관한 것이고, 결과물이 아니라 아이디어이며, 어디에서나 누구에게나 필요한 것이라고 하였다. 이는 사람이 컴퓨터가 효율적으로 실행할 수 있는 방식으로 문제의 해결책을 생각해낸다는 점을 강조하고 있으며,

컴퓨팅사고의 사고적 측면을 보여준다(남윤경 외, 2019). Wing (2008)은 컴퓨팅사고는 단순히 소프트웨어 활용이나 문제해결을 위한 프로그래밍 능력을 넘어서 컴퓨터를 탐구하는 학문이며 다른 학문 분야에 적용될 수 있는 문제해결의 방식에 대한 태도와 일련의 기술이라고 정의했다. Lunetta et al. (2007)는 학교에서 수행하는 실험실 탐구에 대한 연구를 분석하면서 과거와 달리 21세기의 학교 실험은 컴퓨터의 활용으로 인해 데이터 표현이나 활용, 시뮬레이션의 활용 등으로 학교 실험실 탐구의 방법과 수준이 크게 달라지고 있음을 강조하였다. 이와 같이 컴퓨터의 활용은 학문적 경계를 넘어서 과학·공학·수학적 발전을 이끄는 견인차 역할을 하고 있다고 해도 과언이 아니다.

한국에서는 2015 개정 교육과정부터 소프트웨어(SW) 교육을 초중학교에 필수 교과로 실시하고 있으나, 다른 교과에 어떻게 CT를 융합·적용할 것인지에 대한 구체적인 기준이나 방법이 제안되지 않고 있다(남윤경 외, 2019). 창의융합인재 양성을 위한 융합교육, 특히 과학·공학·수학, 그리고 컴퓨터로 대표되는 기술 분야가 융합된 교육을 위해서는 각 교과의 고유한 문제해결 방법에서 문제해결이 어떻게 비교될 수 있으며, 어떤 공통점과 차이점이 있는지를 명확하게 이해 할 필요가 있다(정웅열과 이영준, 2018; Lockwood & Mooney, 2017). 이 장에서는 일반적인 문제해결의 과정에 대해 알아보고, 과학·수학·공학·컴퓨팅사고에서 정의한 문제해결 과정의 특징을 이해하고자 한다. 또한 각 분야에서 문제해결의 공통점과 차이점이 무엇인지 구체적으로 살펴보고자 한다.

1. 과학적 문제해결 과정

일반적으로 문제해결이란 주어진 문제상황에서 구체적인 해결방법이 제시되지 않을 때 해결자가 해결책을 창의적으로 구상하여 실행하는 전반적인 과정을 말한다. 문제해결의 과정은 과학뿐 아니라 여러 학문 분야에서 그 학문적 특성을 고려하여 다양하게 제안되었다. 문제해결 과정을 크게 두 부분으로 나누면 먼저 문제를 인식하고 다음으로 문제해결을 위한 방법을 고안하고 실행하는 과정이라고 할 수 있다(Mayer, 1999). 다시 말해 문제해결의 시작점이면서 가장 중요하게 다루어지는 인지적 과정이 문제에 대한 정의 부분이며, 다음으로 문제해결책을 설계하고 실행하는 과정이다.

과학적 문제해결을 표현하는 여러 가지 모델이 있지만 일반적으로 [그림 2.1]과 같이 순환하는 6단계로 구분하여 제시할 수 있다(Llewellyn, 2013).

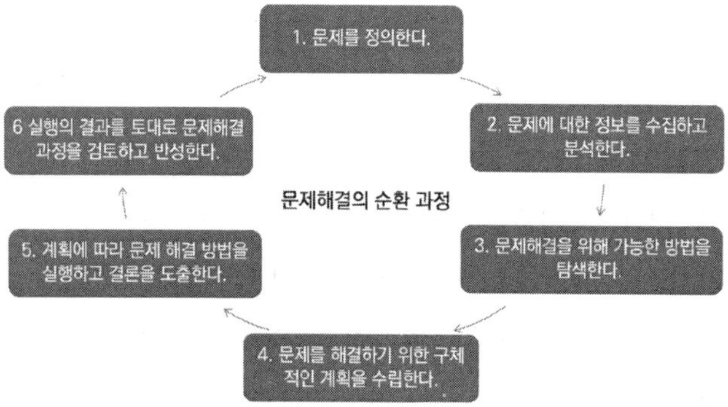

[그림 2.1] 문제해결의 순환과정
*출처: Llewellyn, 2018, p.18에서 번역됨.

이것은 문제해결이 체계적이며, 순환적인 과정을 거친다는 것을 의미하며, 문제를 해결하는 사람이 필요에 따라 어떤 단계로 돌아가기도 하며, 순환적 과정의 어떤 단계로 돌아갈 수 있음을 의미한다(Llewellyn, 2013). 과학적 문제해결 과정을 과학수업에 적용하기 위해서는 다음에 제시된 문제해결 각각의 과정이 가진 특성과 목적을 이해해야 한다.

• 문제를 정의 한다

과학적 문제해결은 문제를 발견하는 것으로부터 시작된다. 문제의 발견은 기존의 경험과 지식으로 해결할 수 없는 문제를 인식함으로 인해 인지적 갈등이 유발되고 제시된 문제를 새로운 관점에서 사고하는 것을 의미한다. 문제에 대한 인식 후 그 문제에 대해 구체적으로 정의함으로써 과학적으로 검증 가능한 상태의 문제로 제시하는 것을 과학적 문제를 정의하는 단계 또는 과학적 가설을 만드는 단계라고 한다. 문제에 대한 인식과 정의라는 두 가지 과정을 통해 문제가 정의되면 비로소 문제해결 과정이 시작된다. 실제로 어떤 학자들은 문제에 대한 인식과 정의를 독립적 과정으로 구분하여 제시하기도 하며, 문제에 대한 '인식과 정의' 대신 다른 용어, 예를 들어 '문제에 대한 발견과 진술' 등으로 표현하기도 한다.

• 문제에 대한 정보를 수집하고 분석한다.

문제에 대한 정보 수집은 문제를 바르게 이해하고 해결 가능한 범위와 방법을 찾기 위해 필수적인 과정이다. 문제에 대한 정보를 책, 인터넷, 인터뷰 등 다양한 경로를 통해 수집한다.

• **문제해결을 위한 가능한 방법 탐색 한다.**

문제에 대해 수집된 정보를 바탕으로 문제해결을 위해 가능한 여러 가지 방법을 탐색한다. 이때 문제해결을 위한 제한점과 한계에 대해 명확히 함으로써 문제의 실현 가능성을 탐색하는 것이 중요하다.

• **문제해결을 위한 구체적인 계획을 수립한다.**

문제해결에 필요한 정보를 바탕으로 가능한 방법 중 가장 효율적이며, 실현 가능성이 높은 방법을 선택하고 문제해결을 위한 구체적인 과정을 설계한다. 과학적 탐구의 관점에서 보면 실험을 설계하는 과정이며, 조사와 같은 문제해결에서는 조사 장소와 대상에 대한 정보를 모으고 수집 가능한 데이터를 정하며, 데이터 수집과 분석을 위한 구체적인 계획을 수립한다.

• **계획에 따라 문제해결 방법을 실행하고 결론을 도출한다.**

실행은 일반적으로 문제해결의 절차를 구체적으로 기술하고 수행하여 도출된 데이터로부터 자료의 의미를 해석하는 과정을 의미한다. 탐구활동에서 가설을 검증하기 위해 탐구를 실행하는 단계로 관찰, 측정, 예상, 변인통제, 자료의 기록과 같은 탐구 기능이 요구된다. 탐구과정에서 가설 검증 결과에 따라 특정 해결안을 수락하거나 거부하며, 가설에 대한 최종적 해답이며 수집된 자료를 통한 판단을 확정적으로 진술하고 포괄적 의미를 결과로 도출하는 과정이다.

• **실행의 결과를 토대로 문제해결 과정을 검토하고 반성한다.**

마지막 단계는 실행의 결과를 토대로 문제해결 과정을 검토하고 반성하는 단계로 문제해결 과정에서 내려진 결론을 평가하고 문제해결의 한계점을 인식하고 향후 연구를 위한 개선사항 및 권장사항을 제안하는 활동이 이루어진다. 이 단계에서는 대체로 과학자 공동체에서 연구에 대한 결과를 평가하고 그 결과에 따라 후속 연구가 계획되기도 하며 연구과정이 다시 반복되기도 한다.

과학적 문제해결력은 지금까지 한국 과학과 교육과정의 중요한 목적이며 역량으로 강조되어 왔다. 하지만 과학적 문제해결의 의미는 그 시대의 교육적 사조에 따라 의미하는 바가 다르게 해석되기도 하였는데, 진보주의에 이론적 배경을 두었던 과학과 교육과정에서는 실생활에서 문제해결 능력을, 학문중심주의에 영향을 받은 경우 과학지식의 응용과 과학과 기술이 사회에 미치는 영향에 대한 이해가 강조되었다(조희형 외, 2009)

최근 제안된 2015 개정 과학과 교육과정에서 과학적 문제해결력은 다섯 가지 중요한 과학적 역량 중 하나로 제시 되는데 그 내용은 다음과 같다.

> "과학적 문제해결력은 과학적 지식과 과학적 사고를 활용하여 개인적 혹은 공적 문제를 해결하는 능력이다. 일상생활의 문제를 해결하기 위해 문제와 관련 있는 과학적 사실, 원리, 개념등의 지식을 생각해 내고 활용하며 다양한 정보와 자료를 수집, 분석, 평가, 선택, 조직하여 가능한 해결 방안을 제시하고 실행하는 능력이 필요하다. 문제

해결력은 문제해결 과정에 대한 반성적 사고 능력과 문제해결 과정에서의 합리적 의사소통 능력도 포함된다."

교육과정에서 제시된 바와 같이 과학적 문제해결은 과학적 지식과 사고를 다양한 문제상황에 적용하여 이를 해결하는 것으로 과학적 상황에서 탐구와 아주 비슷한 의미로 사용된다. 다음은 과학적 문제해결에서 가장 대표적인 전략이라고 할 수 있는 과학적 탐구에 대해 알아보도록 하자.

2. 과학적 탐구

과학적 문제해결은 주어진 문제에 대해 과학적 지식과 탐구 기능을 사용하여 문제를 해결하는 과정을 의미한다. 과학적 문제해결의 대표적인 방법이 과학적 탐구로 정의된다. 과학적 탐구란 자연 현상에 대한 의문으로 시작된다. 이 의문에 답하기 위해 연구를 통해 증거를 수집하며, 얻어진 증거에 기반하여 의문에 대한 설명을 제시하는 일련의 과정이다. 과학적 문제해결이란 과학적 탐구를 포함하는 넓은 의미의 문제해결이며, 정해진 순서나 반드시 따라야 할 규칙이 있는 것은 아니다. 일반적으로 과학수업 시간에 행해지는 탐구 실험은 실증주의에 기반한 가설-연역적 탐구 과정을 의미한다. 이것은 어떤 현상에 대한 의문에서 시작한다. 이 의문에 대한 잠정적인 답을 가설의 형태로 제시하고 이 가설이 맞다는 가정 하에 연역적으로 얻어진 데이터를 통해 가설의 진위 여부를 가리는 과학적 탐구의 방법 중 하나이다.

실제로 과학적 탐구는 자연현상이나 문제로부터 과학적 지식을 찾고 이를 기반으로 이론을 제안하며 발전시키는 과정이다. 이러한 일련의 과정은 과학지식이 만들어지고 구성되는 과정을 보여준다. 따라서 과학적 탐구는 문제를 해결하기 위한 과정이라는 기능적 측면 뿐 아니라 과학적 논리를 기반으로 사고하고 논의하는 영역도 매우 중요하게 다루어진다(남윤경 외, 2019).

1996년 발표된 미국 과학교육과정에서 과학적 탐구를 과학교육의 핵심 목표로 중요하게 다루면서 과학적 탐구의 핵심요소를 제시하였다. 이때 제시된 과학적 탐구의 핵심 요소는 (1)과학적으로 검증 가능한 문제(가설) 제시, (2)문제(가설)를 검증하기 위한 탐구 방법설계, (3)탐구를 통해 수집된 증거에 기반한 설명 구성, (4)기존 과학지식과 구성된 설명의 연계, (5)설명을 논리적으로 정당화하기 이다. 이때 제시된 과학적 탐구의 요소와 의미는 전 세계 과학교육과정에서 과학적 탐구의 의미를 정의하는 데 중요한 계기가 되었다. 과학적 탐구를 학교 교육현장에 효율적으로 적용할 수 있도록 과학적 탐구를 교수 방법적으로 설명한 지침서가 이후 2000년에 '탐구와 국가 과학교육과정'(National Research Council (NRC), 2000)라는 책으로 출판되었다. 다음 [표 2.1]은 과학적 탐구의 각 핵심요소에 따라 학습자 또는 교사가 주도적으로 탐구를 진행하는 정도를 4단계로 표현한 것으로 NRC(2000)에서 제시된 표를 번역한 것이다.

[표 2.1]에서 제시된 바와 같이 과학적 탐구는 과학적 질문을 만드는 것으로부터 시작한다. 이 단계에서 가장 중요한 것은 해결할 문제를 구체적으로 정의하는 것이다. 다음으로 문제를 어떻게 해결할 것인지 해결책을 설계하는 데 과학 실험을 설계하는 것이

[표 2.1] 과학적 탐구의 핵심요소

탐구 핵심요소	학습자주도 <········	········ 변화	········>	교사주도
1. 과학적 문제 제시 (학습자가 과학적 질문에 참여한다.)	학습자가 질문을 제시한다.	학습자가 질문을 선택하거나 새로운 질문을 만든다.	교사, 자료 등에 의해 주어진 질문을 학생이 수정하거나 구체화한다.	교사, 자료 등에 의해 질문이 주어진다.
2. 탐구실행 (학습자는 질문에 답하기 위해 증거를 모으는데 우선순위를 둔다.)	학습자가 무엇이 증거가 되는지 결정하고 증거를 모은다.	학습자가 특정 데이터를 모으도록 지도 받는다.	학습자에게 데이터가 주어지고 학습자는 주어진 데이터를 어떻게 분석할지 생각한다.	학습자에게 데이터와 함께 어떻게 분석할지 분석 방법이 함께 주어진다.
3. 결론도출 (학습자가 증거로부터 설명을 구성한다.)	학습자가 증거를 요약(정리)한 후에 설명을 구성한다.	학습자는 증거를 이용한 설명의 구성과정을 안내 받는다.	학습자는 설명을 구성하기 위해 증거를 사용할 수 있는 가능한 방법을 안내 받는다.	학습자에게 증거와 함께 어떻게 증거를 사용해서 설명이 구성되었는지에 대한 정보를 제공한다.
4. 결론의 정교화 (학습자가 구성한 설명을 과학지식과 연결시킨다.)	학습자가 독립적으로 다양한 자료를 점검(평가)하고 설명과 연계시킨다.	학습자에게 설명과 관련된 과학자료와 분야가 안내된다.	학습자에게 연관된 과학지식과의 연계가 주어진다.	
5. 결론 평가 (학습자가 설명을 논의하고 정당화 한다.)	학습자는 설명을 전달하기 위해 합리적, 논리적 논쟁을 구성한다.	학습자는 설명을 어떻게 논리적으로 구성할 지에 대해 지도 받는다.	학습자는 논리적 설명 구성과 전달에 대한 전반적인 안내를 제공 받는다.	설명을 논리적으로 구성하고 전달하는 모든 과정이 학습자에게 주어진다.

***출처**: 남윤경 외, 2020, p.125.

대표적인 예가 될 수 있다. 이렇게 설계한 해결책을 실행함으로써 과학적 질문에 대해 답하기 위한 충분한 증거를 수집하는 것이 탐구의 두 번째 핵심요소이다. 다음은 해결책 실행을 통해 수집된 증거로 과학적 질문에 대한 답을 만드는 설명 구성의 과정이다. 이것은 보통 과학 실험에서 얻어진 결과에 대해 해석하는 과정을 말한다. 다음으로 해석된 결과를 관련된 과학지식과 연결하여 과학적으로 어떤 의미를 가지는지 확인한다. 마지막으로 발견한 과학적 질문에 대한 답 또는 결과에 대한 해석이 과학적으로 정당함을 논리적으로 주장한다. 이 과정은 과학자가 발견한 과학적 사실이 과학적으로 타당한 방법으로 이루어졌으며, 그 결과 또한 과학적으로 의미 있음을 주장하는 과정이며, 과학자 사회에서 이것에 대해 검증하고 평가하는 과정까지 포함한다.

과학적 탐구과정은 반드시 따라야할 과정이나 순서가 정해진 것은 아니지만 일반적 문제해결 과정으로 학자들마다 다양하게 제안 하고 있다. Bybee et al. (2008)는 (1)문제를 정의하고, (2)가설을 세우고, (3)실험을 설계하고, (4)자료를 해석하여 (5)이론을 형성하는 과정으로 정의하였다. Wang et al. (2014)는 (1)문제인식 및 문제정의, (2)가설생성, (3)실험설계, (4)자료수집 및 분석, (5)자료해석 및 결론도출의 5단계로 정의하였다. So et al. (2018)는 STEM의 탐구과정을 요약하여 탐구개시단계(Initiating an investigation), 탐구수행단계(Conducting the investigation), 탐구결과 발표단계(Presenting the investigation)로 크게 3단계로 나누었다. 과학의 탐구과정 요소들은 과학적 탐구를 가르치는 다양한 교육모델에서도 볼 수 있으며, [표 2.2]는 여러 연구에서 제시된 과학적 문제해결의 과정(탐구과정)을 비교한 것이다.

과학적 탐구과정은 여러 가지 단계로 세분화한 다양한 모델들이 있다. 하지만 일반적으로 [표 2.2]에 제시된 것과 같이 다섯 가지 단계로 요약할 수 있다. 먼저 첫 번째 단계인 문제 인식은 '자연현상을 관찰하고 의문을 생성하는 과정'이다. 과학적 문제해결의 시작은 대부분 문제를 발견하는 것으로부터 시작되며, 기존 사고형태로는 해결할 수 없는 질문이나 복잡성을 유발하여 갈등을 일으키고, 새로운 질문을 통해 가능성을 제기하며, 새로운 관점에서 사고하게 함으로써 창의적 상상력을 필요로 한다

(김영민 외, 2013).

두 번째 단계는 구체적인 문제를 정의하는 단계로 과학적으로 검증 가능한 가설을 만드는 단계이다. 이 단계에서는 '실제적이고 잘 정의되지 않은 상황이 제공되었을 때 가설을 설정하는 능력(Hoover & Feldhusen, 1990)', '새로운 문제의 생성, 재구성, 정교화를 포함하는 문제의 발견(전윤식 외, 2003)' 등으로 표현된다. 과학적 문제의 인식과 가설 설정은 문제를 인식하는 데서 비롯된다. 따라서 이 두 단계는 탐구의 개시(So et al., 2018)로 함께 다루어지기도 한다. 이 단계에서는 자연현상에 대한 관찰을 통해 객관적인 자료를 수집하고, 이를 통한 인과적 의문을 생성함으로써 문제를 인식하고 명료화하며 탐구의 목표를 분명하게 정의하는 것(조희영 외, 2009)을 목표로 한다.

[표 2.2] 과학 탐구의 과정

<table>
<tr><th>단계</th><th>NRC (2000)</th><th>Schwab (1966)</th><th>이범홍, 김영민 (1983)</th><th>So et al. (2018)</th><th>Dewey (1938)</th><th>Lawson (1995)</th></tr>
<tr><td rowspan="2">문제 인식</td><td rowspan="3">1) 과학적 문제제시</td><td rowspan="2">1) 문제인식 과 발견</td><td rowspan="2">1) 탐색 및 문제파악</td><td rowspan="3">1) 탐구 개시</td><td>1) 문제인식 단계</td><td rowspan="6">1) 문제의 파악 및 인식
2) 가설 설정
3) 실험 설계
4) 실험 수행</td></tr>
<tr><td>2) 문제파악 단계</td></tr>
<tr><td>문제 정의</td><td>2) 가설설정</td><td>2) 가설설정</td><td>3) 가설형성 단계</td></tr>
<tr><td rowspan="3">탐구 실행</td><td rowspan="3">2) 탐구실행</td><td>3) 실험설계</td><td>3) 실험설계</td><td rowspan="3">2) 탐구 실행</td><td>4) 가설검증 단계</td></tr>
<tr><td>4) 자료수집 및 처리</td><td rowspan="2">4) 실험</td><td rowspan="5">5) 해결안 수락 및 수정 단계</td></tr>
<tr><td>5) 자료해석 및 검증</td></tr>
<tr><td rowspan="2">결론 도출</td><td>3) 결론도출</td><td rowspan="3">6) 일반화</td><td rowspan="3">5) 적용 및 새로운 문제 발견</td><td rowspan="3">3) 탐구 결과 발표</td><td rowspan="3">5) 자료정리 및 결론 도출</td></tr>
<tr><td>4) 결론의 정교화</td></tr>
<tr><td>평가와 일반화</td><td>5) 결론 평가</td></tr>
</table>

***출처**: 남윤경 외, 2019, p.40.

세 번째 단계는 문제를 해결하기 위한 단계로 가설을 검증하기 위해 탐구활동을 설계하고 탐구를 실행하는 단계이다. 따라서 실험을 설계하기 위해 변인을 확인하고 조작하는 과정뿐만 아니라 관찰과 측정에 대한 계획, 실험 장치를 조작하거나 제작하는 활동을 포함하고 있다(조헌국, 2018; Chinn & Malhotra, 2002). 이때 탐구변인설정과 통제 능력은 탐구문제의 인과적 관계를 밝히는데 필수적 능력으로 매우 중요하다. 또한 문제를 해결하기 위해 무엇을 조절하며, 무엇을 측정하고, 무엇을 통제할 것인지를 명료화함(한효순 외, 2002)으로써 실험 절차를 구체적으로 기술하고 수행하여 도출된 데이터로부터 자료의 의미를 해석하고 한계점을 확인하는 것을 목표로 한다.

네 번째 단계는 '결과를 토대로 추론하는 과정'(조헌국, 2018), '가설 검증 결과에 따라 특정 해결안을 수락하거나 거부하는 단계(Dewey, 1938), 탐구과정에서의 인과관계를 논의하는 것으로 표현되며, 실험결과에 대한 요약이 아니라 주제, 문제, 가설에 대한 최종적 해답이며 수집된 자료를 통한 판단을 확정적으로 진술하고 포괄적 의미를 도출하는 과정이다.

마지막 단계는 결론을 평가하고 연구의 한계점을 인식함으로써 향후 연구를 위한 개선사항 및 권장사항을 제안하는 활동이 이루어지는 단계이다. 이 단계에서는 대체로 과학자 공동체에서 연구에 대한 결과를 평가하고 그 결과에 따라 후속 연구가 계획되기도 하며 연구과정이 다시 반복되기도 한다(Lawson, 1995).

3. 공학적 문제해결 과정

과학적 탐구가 자연 현상에 대한 질문을 풀기 위해 가설을 설정하고 이를 검증하기 위한 과정이라면 공학 설계는 인간 사회(넓은 의미의 소비자)의 필요에 의해 시작되며 이를 해결하기 위한 구체적인 해결책을 만들어내는 과정이다. 다시 말해 과학과 공학은 해결해야 할 문제의 본성(자연현상에 대한 의문 또는 인간의 필요를 채우기 위한 산출문의 제작)이 다르다.

공학적 문제해결은 과학에서 인과적 의문을 해결하는 것과는 달리 주어진 자원(예산, 인력)과 기술적 한계 등 여러 가지 제한 조건에서 문제를 해결할 수 있는 가장 최선의 해결책을 찾아내는 것이며, 가장 최적화된 산출물을 만들어내는 것이다. 하지만 공학적 문제해결의 결과라고 할 수 있는 최적화된 산출물은 반드시 물리적인 외형을 가지고 있는 것은 아니다. 공학적 산출물은 수학적 모델이나 알고리즘이 될 수도 있으며, 문제해결 과정을 체계화한 메뉴얼이 될 수도 있다. 공학적 문제해결 과정은 소비자의 요구 중 어떤 문제를 해결할 수 있는지 파악하고, 해결 가능한 문제를 정의하는 것에서 시작한다. 이미 만들어진 해결책이 존재할 수 있으므로 여러 가지 관련 자료를 비교·분석하는 과정을 통해, 다양한 아이디어를 수집해야 하며, 이것을 근거로 제시한 해결책이 얼마나 의미 있는지에 대해 판단해야 한다. 이와 같이 문제를 정의하고, 해결책에 실행하기 위해 주어진 자원 안에서 문제를 해결하는 과정을 공학 설계(Engineering design)라고 할 수 있다. 학자들에 따라 공학 설계 과정을 다양한 용어;'engineering design cycle', 'engineering design process', 'design research model', 'engineering design challenge'(Billiar et al., 2014; Hjalmarson & Lesh, 2008)로 표현된다. 공학적 문제해결의 과정은 또한 [그림 2.2]와 같이 '빅 아이디어와 연계 → 창의적 설계 → 산출물 평가 → 문제 발견 → 아이디어 검증 → 결과 분석 → 결과의 일반화 → 빅 아이디어 연계'의 순환적 과정으로 표현할 수 있다. 이때, '창의적 설계, 산출물 평가'는 공학 설계이며, '아이디어 검증, 결과 분석'은 과학적 과정이고, '결과의 일반화, 빅 아이디어와 연계, 문제 발견'은 공학 설계와 과학적 과정의 공통 속성이면서 공적인 담화의 과정임을 표현한다. 박현주 외(2012)는 STEAM 교육이 공학을 강조하여 '제품의 설계 및 산출'에 한정될 수 있다는 문제점을 인식하여, STEAM 교육에서 공학적인 창의적 설계로 제품 설계, 예술에서의 작품 설계, 과학, 사회 등의 지식 설계의 세 가지가 모두 가능함을 제시하였다.

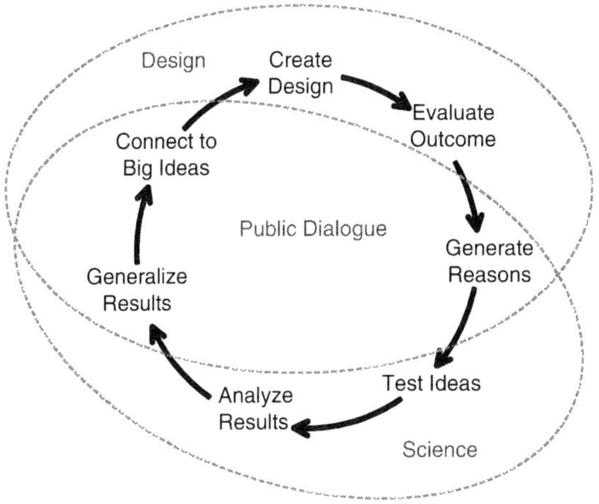

[그림 2.2] Learning Cycle
*출처: Apedoe et al., 2008, p.458.

이효녕 외(2013)는 공학 설계에는 세 가지 고유한 인지 단계가 있다고 제안했다. 그것은 1) 분석 - 문제상황 분석, 2) 종합 - 문제해결을 위한 정보 합성, 3) 적용 - 종합된 지식의 과정을 통해 해결책을 설계하는 것을 의미한다. 이와 비슷하게, Moore et al.(2013)은 공학 설계의 세 가지 공통 구성 요소를 1) 문제 정의 및 배경 조사 수행, 2) 공학 설계 계획 및 구현, 3) 설계 테스트 및 평가로 정리했다. 공학 설계에 대한 요소와 단계가 다양하게 제안되었지만, 사실 이것은 고정된 절차가 아니라 문제해결 상황을 기반으로 하는 유연한 과정이다. 미국 차세대 과학교육과정(NGSS Lead States, 2013)은 공학 설계의 구성 요소가 "항상 일정한 순서를 따르지는 않는다"라고 지적하며 문제해결자는 공학 설계 과정에서 "문제를 재 정의하거나 제대로 작동하지 않는 아이디어를 대체하기 위해 새로운 해결책을 생성할 수 있다"라고 하였다.

여러 연구에서 제시한 공학 설계 과정 간에는 약간의 차이가 있지만 대체로 다음 [표 2.3]과 같은 네 가지 핵심적인 단계가 있음을 알 수 있다.

첫 번째 단계는 공학문제를 정의하는 단계로 '공학 문제의 정의 및 제한된 조건 확인', '문제상황조사', '요구조사', 또는 '(문제) 분석' 등으로 표현된다. 이 단계에서는 먼저 해결해야 할 문제에 대해 정확하게 인식하는 것이 중요하다. 이를 위해 문제를 해결하기 위한 성공 기준의 범위, 한계, 제약을 가능한 한 명확하게 해야 한다. 따라서 문제의 정의는 문제에 대한 해결책, 즉 최종 산출물의 성공 여부를 판단할 수 있는 평가의 명확한 기준을 설정한다는 의미를 포함한다.

두 번째 단계는 문제에 대한 배경 지식 및 해결책과 관련된 선

[표 2.3] 공학 설계의 네 가지 과정

공학 설계과정	공학 설계 과정을 설명하는 용어	공학 설계 과정에 대한 설명
문제의 정의 및 제한 조건의 확인	- 문제 정의(Crismond & Adams, 2012; Fortus et al., 2005; Hjalmarson & Lesh, 2008; Moore et al., 2014)	- 제시된 상황에서 공학적 문제를 인식하고 구체적으로 문제를 정의한다. - 기준과 제한조건이 무엇인지를 파악한다.
정보 수집과 재료 탐색	- 개념탐색(Hjalmarson & Lesh, 2008) - 지식 세우기(Crismond & Adams, 2012) - 배경연구(Fortus et al., 2005) - 정보수집(Hutchinson & Karsnitz, 1993)	- 해결책을 설계하기 위해 관련 있는 과학적 정보를 수집하거나 필요한 과학 개념을 학습한다. - 재료의 특성을 탐색하고 과학적 정보를 근거하여 문제해결에 필요한 재료를 선택하고 이유를 설명한다.
해결책 설계	- 해결책설계+시제품(모델)디자인(김영민 외, 2013; Fortus et al., 2005) - 아이디어 개발과 구현(Hutchinson & Karsnitz, 1993) - 옵션의 가중치와 의사결정(Crismond & Adams, 2012)	- 해결 가능성을 탐색한다. - 최상의 문제해결책을 제안한다. - 시제품을 설계한다.
최적화	- 피드백, 평가, 성능 시험과 평가, 결과에 대한 논의와 수정 및 재설계를 나누어 제시(김영민 외, 2013; Crismond & Adams, 2012; Hynes et al., 2011)	- 공학 설계과정에서 제시된 시제품의 평가 및 반복적 재설계 과정을 거친다. - 최종 산출물을 만들어낸다.

***출처**: 남윤경 외, 2020, p.124.

행 연구단계이다. Hjalmarson & Lesh (2008)은 이 단계를 '개념탐색'이라고 표현하고 있으며, Moore et al. (2014)의 경우 문제 정의 및 배경지식 조사를 한 단계로 묶어서 표현하기도 한다. 공학적 문제해결에서 배경지식과 선행연구의 단계는 제시된 문제와 비슷한 상황에서 이미 만들어진 해결책을 탐색해 봄으로써 더 나은 산출물을 만들도록 해주기 때문에 문제해결에 필요한 자원을 효율적으로 사용할 수 있는 아이디어를 얻을 수 있으며, 문제를 해결하기 위한 합리적인 선택을 하기 위해 꼭 필요한 단계이다.

세 번째 단계는 해결책을 설계하는 단계로 공학 설계의 가장 핵심적인 단계이다. 이 단계는 문제해결자가 창의적으로 해결책을 설계하고 제작하는 단계로 '공학 문제해결을 위한 해결책 디자인', '공학 설계의 계획 및 실행' 등으로 표현된다. 이 단계에서는 공학 문제를 해결하기 위해 실현 가능한 다양한 방법들에 대해 문제 정의 단계에서 설정한 기준에 근거하여 가장 적합한 해결책을 선택하고 구체적인 해결과정을 통해 시제품을 제작하는 단계이다.

네 번째 단계는 해결책 설계 단계에서 만들어진 시제품을 문제 정의 단계에서 만들어진 성공의 평가 기준에 따라 평가하고 개선하는 단계이다. 이 단계는 '해결책 최적화하기', '공학 설계의 시험 및 평가', '테스트와 피드백', 등으로 표현되며, 산출물에 대한 여러 번의 평가와 개선 과정을 거쳐 최종 산출물을 만들어 내는 것이 목적이다.

공학 설계는 [표 2.3]과 같은 일련의 과정으로 간단히 표현할 수 있지만 해결해야 할 문제의 특성에 따라 네 가지 과정을 모두 수행해야하는 경우도 있고 그렇지 않은 경우도 있다. 따라서 교실에서 공학 설계를 적용한 수업을 하는 경우 문제의 특성을 고려하여 공학 설계의 과정을 적절히 조정할 필요가 있다.

4. 수학적 문제해결 과정

수학은 과학·공학·기술을 수행하기 위한 일종의 '언어'로서의 역할을 한다. 과학과 공학적 문제해결을 위해 수학적 문제해결을 이해하는 것은 매우 중요하다. 수학에서의 문제해결이란 '해결 방법을 알고 있지 않은 문제상황에서 수학의 지식과 기능을 활용하여 해결 전략을 탐색하고 최적의 해결 방안을 선택하여 주어진 문제를 해결하는 것'을 말한다(교육부, 2015). 또한, 넓은 의미로 하나 이상의 답을 구하고 좀 더 일반적인 해법을 찾기 위해 문제를 확장하거나 분해하는 것처럼 열린 방식으로 문제를 탐구하는 것을 말한다(김성준, 2002). 이처럼 수학적 문제해결은 다양한 지식과 기능을 활용하는 복합적인 사고과정이다. 수학적 문제해결 과정은 여러 학자들에 의해 설명되었으며, 그들 사이에 공통점이 있음을 확인할 수 있다.

문제해결 과정에 대한 대표적인 학자는 Polya (1971)이며, 그는 문제해결 단계를 문제이해, 계획 작성, 계획 실행, 반성의 4단계로 설명하였다. Polya (1971)에 제시된 문제해결 과정은 수학뿐 아니라 다른 학문에서도 일반적인 문제해결 과정으로 받아들여지고 있다. Schoenfeld (1985)는 문제해결 단계를 분석, 계획, 탐구, 실행, 검증의 5단계로 나누어 설명하였다. Schoenfeld (1985)의 문제해결 5단계 중 계획 단계와 탐구 단계는 Polya (1971)의 계획 작성 단계를 조금 더 세분화했다고 볼 수 있다. Burton (1985)은 문제해결 단계를 도입, 공략, 검토, 확장의 4단계로 설명하였다. Burton (1985)의 문제해결 4단계는 Polya (1971)의 문제해결 단계와 비교했을 때, 반성 단계를 검토, 확장으로 세분화하였다고 볼 수 있다. [표 2.4]는 위의 관점을 비교하여 여러 학자들이 제시한 수학적 문제해결 과정을 Polya (1971)의 연구를 중심으로 비교한 표이다.

Polya의 각 단계별 주요내용과 학자들의 이론을 비교하면 다음과 같다.

첫번째 단계는 문제이해 단계이다. 이 단계에서는 문제에서 구하려는 것과 주어진 것을 파악하고, 용어의 뜻을 이해하며, 문

[표 2.4] 수학적 문제해결 과정

<table>
<tr><th>문제해결 단계</th><th>Polya
(1971)</th><th>Schoenfeld
(1985)</th><th>Burton
(1985)</th></tr>
<tr><td>문제이해</td><td>1) 문제이해 단계</td><td>1) 분석</td><td>1) 도입</td></tr>
<tr><td rowspan="2">계획수립</td><td rowspan="2">2) 해결계획 단계</td><td>2) 계획</td><td rowspan="3">2) 공략</td></tr>
<tr><td>3) 탐구</td></tr>
<tr><td>계획실행</td><td>3) 계획실행 단계</td><td>4) 실행</td></tr>
<tr><td rowspan="2">검토</td><td rowspan="2">4) 반성 단계</td><td rowspan="2">5) 검증</td><td>3) 검토</td></tr>
<tr><td>4) 확장</td></tr>
</table>

***출처**: 남윤경 외, 2019, p.42.

제를 분석하는 단계이다. Schoenfeld (1985)의 분석 단계, Burton (1985)의 도입 단계가 이에 해당된다.

두번째 단계는 해결계획 단계이다. 해결계획 단계에서는 문제에서 주어진 것과 구하려는 것 사이의 관계를 파악하며, 여러 가지 문제해결 전략을 이용한다. Schoenfeld (1985)가 제시한 계획 단계는 문제에 대한 전반적인 해결과정을 제시하는 단계이며, 탐구 단계는 좀 더 전략적으로 문제를 해결할 수 있는 방안을 찾는 단계이다. 이 두 단계는 조금 더 큰 의미에서 본다면 문제를 해결하기 위한 계획 단계로 볼 수 있다. 또한 Burton (1985)의 공략 단계는 문제해결 방법을 찾는 과정을 포함하기 때문에 해결계획 단계로 분류할 수 있다.

세번째 단계는 계획 실행의 단계이다. 해결계획 단계에서는 계획한 것을 직접 실행하면서 문제를 해결을 한다. Schoenfeld (1985)의 실행 단계가 여기에 해당된다. Burton (1985)의 공략 단계는 문제해결 방법을 찾는 과정뿐만 아니라 문제를 해결하기 위한 주된 사고 작용, 실제 문제풀이 과정까지 모두 포함한다. 따라서, Polya (1971)의 해결계획 단계와 계획실행 단계 모두를 포함한다고 할 수 있다.

마지막 단계는 반성 단계이다. 반성은 문제를 해결한 과정을 처음부터 검토해보고, 다른 해결방법을 알아보는 과정이다. 이 과정은 수학적 문제해결에서 가장 중요한 단계이다. 반성 단계는 자신의 사고 과정을 대상으로 하는 인식활동이라는 점에서 메타인지적 사고라 할 수 있다. Schoenfeld (1985)의 검증 단계, Burton (1985)의 검토 단계가 반성 단계에 해당된다. Burton (1985)이 제시한 확장 단계는 문제를 일반화 하는 과정으로, 문제를 풀고 난 후에 문제에 대한 음미 및 후속 학습을 강조한다고 볼 수 있다. 따라서, Polya의 반성 단계와 같은 맥락으로 볼 수 있다.

5. 과학·공학·수학적 문제해결의 공통점과 차이점

지금까지 과학·공학·수학 각각의 학문에서 다루어지는 문제해결의 방법에 대해 알아보았다. 여기서는 먼저 과학·수학·공학의 세 학문 분야가 문제해결 과정에서 어떤 공통점과 차이점을 가지며 이 세 학문 분야를 관통하는 공통적인 문제해결 방법에 대해 알아보고자 한다.

문제해결이란 문제해결자가 주어진 상황에서 구체적인 해결방법이 없을 때 목표상태에 도달하기 위한 인지적 처리(Cognitive processing)를 말한다(Mayer, 1999). Mayer (1999)는 문제해결이 문제표상과 문제해결이라는 두 단계로 이루어진다고 보았는데 먼저 문제표상 단계에서는 문제를 진술하고 문제에 대해 내적인 정신적 표상을 수립하며 이후, 문제해결 단계에서 문제를 해결하기 위한 계획을 고안하고 실행한다. 다시 말해 문제를 인식하는 과정과 이에 대한 구체적인 해결책을 찾는 과정으로 구분할 수 있다. Polya (1971)는 문제해결 과정을 좀 더 구체적으로 문제이해(Understanding a problem), 계획수립(Planning), 계획실행(Carrying out the plan), 검토 및 반성(Examination)의 4단계로 제시하였으며, 이는 상대적으로 독립적인 기초학문이라고 할 수 있는 수학에서의 문제해결 과정이기 때문에 학문의 경계를 넘어 가장 전통적이고 일반적인 문제해결 과정으로 인식되고 있다. 과학과 공학은 넓은 의미에서는 Polya (1971)의 문제해결 과정에 모두 포함되지만 구체적으로 세분화 된 단계들을 가지고 있다. [표 2.5]는 과학·공학·수학에서 정리된 문제해결 과정의 세부 과정을 표로 나타낸 것이다.

[표 2.5]에서 제시된 문제해결 과정은 각각의 과정에서 학문의 특성상 고려해야 할 요소들이 있지만 넓은 범위에서 공통적인 문제해결 과정이 존재한다는 것을 보여준다. 공통된 문제해결 과정은 (1)문제인식(Recognizing problems), (2)문제정의(Defining problems), (3)탐구/해결책 설계(Designing investigation), (4)탐구실행(Conducting investigation), (5)결론도출(Drawing conclusion), (6)평가와 일반화(Evaluation and generalization)로 제시될 수 있다. [그림 2.5]에서는 [표 2.5]에 정리된 문제해결 과정을 'SEM practice'(SEM 실행)로 나타내고 있다. 과학은 공학과 수학에서 강조되는 연구 문제에 대한 연구(research) 또는 브레인스토밍 과정이 구체적으로 다루어지지 않는다. 공학은 과학과 수학에서 결론

[표 2.5] 과학·공학·수학에서 문제해결 과정 비교

Process	Science	Engineering	Mathematics
Recognizing Questions	S1:Recognizing questions	E1: Defining the problem to be solved(modified from So et al., 2017) E1.1: Ask questions to define the problem to be solved E1.2: Defining the problem	M1: Understanding the problem M1.1: we have to see what is required. M1.2: Look at the unknown. M1.3: The verbal statement of the problem must be understood
Identifying Questions	S2: Formulate and refine questions to set up a scientifically oriented hypothesis		
Designing Investigation	S3: Conducting the investigation (modified from So et al., 2017) S3.1: Identify variables S3.2: Describe the procedures	E2: Researching about the problem E2.1: Researching E2.2: Brainstorming	M2: Devising a plan M2.1: Try to think of a familiar problem having the same or a similar unknown. M2.2: Introduction and use of auxiliary elements M2.3: Consider about auxiliary problem
Conducting Investigation	S3.3: Data collection	E3: Designing and testing the solution E3.1: Design a solution E3.2: Identify the constraints and flaws	M3: Carrying out the plan M3.1: Carrying out the plan
	S3.4: Analyze the results	E3.3: Test the design solution based on the defined problem	M3.2: Check each step
Drawing Conclusion	S4: Draw conclusions	E4: Optimizing E4.1: Modify the model or design E4.2: Analyze and choose an optimal solution to solve the problem	
Evaluation and Generalization	S5: Evaluation S5.1: Presenting the result to be evaluated by scientist community S5.2: Suggest improvements and recommendations for further study		M4: Looking back M4.1: Chec the problem solving process M4.2: Think about another method

*출처: 남윤경 외, 2019, p.43.

도출 후에 이루어지는 전체적인 과정에 대한 반성과 탐구의 순환보다는 연구 실행 단계에서 최적화(optimizing)과정을 더 중요하게 다룬다. 과학에서는 특히 반성을 통한 탐구과정 전체의 순환보다는 결론 도출 후 이루어지는 과학자 사회에서의 평가와 과학지식으로서의 일반화 과정이 중요하게 다루어진다. 문제해결 각각의 과정이 반드시 어떤 순서를 따라야 하는 것은 아니며 [표 2.5]에서 제시된 각각의 과정은 상황에 따라 문제해결의 시작이 될 수도 있고 문제해결의 과정 중에 빠질 수도 있다.

6. 컴퓨팅사고(CT)의 정의

컴퓨팅사고(Computational Thinking: 이하 CT)를 3Rs(읽기, 쓰기, 말하기)와 더불어 모든 학습자가 갖추어야할 기본 역량으로 보아야한다는 Wing (2006)의 의견 개진 이후, 미국 국가연구 위원회(National Research Council, NRC)는 CT가 보통의 사람들이 꼭 지녀야 할 인지기술이라고 하였다(NRC, 2010; Wing, 2006). 21세기 인재가 갖추어야할 핵심역량을 규정한 Partnership for 21st Century Skills (P21) (2009)과 ATC21S (2012)에서도 CT를 미래 핵심역량의 하나로 발표하였다. 이에 맞춰 ISTE (International Society for Technology in Education)와 CSTA (Computer Science Teachers Association)에서는 K-12를 위한 CT의 조작적 정의요소로 '자료수집(Data collection)', '자료분석(Data analysis)', '자료표현(Data representation)', '문제분해(Problem Decomposition)', '추상화(Abstraction)', '알고리즘 및 절차(Algorithms & Procedures)', '자동

화(Automation)', '시뮬레이션(Simulation)', '병렬화(Parallelization)'의 아홉 가지 요소를 제시하였다(ISTE & CSTA, 2011).

CT의 정의와 구성요소에 대해서는 학자들마다 의견이 분분하다. Wing (2006)은 CT의 핵심요소로 추상화(abstraction)와 자동화(automation)를 제시하고 있다. 추상화는 실제 문제를 해결 가능한 형태로 표현하기 위한 사고 과정으로, 수집된 자료를 활용하여 문제의 복잡성을 효과적으로 해소한 뒤에 적절한 해결의 모델을 설계하는 과정이라 할 수 있으며, 자동화는 컴퓨터가 이해할 수 있는 언어로 표현하여 반복 작업이나 시뮬레이션을 실시하는 과정을 의미한다(이영준 외, 2014).

Lockwood & Mooney(2017)는 CT가 일반적으로 분해(Decomposition), 추상화, 알고리즘적 사고 및 패턴 맞추기(Algorithmic thinking and pattern matching)등을 포함하며 이러한 요소에 대한 이해는 다른 학문에도 도움이 된다고 하였다. Burgett et al. (2015)는 알고리즘적 문제해결(Algorithmic problem solving)과 추상화, 그리고 모델링과 시뮬레이션 능력(Modeling and simulation)이 CT의 주요 요소라 하였다. Henderson (2009)은 CT는 우리의 일상 및 다른 학문 분야에 쉽게 통합할 수 있는 '컴퓨터적 개념'이라고 정의하면서 우리가 일상생활에서 어떤 문제를 해결하기 위해 패턴을 찾고 그것에 따라 문제를 해결하는 것처럼(어떤 순서에 따라 기계를 조작하거나 길을 찾는 등) 우리가 가지고 있는 창조를 위한 본능적 능력, 논리적 사고와 컴퓨터적인 규칙성에 대한 이해라고 부연한 바 있다.

여러 학자와 기관에서 정의한 컴퓨팅사고에 관한 구성요소를 비교한 표는 [표 2.6]과 같다.

[표 2.6] 컴퓨팅사고의 요소

<table>
<tr><th>CT의 구성요소</th><th>Wing (2006)</th><th>CSTA & ISTE (2011)</th><th>code.org</th><th>Barr & Stephenson (2011)</th><th>Purdu Univ.</th><th>최숙영 (2016)</th></tr>
<tr><td>자료 수집</td><td rowspan="6">Abstraction</td><td>Data Collection</td><td></td><td>Data Collection</td><td></td><td>Data Collection</td></tr>
<tr><td>자료 분석</td><td>Data Analysis</td><td></td><td>Data Analysis</td><td></td><td>Data Analysis</td></tr>
<tr><td>자료 표현</td><td>Data Representation</td><td></td><td>Data Representation & Analysis</td><td></td><td>Data Representation</td></tr>
<tr><td>문제 분해</td><td>Problem Decomposition</td><td>Decompose</td><td>Problem Decomposition</td><td></td><td>Problem Decomposition</td></tr>
<tr><td>추상화</td><td>Abstraction</td><td>Abstraction</td><td>Abstraction</td><td>Abstraction</td><td>Abstraction</td></tr>
<tr><td>알고리즘과 절차</td><td>Algorithm & Procedures</td><td>Algorithms</td><td>Algorithm & Procedures</td><td>Algorithm</td><td>Algorithm & Procedures</td></tr>
<tr><td>자동화</td><td rowspan="5">Automation</td><td>Automation</td><td></td><td>Automation</td><td></td><td>Automation</td></tr>
<tr><td>시뮬레이션</td><td>Simulation</td><td></td><td>Simulation</td><td></td><td>Simulation</td></tr>
<tr><td>병렬화</td><td>Parallelization</td><td></td><td>Parallelization</td><td></td><td></td></tr>
<tr><td>패턴화</td><td></td><td>Patterns</td><td></td><td></td><td></td></tr>
<tr><td>디버깅</td><td></td><td></td><td>Testing & verification</td><td>Debugging</td><td>Debugging</td></tr>
<tr><td>평가 및 일반화</td><td></td><td></td><td></td><td>Control Structures</td><td>Logical thinking</td><td>Evalution & Generlization</td></tr>
</table>

***출처**: 남윤경 외, 2019, p.45.

7. 문제해결의 과정으로서 컴퓨팅사고

Wing (2006)은 CT를 단순히 컴퓨터를 이용하는 능력, 즉 소프트웨어 활용이나 프로그래밍 능력을 넘어서 컴퓨터 관련 학문뿐 아니라 다른 학문 분야에 적용될 수 있는 문제해결의 방식에 대한 태도와 일련의 기술이라고 정의한 바 있다. 또한, 유중현과 김종혜(2008)는 CT를 여러 가지 사고 및 추론의 형태를 바탕으로 하는 하나의 사고과정이자 컴퓨터 과학의 개념이 포함되어 있는 복합적인 개념이라고 정의하면서 수학적인 사고방식에 기인하고 있지만 공학적 사고처럼 일상생활과 긴밀히 상호작용한다고 밝힌 바 있다. 즉, CT는 컴퓨터에 국한하지 않고 어떠한 문제를 해결하기 위한 사고 과정의 총체를 의미하며(박성빈과 안성진, 2016; 유중현과 김종혜, 2008), 정보나 컴퓨터 교과목에서 컴퓨터의 기능을 익히고 능숙도 향상을 목표하던 것과 달리 일상적인 문제를 컴퓨터를 이용하여 해결하는 것으로 내용과 범위가 확대되고 있다(Barr & Stephenson, 2011). Bundy (2007)는 CT개념이 문제해결 과정을 통해 다른 전공의 교육에서도 사용되어 왔으며 컴퓨터적으로 사고하는 능력은 모든 분야에서 기본적으로 필요하고, 특히 물리·생물·의학·철학·건축·교육 등 다양한 분야에 영향을 주고 있음을 밝혔다.

그러나 현재까지 진행된 다양한 사례연구나 교육과정을 살펴보면, 문제해결을 위해 CT의 사고적 측면(thinking)이 강조되기보다는 코딩(coding)이나 피지컬 컴퓨팅(physical computing) 등의 문제해결을 위한 도구적 측면(computing)이 강조되었음을 알 수 있다(Barr & Stephenson, 2011; Weintrop et al., 2016). 이는 전통적 관점의 CT인 컴퓨터 과학적 활용에만 국한된 협의의 개념으로만 사용되었다는 것이다. Selby et al. (2014)는 CT를 프로그래밍이라는 협소한 측면으로만 접근하는 것에 대한 문제점을 제시하고 CT를 프로그래밍을 통한 결과물 산출에 초점을 맞추기보다는 문제해결을 위한 사고 과정(thought process)으로 보아야 한다고 하였다(최숙영, 2016; Deek et al., 1999). 문제해결의 측면에서 CT에 대한 개념적 고찰을 시도한 유중현과 김종혜(2008)의 연구에서는 문제해결 과정의 프로세스로 Deeket al. (1999)의 연구에서 제시된 '문제 분석', '문제해결 방법 탐색', '해결방법 설계', '해결 및 구현', '평가'의 5단계를 제시하면서 '알고리즘적 사고(Algorithmic thinking)', '재귀적 사고(Reculsive thinking)', '비판적 사고(Critical thinking)', '논리적 사고(Logical thinking)'의 네 가지 사고를 CT의 하부적 사고로 제시한 바 있다.

따라서, 일반적인 문제해결의 과정에서 CT를 적용하는 것은 CT의 도구적 측면이 강조된 협의적 사용에만 그치는 것이 아니라 컴퓨터 기반의 문제해결 과정을 이해하고 이를 바탕으로 다양한 분야에 적용할 수 있는 CT기반의 문제해결력을 높일 수 있다. 다시 말해 CT는 컴퓨터를 도구로 사용하는 기술적 측면보다는 문제를 해결하는 과정이며 각 과정에서 필요한 역량이라 할 수 있다. 최숙영(2016)은 일반적인 문제해결 과정단계를 '문제인식', '문제정의', '해결책 고안', '문제해결의 실천', '문제해결의 평가'의 5단계로 나타낸 바 있다. 아울러 CT를 이용한 문제해결을 진행함에 있어 각 단계에서 고려될 수 있는 CT 구성요소를 다음과 같이 [그림 2.3]으로 제시하였다. 이 연구에서는 CT요소를 ISTE & CSTA (2011)에서 제시한 아홉 가지 요소 중에서 병렬화를 제외하고 디버깅을 포함시켰다. 병렬화는 여러 가지의 문제를 동시에 해결하기 위한 것이므로 한 가지의 문제를 해결하는 관점에서는 의미가 없다고 생각할 수도 있으나, 동일 모듈의 병렬처리를 통해 문제를 빠르게 해결할 수 있어 한 가지 문제해결에서도 적용이 가능한 개념이라 할 수 있다.

디버깅은 본질적으로 코딩을 진행할 때 발생한 오류를 수정하는 과정으로, 협의의 개념의 디버깅은 자동화 과정에서 나타나는

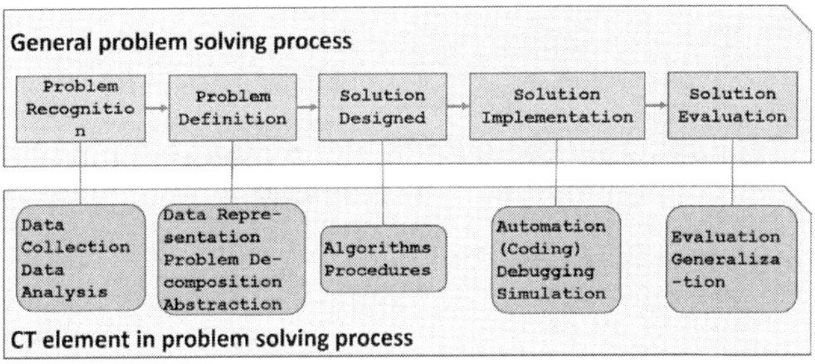

[그림 2.3] 일반적 문제해결 과정에서 CT 요소
*출처: 최숙영, 2016.

오류의 수정 및 전체 프로그램을 실행할 때 발생하는 의도치 않은 버그에 대처하는 과정이라 할 수 있다. 하지만, 문제해결의 측면에서 디버깅은 넓은 의미에서 수학의 반성적 사고처럼 문제해결의 전체 과정이 과연 옳았는지, 문제의 선정방향이 제대로인지, 문제가 제대로 해결되었는지 등 사고적 측면에서 전체를 재검토하고 수정하는 과정이라 할 수 있다. 유중현과 김종혜(2008)가 제시한 CT의 사고들 중 비판적 사고와 논리적 사고, 재귀적 사고를 적용하여 전체적으로 피드백하는 과정이 디버깅이라고 할 수 있다. 따라서, ISTE & CSTA (2011)에서 제시한 9개 요소에 '디버깅' 요소를 추가한 문제해결 과정을 CT practice로 정의하는 것이 바람직하다고 판단된다. 데이터 수집부터 병렬화까지의 순차적 흐름은 ISTE & CSTA (2011)의 과정을 따르되, 시뮬레이션 과정 이후 발생한 피드백과 디버깅을 통해 모든 요소를 다시 수정할 수 있다.

[그림 2.4]는 앞에서 제시한 요소들을 결합하여 만든 문제해결의 과정과 CT practice의 관계를 제시한 그림이다.

실선 화살표로 제시된 부분은 필연적으로 발생하는 문제해결

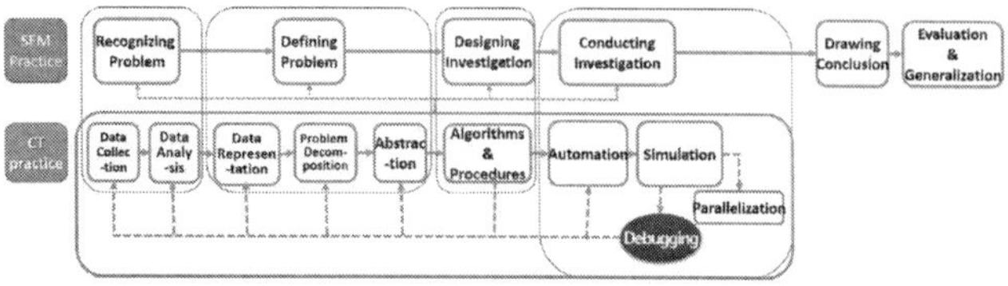

[그림 2.4] 문제해결과 CT Practice
*출처: 남윤경 외, 2019, p.47.

의 흐름을 제시하였고, 점선 화살표는 옵션(필요에 따라 실행 가능)에 해당한다. 문제해결 과정의 각 요소와 CT 요소가 묶인 얇은 실선 묶음은 최숙영(2016)의 [그림 2.3]을 활용하되, 일반적인 문제해결의 단계를 SEM practice([그림 2.5]참고)에서 제시된 6단계로 바꾸어 나타내었으며, 아래의 큰 실선 사각형안의 내용은 CT practice전체를 의미한다. CT practice의 각 요소는 문제해결을 위한 세부과정인 동시에 그 각각이 단독적으로 CT practice 문제해결 과정 전체의 역할을 수행할 수도 있다.

8. 과학·공학·수학적 문제해결과 컴퓨팅사고

여기서는 지금까지 알아본 과학(S), 공학(E), 수학(M), 그리고 컴퓨팅사고(CT)에서의 문제해결 과정을 비교하고 각각의 학문적 본성을 문제해결 측면에서 기술하고자 한다. [그림 2.5]는 SEM에서 문제해결의 실행(SEM practice)와 CT에서 문제해결의 실행(CT practice)을 비교하고 있다.

SEM과 CT 모두 문제해결의 과정은 답이 정해지지 않은 문제에서 출발하여 구체적인 해결책을 찾아간다는 점에서 공통적이다. 이러한 공통점은 발산적 사고와 수렴적 사고의 개념을 통해 이해할 수 있다. Guilford (1967)는 문제해결 과정이 크게 두 가지 사고과정, 즉 발산적 사고(divergent thinking)와 수렴적 사고(convergent thinking)으로 정의하였으며, 이후 많은 연구에서 구체화되었다(박종원, 2004; Heller, 2007). 발산적 사고란 흔히 수렴적 사고와 반대되는 개념으로 독창적으로 아이디어를 생성하는데 관련된 인지적 과정으로 정의되며(Runco & Acar, 2012), 대안생성 과정 및 문제발견 능력과 깊은 연관이 있고(하주현, 2003; Sternberg & Lubart, 1993), 가설 형성 및 신뢰로운 평가와 연관이 있다(하주현, 2003). 수렴적 사고는 발산적 사고와 달리 다양한 정보들을 비교·분석하여 하나의 구조로 통합하고 조직화 하는 사고 과정이다(Runco & Acar, 2012). 따라서 문제해결을 위해 생성된 아이디어와 가능성 등을 비교·분석·판단·선택하는 과정을 의미하며(김영채, 1999), 문제해결 과정에서 올바른 해결책에 도달하는데 초점이 되는 비판적(critical), 판단적(judicial) 사고를 포함한다(Carson & Runco, 1999).

[그림 2.5]에서 제시된 문제해결 과정 중 시작 단계에서는 발산적 사고가 더 중요한 역할을 담당하며, 가설을 평가하고 채택하는 과정으로 갈수록 수렴적 사고가 더 중요한 역할을 감당하게 된다(박미진, 2016). 여기서 주의할 점은 문제해결 과정에서 발산적 사고와 수렴적 사고는 항상 상호작용하기 때문에 한 가지 사고력으로 측정할 수 없으며, 문제해결 과정에 대한 기능적 측면을 포함해야 한다(윤진아 외, 2019). 융합적 문제해결 과정에서 발산적 사고의 대표적인 사고력으로 창의적 사고력과 직관적 사고력, 수렴적 사고의 대표적 사고력으로 분석적 사고력과 비판적 사

고력을 들 수 있다.(김영정, 2002; 박기문과 이규녀. 2016;박현주, 2014; 심재호 외, 2017). 과학에서는 이 두 방향의 사고 중 창의성과 비판적 사고력을 자주 다루며, 수학에서는 직관적 사고력과 분석적 사고력을 다룬다.

[그림 2.5]에서 제시된 것처럼 SEM에서 공통적으로 다루어지는 문제해결 과정과 CT의 문제해결 과정은 문제의 인식, 문제의 정의, 탐구(해결책)의 설계와 실행 면에서 매우 비슷하다고 할 수 있다. 하지만 각각의 학문이 가지는 특성에 의해 각각의 과정에서 중요하게 다루어지는 점을 해석할 수 있어야 한다.

과학 탐구과정의 핵심이 가설을 뒷받침할 충분한 증거를 수집하는 과정이라면 공학적 문제해결은 설정된 문제가 제시한 기준에 가장 부합하는 산출물을 가장 적은 자원을 이용해서 만들어내는 과정이다. 따라서 과학에서의 가설은 그것을 뒷받침하는 과학적 증거 유무에 의해 채택되거나 기각된다. 하지만 공학적 문제에 대한 해결책은 더 좋은 해결책이 나올 때까지 기각되지 않으며, 해결책이 얼마나 문제(소비자의 요구)에서 제시된 기준에 부합하는가에 따라 채택되거나 기각된다.

공학은 문제를 해결하는 사고적 측면을 강조하기 때문에 새로운 도구의 개발과 이용능력을 강조하는 기술과 본질적으로 다르다. 오히려 공학은 문제를 정의하고, 논리적인 사고과정을 통해 주어진 문제에 대한 답을 얻는 문제해결 과정이라는 측면에서는 과학적 탐구와 더 비슷하다. 하지만 인간의 삶을 보다 향상시키기 위한 유용한 제품, 과정, 시스템을 만드는 과정이라는 점에서 과학과는 본질적으로 그 목적이 다르다(Harms & Janosz, 2012).

과학은 문제해결의 시작이 자연에 대한 호기심이지만, 수학은

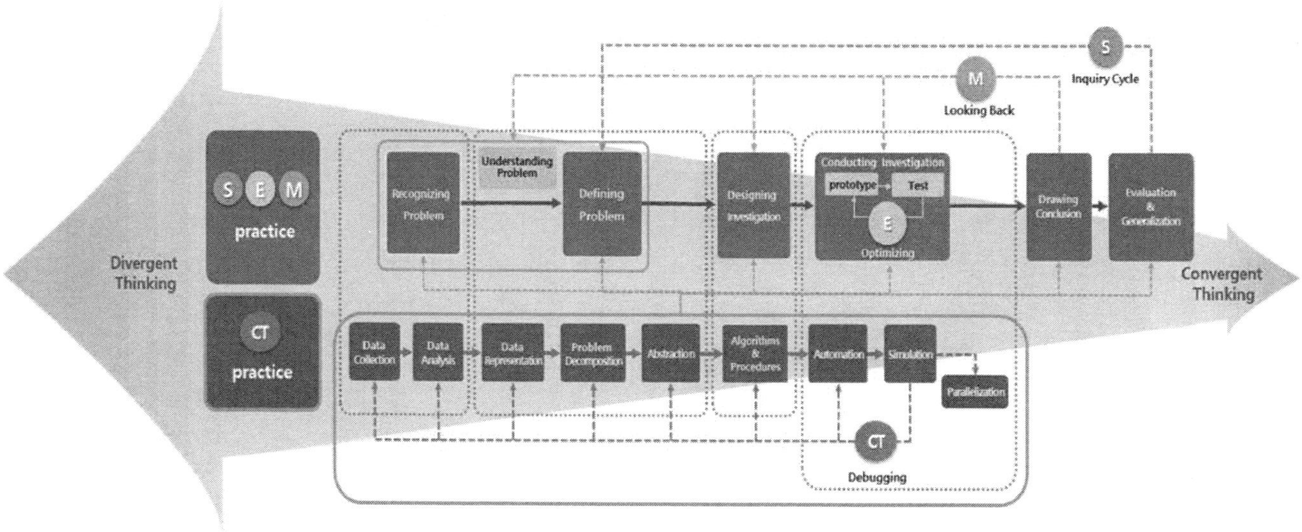

[그림 2.5] The Relationship Between Problem Solving in SEM and CT
*출처: 남윤경 외, 2019, p.48.

이미 주어진 문제상황에서 해결방법을 찾는 점에서 다르다고 할 수 있다. 과학에서 문제해결의 마지막 단계가 일반화라면 수학은 최적의 해결책을 찾았는지 검토 반성하는 단계이다. 즉, 과학에서의 문제해결은 자연현상과 실세계에 대한 이해, 일반화가 중심이라면, 수학은 주어진 문제를 최적의 방법으로 해결하는 것이 중심이다. 이러한 점에서는 수학적 문제해결이 공학 설계(인간사회의 필요에 의해 시작되며 이를 해결하기 위한 구체적인 산출물을 제작하고 최적화하는 과정)와 좀 더 유사하다. 특히, 수학적 모델링은 공학적 문제해결 측면에서 더 잘 이해된다(NGSS Lead States, 2013).

수학적 모델링은 실세계의 여러 현상을 수학적인 수단에 의해 정리하고 조직하는 활동으로, 문제를 해결하기 위해 여러 가지 수학적 표현으로 변환하면서 현상에 내재된 수학적 개념을 파악하고 문제를 해결하는 과정이다(황혜정 외, 2016). 이러한 점에서 수학적 모델링은 문제해결의 특징을 지니지만, 비수학적 문제상황에서 출발하는 것을 기본으로 한다는 점에서 문제해결과 차별화되며 공학 설계와 관련이 깊다(NCTM, 1991).

지금까지 CT는 SEM 문제해결을 위한 각각의 단계에서 대부분 도구적으로 사용되었다. 하지만 문제를 해결하기 위해 다양한 변수를 다루고 그들의 관계를 여러 가지 방법으로 나타내어 자료를 통계적이고 논리적으로 분석한다는 점에서 수학적 사고와 유사하다. 또한 주어진 문제에 대한 잠정적인 답을 가지고 문제해결 과정을 창의적으로 구상하고 그 결과를 논리적으로 설명, 예상한다는 측면에서는 과학과 유사하다. 무엇보다 CT에서는 문제에 대한 답이 무엇인지 중요한 것이 아니라 그 답을 찾기 위해 다양한 방향에서 여러 방법들을 적용해보고, 가장 효율적인 답을 찾아낸다는 점, 그리고 문제에 대한 답이 나오는 방법을 찾아 다른 유사한 문제에 적용하는 과정을 강조하는(한병래, 2013) 점에서 공학 설계와 가장 유사하다고 할 수 있다.

SEM에서의 문제해결과 CT에서의 문제해결의 차이점은 일련의 공통 과정으로 표현할 수 있는 SEM에서의 문제해결에 비해 CT는 일련의 공통과정뿐 아니라 각각의 세부과정이 CT 전체 과정을 다시 포함하고 있다는 점에서 다르다. Weintrop et al. (2016)가 제시한 것처럼 CT 각각의 세부과정들은 SEM 문제해결의 각 단계에서 유연하게 중복되어져서 사용된다. 예를 들어 CT의 세부 과정 중 자료수집과 자료분석은 과학과 수학의 문제해결 초기 단계에 문제를 인식하는 과정에서 중요하게 사용되지만, 자료의 표현과 문제 분해, 그리고 추상화와 함께 문제를 구체적으로 정의하는 과정에서도 중요한 CT 활동으로 사용되고 있다. 마치 프렉탈 구조처럼 CT 각각의 과정을 포함하는 CT 문제해결 과정은 SEM의 문제해결 과정에서 유연하고 긴밀하게 융합된다. Weintrop et al. (2016)는 이러한 과학과 수학에서 CT를 활용한 융합적 문제해결활동을 CT 실행(practice)라고 넓게 정의하고 있다.

지금까지 과학·공학·수학의 문제해결 과정을 비교 분석하고 SEM에서의 문제해결과 CT의 문제해결적 본성 사이의 관련성을 알아보았다. 과학·공학·수학적 문제해결 과정은 문제인식, 문제정의, 탐구(해결책) 설계, 탐구(해결책) 실행, 결론도출, 그리고 평가와 일반화로 구분되는 공통적인 과정으로 이해할 수 있다. 수학의 경우 탐구의 실행이 끝나면 문제의 인식과 정의부터 다시 전체과정을 돌아보는 반성적 사고를 강조하며, 이와 비슷하게 과학의 경우도 결론도출이 끝나면 가설의 검증과정과 연관된 새로운 가설의 도출을 위한 반성적 사고과정을 거치게 되는데 과학에서는 이를 탐구의 순환이라고 표현한다. 공학의 경우 탐구의 실행단계가 이러한 반성적 과정, 즉 시제품의 평가와 최적화과정을 거치게 된다는 점에서 과학, 수학적 문제해결과 차별화된다.

컴퓨팅사고(CT)를 문제해결의 과정으로 이해할 수 있는지에 대한 질문은 CT가 기술적 도구(T)인가 아니면 문제해결적 사고를 강조하는 공학(E)인가에 대한 질문과 같다. CT에서 사고적 측면을 강조했던 Wing (2006; 2008)은 CT가 수학과 가장 가까운 활동이라고 생각했고 CT를 통해 수학과 공학 설계를 보완하고 연결하고자 했다. CT도 공학처럼 이미 도달해야하는 목표를 알고 시작한다. 그 목표에 도달할 수 있는 여러 가지 방법 중에 최선의 것을 찾아내는 것이 CT의 목적이다. 찾아낸 한 가지 방법에 대해 그것이 최선인지 반성하는 수학처럼 공학과 CT도 그 과정을 통해 최선의 것을 찾아내는 것이 중요하다. 하지만 CT 각각의 요소들은 마치 프렉탈 구조와 같이 다시 CT 각각의 문제해결 활동(CT practice)들에 유연하게 포함된다는 점에서 도구적 측면과 문제해결 과정으로서의 측면을 함께 가지고 있다.

SEM에서 다루어지는 문제해결 방법과 CT의 문제해결 방법은 매우 비슷한 점이 많다. SEM에서 반성적 사고가 강조되는 부분이 CT에서는 전체 프로그램을 최적화하는 디버깅 과정으로 표현된다. 하지만 이러한 반성적 사고과정이 반드시 디버깅(프로그램이 수정)에만 한정되어 있지는 않다.

오늘날 우리의 일상은 급속한 과학기술의 혁신과 정보화로 인해 수많은 문제에 직면하고, 이 문제를 해결하며 살아간다. 이는 보다 다양한 맥락에서 문제해결 능력이 요구되고 있음을 의미하며 사회전반에 걸쳐 문제해결을 위한 융합적 문제해결 역량이 더욱 중요시되고 있다. 지금까지 살펴본 바와 같이 수학·공학·컴퓨팅사고는 본질적으로 도착점을 알고 방법을 모색한다는 점에서 과학적 문제해결과는 차이점이 있다. 여러 학문 분야가 융합된 문제에 직면하게 될 미래사회에 적합한 인재를 양성하기 위해서는 여러 학문 분야를 효율적으로 융합한 융합교육의 방향이 구체적으로 제시되어야 한다.

최근 CT에 대한 국가적 관심이 2015 개정 교육과정에서 초중학교의 소프트웨어 교육을 필수화하는 것으로 나타났다. 하지만 대부분의 선진국에서 다루어지는 CT 교육과는 거리감이 있어 보인다. 상황과 맥락을 중요시하는 공학교육처럼 CT 교육도 단순한 프로그래밍 교육에서 벗어나 실제 상황에서의 문제해결로 나아가야 한다. 영국, 이스라엘, 미국, 일본, 독일 등 거의 대부분의 선진국에서는 이미 많은 종류의 CT 교육을 위한 프로그램과 모듈이 개발되었으며 과학 또는 수학 교사가 정보과학, SW 교육을 함께 적용하여 학생들의 융합적 문제해결력을 기르는 데 주력하고 있다(Lockwood & Mooney, 2017). 이러한 프로그램들은 과학을 바탕으로 CT를 접목해서 가르침으로써 융합적 사고력을 키울 수 있음을 보여주었다(Rodriguez & Camp, 2016; Taub et al., 2012). 이와 같이 한국도 초중등 교육에서 CT를 SEM 과목에 구체적으로 접목할 수 있는 방향이 제시되어야 한다.

제 3 장

과학-공학 융합교육

들어가기

현대인은 생활의 모든 부분에서 공학적 산출물에 의존해서 살아간다. 공학 기술은 국가 경쟁력의 지표가 되며 공학적 사고와 문제해결력은 미래사회를 위한 창의적 인재의 핵심역량이라 할 수 있다. 미국을 비롯한 유럽 선진국에서는 이미 국가 과학교육과정에서 공학을 과학과 융합된 하나의 학문 분야로 소개하고 체계적인 과학-공학 융합교육을 시도하고 있다.

공학적 사고와 방법은 '기술'(실과)과목에서 요구하는 새로운 도구의 개발과 이용능력과 본질적 다르다. 공학적 사고와 방법은 비판적 사고에 기반한 탐구 및 문제해결 능력과 창의적인 산출물 설계를 위한 창의성, 그리고 무엇보다 구성원 간의 협력과 의사소통 능력을 의미한다. 급변하는 4차 산업혁명 시대를 대비하기 위해 초·중등 학교 학생들은 공학적 사고에 기반한 문제해결과 창의적 산출물 설계에 대한 능력을 갖추어야 한다. 이를 위해 우선적으로 과학과 공학을 학문적 융합하여 국가 과학교육과정에서 제시할 수 있도록 이론적 근거가 확립되어야 하며 이에 근거한 프로그램의 개발과 적용으로 긍정적인 효과에 대한 체계적인 검토가 이루어져야 한다.

과학은 자연 현상에 대한 의문과 이를 해결하기 위한 탐구를 목적으로 하며, 과학자 공동체에서 합의한 과학적 방법에 근거하여 새로운 과학적 지식을 만들어간다. 하지만 공학은 그 시작점이 인간의 필요이다. 이것은 과학과 공학을 구분하는 매우 중요한 학문적 구분의 근거이며, 나아가 과학과 공학에 대한 교수법에도 영향을 미치는 중요한 특성이 된다. 대부분 과학적 탐구라고 하면 먼저 과학적 실험을 머리에 떠올리게 된다. 이와 비슷하게 과학자라고 하면 과학실험복을 입고 비이커와 삼각플라스크를 들고 화학반응 실험을 하는 모습을 떠올린다(한누리와 남윤경, 2018). 대부분의 사람들의 인식속에 과학은 실생활과 별개로 이루어지는 실험실 상황의 일이다. 실제로 변인을 통제하고 과학적 증거를 찾아내는 과학적 탐구를 일상생활에서 실행하는 것이 쉽지 않다.

공학은 과학에서 요구하는 논리적 비판적 사고력 외에 문제해결을 위한 창의적인 설계와 전문가들 간의 협업, 의사소통 능력뿐 아니라 산출물의 전체 시스템과 부분을 이해하고 연결하는 시스템 사고가 요구된다. 또한 공학 산출물은 경제적인 이익을 위한 것이므로 공학자들은 예산 편성 능력과 첨단 장비의 사용 능력, 최근 기술에 대한 동향 파악 능력뿐 아니라 공학적 산출물이 사회에 미치는 영향에 대한 인식도 있어야 한다.

공학적 역량 중 어떤 부분이 과학교육과 융합되어야 할지에 대한 연구는 계속해서 진행 중이다. 이 장에서는 공학에 대한 이해를 바탕으로 과학과 교육과정에서 공합을 융합하기 위해 핵심적으로 고려해야 할 요소가 무엇인지에 대해 알아보고, 과학-공학 융합교육의 수업 설계 방법을 구체적인 예시와 함께 알아보자.

1. 과학-공학 융합교육의 필요성

미국 차세대 과학교육과정에서는 공학융합교육의 범위를 공학 설계에 대한 이해로 한정하고 과학교육을 위해 공학 설계 활동을 도입하는 것을 주요 방안으로 채택하고 있다. 또한 협력과 의사소통을 위한 환경제공, 학생활동 중심의 수업 운영으로 공학 교육은 과학 성취능력인 낮은 학생들에게도 가능하며 다문화 교육상황에서도 긍정적인 효과를 보인다. 한국 교육 현실에 맞게 공학 융합교육의 범위를 정하고 수업 운영을 위한 실행 방안을 제시하는 것은 급변하는 4차 산업혁명 시대에 대처하기 위한 미래 시민 양성에 절실한 사항이다.

미국을 중심으로 학생들이 STEM 분야에 흥미를 갖도록 과학교육과정에 공학을 융합하고자 적극적으로 노력해왔다(National Research Council(NRC), 2009; 2012; Next Generation Science Standards(NGSS); NGSS Lead States, 2013). 많은 과학교육 전문가들은 과학교육에서 STEM교육의 초점이 과학적 문제해결에 공학 설계를 적용하여 실생활 문제해결력을 증진시키는 것이라고 생각한다(Cunningham, 2017; Roehrig, 2017). 이러한 배경에는 지난 10여 년간 미국공학학회(National Academy of Engineering[NAE])의 지원 하에 유치원에서부터 고등학교 교육과정에 과학, 수학 및 여러 교과목에 공학적 내용을 접목한 교육과정의 개발과 국가의 STEM 교육 정책이 큰 역할을 하였다(NSF, 2010). 미국에서 제시한 초중고 학생들을 위한 공학교육과정(NRC, 2009)에 따르면 공학 설계 중심의 수업은 협력적 활동 상황에서 문제에 대한 다양한 해결 방법이 존재하기 때문에

STEM 분야의 지식과 개념을 쉽게 습득할 수 있으며 문제해결 과정에서 창의적, 종합적 사고, 분석적 사고력을 자극시킨다고 한다.

과학교육의 공학 융합에 대한 노력은 미국 차세대 과학교육과정(Next Generation Science Standards; NGSS)에서 공학 설계를 주요 과학 교수법으로 제안하면서 본격화되었다(NGSS Lead States, 2013). 미국의 차세대 과학교육과정에서는 '공학, 기술, 그리고 응용과학(Engineering, technology and applications of science)'을 기존의 지구 우주 과학, 물리과학(물리와 화학), 생명과학과 함께 과학 분야 중 하나로 제안할 만큼 과학교육에서 공학과 기술 과학의 응용에 대해 강조하였다(NGSS Lead States, 2013). 다음은 공학, 기술, 그리고 과학의 응용에 대한 정의이다(한국과학창의재단, 2013).

- 기술은 인간의 필요나 욕구를 만족하기 위해 자연을 바꾸는 모든 것이다.
- 공학은 인간의 필요와 요구를 만족시키기 위해 물체, 작용, 체계를 설계하기 위한 체계적이고 반복적인 접근이다.
- 과학의 응용은 과학지식을 다른 과학을 위해 사용하거나, 산출물이나 작동과정의 설계, 의학적인 치료, 새로운 기술의 개발, 인간 행동의 충격을 예측하는 것과 같은 특정한 목적을 위해 사용하는 것을 말한다.

미국의 차세대 교육과정은 과학과 공학이 지속적으로 서로 영향을 주고 받는 것을 고려하여 유초중등(K-12) 교육에 공학을 하나의 독립된 교과목으로 비중을 두려는 것이라기보다는 교과를 통해 실생활 문제를 공학적 방법으로 해결하는 능력을 기르는 데 목적이 있다(Moore et al., 2015). 이를 위해 과학적 문제해결 방법을 과학적 탐구의 다섯 가지 핵심요소로 다루던 과거의 교육과정 내용을 과감히 바꾸어 과학적 탐구와 공학적 문제해결을 함께 고려하는 "과학과 공학적 실천"으로 다음과 같은 여덟 가지 요소를 제시하였다.

1. 질문하기(과학)와 문제 정의하기(공학)
2. 모형의 개발과 이용
3. 탐구의 설계와 수행
4. 자료의 분석과 해석
5. 수학 및 컴퓨팅사고의 이용
6. 설명의 구상(과학)과 해결책 설계(공학)
7. 증거에 기반한 논쟁에 참여
8. 정보의 획득, 평가, 소통하기

미국의 차세대 교육과정은 한국 과학교육과정에도 많은 영향을 주어 NGSS에서 제시된 과학과 공학적 실천(Science and Engineering Practice) 여덟 가지 요소 중 세 가지 요소가 '수학적 사고와 컴퓨터 활용', '모형의 개발과 사용', '증거에 기초한 토론과 논쟁'으로 2015 개정 교육과정의 과학 내용체계 중 '기능' 부분에 포함되었다(교육부. 2015).

[표 3.1]은 권문호와 박종석(2020)에서 NGSS에 제시된 여덟 가지 과학과 공학적 실천의 핵심적인 내용을 과학과 공학에서 그

[표 3.1] NGSS '과학과 공학적 실천'의 핵심요소와 과학 및 공학적 측면에서 의미

과학-공학 실천	핵심 요소	과학	공학
1. 질문하고(과학), 문제 규정하기(공학)	현상(과학), 인간의 요구(공학)	질문하기	문제 규정하기
2. 모형 개발하고 사용하기	모형	현상 설명	시스템 분석
3. 조사 계획하고 수행하기	조사	질문에 답하기	설계 테스트하기
4. 자료 분석하고 해석하기	자료 분석	의미 도출	해결 방안 테스트하기
5. 수학 및 컴퓨팅사고 이용하기	수학	변수 나타내기	설계 개선
6. 설명 구성하고(과학), 문제해결 고안하기(공학)	이론	설명 구성하기	문제해결 고안하기
7. 증거에 입각하여 논의하기	이유와 논의	최선의 설명	최선의 해결 방법
8. 정보를 얻고, 평가하고, 소통하기	소통	설명 나누기	해결 방법 나누기

***출처**: 권문호와 박종석, 2020, p.154.

역할에 따라 구분하여 나타낸 것이다. 과학과 공학은 비슷하고 상징적이며, 실천적 측면에서 많은 공통적인 부분이 존재하지만 서로 다른 목적을 가진 학문 분야이다. 하지만 1번 요소인 질문 및 문제 규정하기와 6번 요소인 설명 구성 및 문제해결책 고안하기에서만 과학과 공학에 따라 다른 동사가 제시되어 있다. 따라서 과학과 공학의 학문적 특성을 반영한다면, 여덟개의 실천적 요소가 모두 과학과 공학적 관점에서 설명되어야 할 필요가 있다.

2. 과학과 공학의 학문적 차이

과학수업에서 공학을 융합 위해서는 먼저 과학과 공학의 학문적 차이를 이해할 필요가 있다. 2장에서 설명한 바와 같이 과

학은 자연 현상을 발견하고 이해하는 학문 분야지만, 공학은 과학을 통해 발견하고 이해하게 된 자연 원리를 인간을 위해 응용하는 학문 분야이다. 다시 말해 과학과 공학은 해결해야 할 문제의 본성이 자연현상에 대한 의문인지 아니면, 필요를 채우기 위한 산출물의 제작인지에 따라 달라진다. 과학은 오랜 역사를 통해 고유한 문제해결 방법이 과학적 탐구(Scientific inquiry)로 정립되어 왔다. 비교적 최근에 정립된 공학의 경우 공학 설계(Engineering design)가 공학적 문제해결의 방법으로 대표된다.

다음 [표 3.2]은 교육과학기술부와 한국과학창의재단에서 제시한 과학적 탐구와 공학적 문제해결에서 학생들이 학습하는 과정을 비교하여 나타낸 것이다(교육과학기술부와 한국과학창의재단, 2012).

[표 3.2] 과학과 공학의 학습과정 차이

	과학(Science)	공학(Engineering)
학습 과정	질문(question) 제기	문제(problem) 정의
	질문을 풀기 위해 고민	문제를 풀기 위해 고민
	질문에 대한 답, 설명, 가설을 만듦	설계(design), 계획하여 potype (or solution) 도출
	실험을 통해 가설 증명	prototype : 작동여부 평가 solution : 문제가 풀리는지 확인
	실험결과를 분석하여 질문에 대한 답(결론) 도출	평가(확인) 결과 등을 분석하여 개선 방안 도출
	결과를 공유하고 다른 사람들의 답(결론) 비교	해결안을 공유하고 시행하며 제품, 서비스로 시장에 출시
	더 정제된 질문이나 학습 과정에서 발생한 새로운 질문에 대해 위 과정을 반복	더 나은 prototype을 만들거나 문제해결 과정에서 발생한 새로운 문제에 대해 위 과정을 반복

***출처**: 교육과학기술부·한국과학창의재단, 2012.

과학적 탐구는 질문에 대한 나름의 설명인 가설을 만들고, 실험을 통해 이를 증명함으로써 질문에 답을 얻는 과정으로 결과에 따라 발생하는 새로운 문제가 있을 때 이 과정을 순환적으로 반복한다. 이러한 특성을 반영하여 과학적 탐구를 순환학습 과정으로 설명한다. 공학은 필요에 의해 생겨난 문제를 구체적으로 정의하고 이를 해결하기 위한 예비 산출물(prototype) 제작, 평가를 통한 최적화 과정을 반복하여 최종 산출물을 만들어내는 과정이다. 따라서 공학적 문제해결이 과학적 탐구와 가장 큰 차이점은 주어진 자원이 가지는 한계(한정된 재료, 예산, 인력등)를 고려하여 최적의(optimal) 혹은 최선의(best) 해결책을 찾는 것이라고 볼 수 있다(Burghardt & Hacker, 2004). 이때 공학적 문제해결의 결과인 산출물이 반드시 물리적인 외형을 가지고 있는 것은 아니다. 공학적 문제해결 과정은 소비자의 요구 중 어떤 문제를 해결 할 수 있는지 파악하고, 이미 만들어진 여러 가지 관련 자료를 비교·분석하여 주어진 자원 안에서 문제를 해결하는 해결하는 과정이다.

궁극적으로는 공학을 과학교육에 융합하려는 시도는 초등학교 과학교육에서부터 공학 교육을 쉽게 적용하여 학생들의 융합적 문제해결력을 향상시키고, STEM 분야에 우수한 인력을 양성하려는 것이다. STEM 분야에 대한 미국의 국가적 차원의 노력과 지원에 따라 많은 공학 융합 프로그램이 개발되었는데, 대표적인 예로 보스턴과학관에서 개발한 초등학교 공학 융합 프로그램인 'Engineering is Elementary[EiE]', 중학교용 프로그램인 'Engineering Everywhere', 고등학교 학생들을 위한 'Engineering the Future[ETF]' 등이 있다.

3. 과학-공학 융합교육의 핵심요소

공학 설계는 과학뿐 아니라 수학 등 다양한 교과와 융합되어 현실적이며, 실생활에 기반한 문제에 대한 해결능력을 기르기 위한 교수법으로 사용되었다. 예를 들어 수학과 공학을 융합하여 실생활 문제해결력을 기르기 위해 만들어진 Model Eliciting Activity(MEA) 교수법은 실생활 문제해결을 위해 데이터를 분석하고 학습자가 가진 문제해결 과정을 자신만의 모델링을 통해 표현하는 활동이다. 과학에서 공학 융합교육의 핵심은 과학과 공학을 단순히 함께 가르치는 것이 아니라 현실적이며 실생활에 기반한 문제에 대한 해결력을 기르기 위해 공학을 의미 있게 과학과 융합하는 것이다(Moore et al., 2015). 이를 위해 '공학 설계'는 공학적 문제해결의 핵심요소일 뿐 아니라 과학-공학 융합수업을 위한 교수법으로 이해할 수 있다(NGSS Lead States, 2013). 과학수업에서 '공학 설계'를 교수법으로 의미 있게 적용할 경우 이를 통해 과학지식의 습득 및 적용뿐 아니라 과학적 탐구력과 공학적 문제해결력을 기를 수 있다(강주원과 남윤경, 2016).

미국 차세대 과학교육과정은 과학수업에서 공학 설계를 적용할 때 각 학년군에서 중점을 두어야할 부분을 핵심 질문으로 제시하고 있다. 유치원(K)부터 고등학교까지 4개의 학년군(K-2, 3-5, 중학교, 고등학교)에 대한 핵심 질문은 다음과 같다.

<공학 설계에 대한 학년 군별 핵심 질문>

K-2: 어떤 다양한 방법을 통해 문제를 해결할 수 있을까?

3-5: 어떻게 사람들은 함께 일하며 더 좋은 설계를 만들어 낼 수 있을까?

6-8: 어떻게 다양한 방법들은 비교, 시험, 수정과정을 통해 가장 좋은 설계를 찾아낼 수 있을까?

9-12: 어떻게 수리적 조사, 분석, 모의실험을 통해서 문제를 정의하고, 개발하고, 수정 보완할 수 있을까?

핵심 질문은 초등학교 저학년의 경우 다양한 방법을 통한 문제해결에 초점을 둔다. 이는 공학 설계 활동이 일상생활에서 부딪히는 문제에 대해 정해진 답이 있는 것이 아니라 다양한 해결책이 존재할 수 있음을 인식하게 하는 데 중점을 두고 있음을 의미한다. 초등 고학년의 경우 협업의 중요성을 강조한다. 이는 실제 공학적 문제해결 상황이 다양한 분야의 전문가들과 기술자들이 협업하는 것처럼 학생들이 협업의 중요성을 인식하게 하는 데 중점을 두고 있다. 중학교와 고등학교로 학년이 올라갈수록 현실적인 문제해결을 위해 공학 설계 과정에서 산출물에 대한 과학적, 수리적 데이터에 근거한 평가와 수정을 하도록 요구하고 있는 것을 보여준다. 특히 중학교 수준에서는 산출물에 대한 평가와 반복적 수정 과정을 통한 최적화 과정에 대한 강조가 이루어져야 한다. 중학교 학생들은 자신이 만든 산출물에 대해 최소한 한 번 이상의 수정과정을 거치도록 해서 자신의 해결책이 가진 단점을 보완함으로써 비판적 사고력과 메타인지를 기를 수 있도록 지도하는 것이 중요하다. 고등학교의 경우 산출물에 대한 평가와 수정과정을 수치적 데이터나 과학적 분석에 근거하도록 요구한다.

다음 [표 3.3]은 공학 설계 각각의 과정에서 학년군별 성취기준을 보여준다.

미국 차세대 과학교육과정에서는 공학 설계의 세 가지 과정(문제의 정의 및 제한 조건의 확인, 해결책 설계, 최적화)에 대해 학년군별 성취기준(초등 저학년(A)과 초등고학년(B), 중학교(C)와 고등학교(D))을 제안했다. 남윤경 외(2020)에서는 여기에 '정보수집 및 재료 탐색' 과정의 내용을 추가하여 공학 설계 네 가지 과정에 대한 성취기준을 [표 3.3]과 같이 제시하였다. 이 자료는 공학 설계 각 과정에서 성취기준이 초등 저학년(A)과 초등고학년(B), 중학교(C)와 고등학교(D)로 구분돼 있어서 현장 교사들이 각 학년군에 속하는 성취기준을 확인하고 세부적인 융합수업의 목표를 정할 수 있도록 도울 수 있다.

공학 설계의 특성을 충분히 고려하여 수업을 구성하는 것도 중요하지만 공학이라는 학문이 가지는 고유한 특성을 고려하여 학생들이 공학적 문제해결 과정을 통해 공학적인 마음가짐을 기르도록 하는 것도 중요하다. 실제로 공학적 문제해결의 현장은 교실에서 이루어지는 실험과 달리, 예산의 편성과 재료의 선택, 여러 분야의 전문가들과 함께하는 협업의 과정, 그리고 산출물에 대한 사회적 책임 등 공학자가 고려해야 할 여러 가지 중요한 요소들이 있다. 이러한 요소를 고려하여 여러 학자들이 의미 있는 공학 융합수업을 위한 핵심 요소들을 제안하였다([표3.4] 참고).

[표 3.4]에서 제시한 의미 있는 공학 융합수업을 위해 고려해

[표 3.3] 공학 설계의 학년군별 성취 기준

공학 설계 과정	성취기준
①문제의 정의 및 제한 조건의 확인	A : 문제를 정의하고 이해했는가? B : 가능한 해결력에 대한 기준과 한계를 세부화했는가? C : 기준과 한계의 정교화가 이루어 졌으며, 가능한 해결책의 범위를 좁힐 수 있는가? D : 사회와 전 지구적 영향을 감안한 기준과 한계에 대해 광범위한 고려를 할 수 있는가?
②정보수집과 재료탐색	A : 정의된 문제와 관련하여 제시된 정보를 이해할 수 있는가? B : 정의된 문제와 관련된 정보를 수집하고 재료의 특성을 이해하는가? C : 정의된 문제와 관련된 정보를 수집, 선택하고 재료를 탐색할 수 있는가? D : 정의된 문제와 관련된 정보를 수집, 선택하고 관련된 재료를 탐색하고 선택할 수 있는가?
③해결책 설계	A : 시각적, 물리적 표현들을 통해 가능한 해결책을 조원들과 의사소통하여 제안 및 설계할 수 있는가? B : 다양한 해결책에 대한 연구와 탐색이 이루어질 수 있는가? C : 새로운 해결책을 찾기 위해 서로 다른 해결책들의 세부 부분으로 조합할 수 있는가? D : 중요 문제를 작은 부분으로 나누고 각각의 부분에 대한 해결책을 고려하고 설계할 수 있는가?
④최적화	A : 해결책들을 각각 비교, 시험 및 평가하여 볼 수 있는가? B : 실패한 원인을 포함한 간단한 실험결과에 근거하여 해결책을 개선할 수 있는가? C : 해결책을 지속적으로 개선하기 위하여 과학적이고 체계적인 과정을 사용할 수 있는가? D : 기준과 득실을 고려하여 복잡한 해결책을 택하고, 사회와 환경에 미치는 영향에 대해 평가하고 개선할 수 있는가?

***출처**: 남윤경 외, 2020, p.131.

야할 요소를 정리하면 [표 3.5]과 같이 크게 여덟 가지; (1)목적, (2)상황 제시, (3)재설계, 최적화 포함하는 공학 설계, (4)과학 또는 공학, 수학지식과 연계, (5)의사소통과 팀워크를 위한 환경 제공, (6)학생중심적 접근, (7)공학자/공학윤리/공학적 사고), (8)평가로 구분할 수 있다.

특히 (1)~(5)에 해당하는 요소는 공학 설계 수업의 특성을 반영하기 위해 반드시 갖추어야할 핵심 공통 요소라고 할 수 있다. (1)목적은 공학 융합수업이 학습자에게 인지적, 정의적, 탐구/문

[표 3.4] 공학 융합수업의 핵심 요소

기준 요소	Guzey et al. (2014)	Roehrig (2017)	Nam et al. (2016)	Moore et al. (2014)	Dayton Regional STEM Center (2011)	Kennedy와 Odell (2014)
(1)목적	목적	공학 설계 과제			인지적 과제의 질	
(2)상황제시	상황제시	의미 있는 상황제시	문제상황의 현실성	문제 상황제시		
(3)공학 설계	공학 설계	공학 설계과제/ 재설계	공학 설계	공학 설계 과정	공학 설계의 적용	공학 설계 및 문제해결/학습 향상을 위한 적절한 기술통합
(4)과학(수학)과의 연계	과학과의 연계	과학(수학) 개념 적용	과학-공학 지식연계	과학(수학) 지식 적용	학문적(개념적) 융합	수학 및 과학 교육과정을 포함한 기술과 공학의 통합/탐구 과정
(5)의사소통/팀워크		의사소통/팀워크	협력적 팀워크	의사소통/팀워크		
(6)학생 중심적 접근		학생중심 교수법			다양한 학생(성취수준 등)에 대한 고려	학년에 맞는 조작 과정, 사고 과정, 자료 개발
(7)공학자/공학윤리/공학적 사고			공학자적 마음가짐(공학윤리)	공학과 공학자에 대한 개념/윤리	협력적 문화에서 개인적 책임	
				공학적 사고	STEM 직업과의 연계	STEM 커뮤니티 및 전문가와 연결할 수 있는 기회 제공
(8)평가방법					평가의 성격(실제 수행을 통해 지식과 기술을 보여주는 평가)	공식 및 비공식 학습 경험을 통한 발표

***출처**: 이효진, 2020, p.14.

제해결 역량과 관련된 명확한 학습의 목적을 포함하고 있어야 한다는 의미이다. (2)상황 제시는 제안된 문제상황이 학습자에게 충분히 현실적이고 의미 있어서 학습자가 그 문제를 해결할만한 이유와 의미를 포함함으로써 학습자에게 문제해결에 대한 동기를 부여해야 함을 의미한다. (3)재설계와 최적화를 포함하는 공

[표 3.5] 공학 융합수업의 핵심 요소

기준 요소	내용
(1)목적	공학 융합수업이 학습자에게 인지적·정의적·탐구/문제해결 역량과 관련된 명확한 학습의 목적을 포함하고 있어야 한다.
(2)상황제시	현실적 상황에서 문제 제시는 제안된 문제상황이 학습자에게 충분히 현실적이고 의미 있어서 학습자가 그 문제를 해결할만한 이유와 의미를 포함함으로써 학습자에게 문제해결에 대한 동기를 부여해야 한다.
(3)공학 설계	재설계와 최적화를 포함하는 공학 설계는 공학 설계를 문제해결의 핵심과정으로 포함해야 한다
(4)과학(수학)과의 연계	과학 또는 공학, 수학지식과 연계는 학습자가 해결하는 공학적 문제해결이 단순히 산출물을 만들고 평가하는 것에서 그치는 것이 아니라 교육과정과 관련된 과학적 지식을 포함해서 과학수업으로서 의미가 있어야 한다
(5)의사소통 /팀워크	교수법적 측면에서 협업과 의사소통을 강조하는 수업이어야 한다.
(6)학생 중심적 접근	문제를 해결하는 과정이 학생주도적인 과정이 될 수 있도록 교사가 문제해결자가 아니라 조력자의 역할을 감당해야 한다
(7)공학자 /공학윤리 /공학적 사고	문제를 해결하는 과정에서 공학의 사회적 역할이나 책임과 같이 공학자들이 겪는 현실적 문제를 경험하게 하고, 공학적 사고를 촉진할 수 있도록 배려하여 공학 융합수업을 구성해야 한다
(8)평가방법	학습의 효과를 점검하고 학습자의 아이디어를 공유한다.

학 설계는 공학 설계를 문제해결의 핵심과정으로 포함해야 한다는 의미이다. (4)과학 또는 공학, 수학지식과 연계는 학습자가 해결하는 공학적 문제해결이 단순히 산출물을 만들고 평가하는 것에서 그치는 것이 아니라 교육과정과 관련된 과학적 지식을 포함해서 과학수업으로서 의미가 있어야 한다는 의미이다. (5)의사소통과 팀워크를 위한 환경의 제공은 교수법적 측면에서 협업과 의사소통을 강조하는 수업이어야 하며, 이것이 공학 현장에서 문제해결의 모습을 잘 반영한 것이기 때문에 의미가 더 크다고 할 수 있다. 그 외에 (6)학생중심적 접근은 문제를 해결하는 과정이 학생주도적인 과정이 될 수 있도록 교사가 문제해결자가 아니라

조력자의 역할을 감당해야 한다는 교수법적 접근을 의미한다.

또한 (7)공학자/공학윤리/공학적 사고도 언급되는데 이것은 문제를 해결하는 과정에서 공학의 사회적 역할이나 책임과 같이 공학자들이 겪는 현실적 문제를 경험하게 하고, 공학적 사고를 촉진할 수 있도록 배려하여 공학 융합수업을 구성해야 한다는 것을 의미한다. 공학자는 문제상황에서 스스로 해결책을 찾고 새로운 지식을 만들어 낼 수 있다는 신념이 있어야 한다. 그리고 공학에서는 연구자의 사전 경험과 실패로부터 배운 점들을 이용하여 더 나은 해결안을 만들어내는 과정을 중요시하는데 이러한 공학자적 사고를 공학적 사고 습관(Engineering habits of mind)이라 할 수 있다(Moore et al., 2014). 공학적 사고 습관은 공학 설계 기반의 STEM 교육에서 중요하게 생각하는 요소이다(Brophy et al., 2008; Moore et al., 2014., NRC, 2009). 과학(탐구 기반 학습, Inquiry based learning)은 '왜?'라는 질문에 답을 제시하는 학문이지만 공학(설계 기반 학습, Design based learning)은 '어떻게?'라는 질문에 답을 제시한다(교육과학기술부·한국과학창의재단, 2012). 공학적 해결 과정은 과학, 기술, 수학 등의 지식을 이용하여 인간의 삶을 보다 향상시키기 위해 유용한 제품, 과정, 시스템을 만드는 과정이다(이효녕 외, 2014). 이렇게 공학은 과학 탐구 과정과 사고하는 방식에 있어 큰 차이를 나타낸다(NRC, 2009). 과학과 달리 공학은 제한된 상황에서 한정된 재료로 최선의 해결책을 찾는 과정으로 이러한 문제해결 과정에서의 능력과 지식을 공학적 사고 또는 공학적 사고 습관이라 한다(Nam, Lee, & Paik, 2016). 이는 시스템 사고, 창의성, 낙관적 사고, 인내와 혁신 등으로 구성된다(NRC, 2009, Moore et al., 2014).

마지막으로 Dayton Regional STEM Center (2011)이 양질의 STEM 학습 요소로 제시한 '평가의 성격'과, Kennedy & Odell (2014)이 제시한 '공식 및 비공식 학습 경험을 통한 발표' 요소를 고려해 볼 때, 학습의 효과를 점검하고 학습자의 아이디어를 공유하는 측면에서 공학 융합수업의 결과에 대한 평가 부분도 필요한 것을 알 수 있다.

4. 과학-공학 융합수업의 절차와 과정

과학수업에서 공학 설계를 적용한 의미 있는 공학 융합수업을 구성하기 위해서는 먼저 [표 3.5]에서 제시된 공학 융합수업이 갖추어야 할 요소에 대해 인지하고 수업 설계에 적절하게 적용해야 한다. 과학-공학 융합수업이 갖추어야 할 요소를 크게 과학과 공학의 학문의 특성을 고려한 내용적 측면과 이를 의미 있게 전달하고 학습의 효과를 높일 수 있는 교수법적 측면으로 나누어 생각해 볼 수 있다. 다시 말해 내용적 측면은 수업에서 학습의 내용과 수업의 진행에 직접적으로 관련되어 있으며, 교수법적인 측면은 학습의 효율을 높이기 위한 방법적 측면이라고 할 수 있다.

먼저 내용적 측면은 [표 3.5]에서 제시된 공학 융합수업의 요소 중 (1)목적, (2)상황제시, (3)공학 설계, (8)평가 단계이며 필요에 따라 과학적 개념을 정리하는 단계를 추가로 포함할 수 있다. 이 중 (3)공학 설계는 실제적으로 공학 융합수업의 전체 진행과정이라고 볼 수 있으며, 교수 전략이라고 생각할 수 있다. 공학 설계의 과정을 따라 수업을 설계하기 전 수업을 통해 얻고자 하는 학습의 범위와 방향을 먼저 (1)목적으로 명확하게 제시해야 한다. 또한 공학 설계의 첫 번째 단계인 ①문제정의와 제한조건 확인 단계에서 학생들이 구체적인 공학 설계 문제의 상황을 이해하도록 돕고, 공학적 문제해결의 정당성을 부여하기 위해 (2)상황제시가 필요한 것이다.

여기서 (1)목적 및 (2)상황제시는 학습의 궁극적 목표와 이를 달성하기 위한 문제 제시 상황에 관한 것이므로 일반적인 학습목표 제시의 세 가지 측면인 지식적 측면, 탐구(또는 문제해결)적 측면, 그리고 정의적 측면으로 나누어 생각해 볼 수 있다. 먼저 목적에 대해 알아보자. 다음 [표 3.6]은 목적을 정하기 위해 고려해야 할 세 가지 측면에 대해 세부적인 내용을 설명하고 있다.

공학 설계 기반 과학수업의 목적은 지식, 탐구, 정의적 측면으로 나누어 생각해 볼 수 있다. 먼저 지식적 측면은 융합(STEM)교육 평가 연구(예: Guzey et al., 2014)들에서 제시되었던 것처럼 과학지식과의 연계 측면에서 매우 중요한 항목이다. 공학 설계에 기반한 수업이라고 할지라도 공학 설계와 문제해결력을 기르는 것뿐 아니라 관련된 과학지식과 융합적 지식을 학습할 수 있도록 수업이 구성되어야 한다. 따라서 과학과 교육과정 성취기준에 근거한 과학적 지식을 적용하거나 습득할 수 있도록 구체적인 목적하에 수업이 설계되도록 해야 한다.

두 번째 항목인 융합적 문제해결력은 공학 설계 및 문제해결력뿐 아니라 과학적 문제해결력과 탐구에 대한 전반적인 이해를 고려해야 함을 의미한다. 이때 융합적 사고력으로 발산적 사고력(창의성과 직관적 사고)뿐 아니라 수렴적 사고력(비판적, 분석적

[표 3.6] 과학-공학 융합수업의 목적의 세 가지 측면

핵심요소	내용			
		지식적 측면	탐구적 측면	정의적 측면
목적	과학-공학 융합수업은 지식, 탐구, 정의적 측면에서 명확한 수업목적을 포함해야 한다.	**① 과학지식과의 연계:** 과학-공학 융합수업은 과학과 교육과정 성취기준에 근거한 과학적 지식을 적용하거나 습득할 수 있도록 설계 한다. 【체크리스트】 STEM·CT 지식의 연계 S T E M CT	**② 융합적 문제해결력** - 문제해결 과정에 대한 이해 : 문제인식-문제정의-해결책설계-실행-결론도출-일반화 - 공학 설계: 문제인식-해결책설계-최적화 - 과학적 기능: 문제인식, 자료의 수집·분석 및 해석 - 공학적 기능: 정보수집, 설계, 제작 등 **③ 융합적 사고력** 직관/분석, 발산/수렴적 사고, 창의성, 비판적 사고, 시스템 사고 등	**④ 공학자적 마음가짐/ 공학윤리:** 공학과 공학자에 대한 이해, 공학과 과학이 사회에 미치는 영향에 대한 이해, 태도 등 융합적 소양을 기를 수 있도록 한다. **⑤ 의사소통/팀워크** - 과학적 의사소통(읽기, 기록(쓰기), 말하기, 토의, 토론) - 협력적 팀워크(학습자 공동체 구성 및 운영)을 수업 목적 달성을 위한 중요한 교수 방법적 접근으로 고려한다.

***출처**: 남윤경 외, 2020, p.128.

사고)을 모두 함양할 수 있도록 해야 한다.

마지막으로 정의적 측면은 공학자적 마음가짐(Engineering habits of mind)과 공학자 정체성, 그리고 공학 윤리에 대한 인식을 포함해야 한다. 공학적 마음가짐과 공학자 정체성은 학생들이 공학적 문제상황에 몰입할 수 있도록 도울 뿐 아니라 공학적 문제해결에 대한 정당성을 부여할 수 있으므로 매우 중요하다. 또한 의사소통과 팀워크은 공학적 문제해결에서 매우 중요한 요소로, 문제해결 과정에서 학생들이 팀으로 활동하며, 참여하는 모든 학생의 아이디어와 지식이 문제해결 과정에서 의미 있게 사용될 수 있도록 해야 한다. 다음에 제시된 과학-공학 융합수업 예시 '레이저 보안장치 설계'(이효진과 남윤경, 2020) 활동을 통해 실제 수업설계에서 각각의 요소가 어떻게 표현되는지 살펴보자.

<예시>

<레이저 보안장치 설계>

이 수업은 중학교 1학년 학생들을 대상으로 과학과 교육과정 중 '빛과 파동' 단원의 '빛의 반사' 개념을 사용하여 직접 레이저 보안장치를 설계해보는 4차시 활동으로 구성되었다. 이 수업은 공학융합수업으로 학습자주도와 협력 활동 위주로 이루어지기 때문에 충분한 차시 확보(4차시)를 고려하여 중학교 자유학기제(또는 자유학년제)에 적용되었다. 자유학기제 교과는 일반 교과와 주제선택교과(그 외: 자유학기제 예술체육, 동아리 등)로 구분 된다. '레이저 보안장치'는 과학 교과와 직접적으로 연계되어 있기 때문에 일반 교과(과학)를 심화하여 운영되는 주제 선택 수업('과학반')에 적용했다. 이를 통해 일반 과학 교과 수업 학습 주제와 주제 선택 교과 수업의 학습 주제를 연계시켜 과학-공학 융합교육이 가지는 긍정적인 효과 검증과 더불어 과학과 성취기준의 도달을 도울 수 있었다. 이 수업을 통해 도달할 수 있는 과학과 교육과정에서 제시된 영역, 핵심개념, 내용 요소와 성취기준은 다음과 같다.

영역	핵심 개념	내용 요소	성취 기준
파동	파동의 성질	빛의 합성, 빛의 삼원색, 평면거울의 상	[9과06-01] 물체를 보는 과정을 빛의 경로를 이용하여 표현할 수 있다. [9과06-03] 여러 가지 거울과 렌즈를 통해 나타나는 상을 관찰하여 상의 특징을 비교하고, 평면거울에서 상이 생기는 원리를 설명할 수 있다.

다음 페이지 연결

먼저 공학 융합수업의 핵심 요소 중 (1)목적의 지식적, 탐구적, 정의적 측면에서 이 수업에 대해 살펴보면 다음과 같다.

요소		내용	
파동	지식적 측면	S	빛의 반사를 이해하고 평면거울에서 빛이 반사하는 경로를 설명할 수 있다.
		T	레이저 보안장치에 사용된 도구와 기능을 이해할 수 있다.
		E	레이저 보안장치의 공학적 원리를 이해할 수 있다.
		M	각, 각도, 거리
		CT	-
	탐구적 측면	1. 빛의 반사 법칙을 적용하여 설계도를 그릴 수 있다. 2. 문제를 인식하고 레이저 보안장치를 설계할 수 있다. 3. 레이저 보안 장치에 필요한 도구를 다룰 수 있다. 4. 각도기를 이용해 각도를 정확하게 측정하고 도안에 나타낼 수 있다. 5. 설계과정 중 더 좋은 결과를 얻을 수 있도록 최적화한다.	
	정의적 측면	1. 공학과 공학자의 역할을 이해한다. 2. 모둠원과 의사소통의 과정을 통해 협력하는 태도를 기른다. 3. 레이저 보안 장치의 공학적 가치와 사회에 대한 기여를 이해한다.	

***출처**: 이효진(2020)에서 수정·보완됨.

제시된 예시에서 목적의 지식·탐구·정의적 측면을 살펴보자. 먼저 지식적 측면은 STEM과 CT 교육의 요소 중 과학·기술·공학, 그리고 수학적 지식이 융합적으로 사용되고 있음을 명시적으로 나타내고 있다. 과학적 지식은 빛의 반사와 관련된 것이며, 기술은 보안 장치 설계에 필요한 도구와 기능에 대한 지식, 공학적 지식은 레이져 보안 장치의 공학적 원리에 대한 지식, 그리고 수학적 개념인 각도와 거리 등의 지식이 요구된다. 탐구적 측면은 과학의 탐구 기능과 공학적 문제해결 능력(설계와 최적화), 기술의 도구를 다루는 능력과 수학적 측정과 표현 능력이 포함된다. 정의적 측면은 공학과 공학자의 역할에 대한 이해, 공학적 산출물이 사회에 미치는 영향과 가치, 그리고 협동과 의사소통 능력을 포함하게 된다. 이러한 목적은 공학적 문제해결 과정을 경험하면서 학생들이 습득하고 증진하게 되는 지식과 역량을 포괄적으로 나타낸다.

다음으로 상황제시는 공학 융합수업의 단계라기보다는 공학설계의 첫 번째 단계인 문제정의와 제한조건 확인 단계의 일부이다. 상황 제시는 공학 수업에서 학생들이 공학 설계과정을 적용할 수 있는 현실적이고 의미가 있으며, 동기를 부여하는 것을 목적으로 하기 때문에 공학 설계의 첫 번째 단계에서 문제상황에 대해 이해하고 문제해결의 정당성을 부여하는 목적으로 진행된다. 공학 설계를 구체적으로 다루기 전에 상황제시의 정의와 예시를 먼저 살펴봄으로써 상황제시의 중요성과 역할에 대해 정확하게 이해하도록 하자. 다음 [표 3.7]은 상황제시를 위해 고려해야할 세 가지 측면에 대해 세부적인 내용을 설명하고 있다.

지식적 측면에서 과학적 지식 습득 또는 적용의 필요성을 제시해야 하며, 융합적 문제해결력과 사고력을 필요로 하는 상황을 제시해야 한다. 또한 정의적 측면에서 목적을 달성할 수 있도록 제시된 상황이 과학·공학·사회 간의 상호작용에 대한 이해를 도울 수 있어야 한다. 뿐만 아니라 제시된 상황이 예산 책정 등의 현실적 문제를 반영함으로써 학생들이 공학자로서의 정체성을 경험할 수 있어야 하며 학습자가 공동체(팀)를 구성하고 그 역할을 중요하게 생각하도록 유도해야 한다. 과학-공학 융합수업 예시 '레이저 보안장치 설계'활동을 통해 실제 수업설계에서 상황제시가 어떻게 표현되는지 살펴보자.

[표 3.7] 과학-공학 융합수업의 상황제시의 세 가지 측면

핵심 요소	내용			
		지식적 측면	탐구적 측면	정의적 측면
상황 제시	공학 수업은 학습자들이 공학 설계과정을 적용할 수 있는 현실적이고, 의미 있고, 동기를 부여하는 맥락에 기반하고 있어야 한다.	과학적 지식의 습득 또는 적용의 필요성을 제시한다.	융합적 문제해결력과 융합적 사고력을 필요로 하는 상황을 제시한다.	- 제시된 상황이 과학-공학·사회 간의 상호작용에 대한 이해를 도울 수 있어야 한다. - 제시된 상황이 예산 책정 등의 현실적 문제를 반영함으로써 학생들이 공학자로서 정체성 경험할 수 있어야 한다. - 제시된 상황이 학습자가 공동체(팀)를 구성하고 그 역할을 중요하게 생각하도록 유도해야 한다.

***출처**: 남윤경 외, 2020, p.128.

상황제시는 여러 가지 방법으로 진행할 수 있는데, 학년군에 따라 관련된 책읽기, 신문읽기, 동영상, 또는 전문가 인터뷰 영상 등을 통해 해결해야 하는 공학적 필요와 문제점에 대해 인식하고 공학적 문제해결의 정당성을 제공하는 단계이다. 대부분의 학생들이 공학적 문제해결 상황에 익숙하지 않은 경우 학생들이 문제 상황을 이해하게 하고, 몰입하게 하기 위해 상황제시가 1차시 이상으로 진행되기도 하지만, 수업시간을 할애하기 힘든 한국 과학 수업 현실을 고려해 볼 때, 공학 설계의 첫 번째 단계인 문제의 정의, 제한조건 확인 단계와 함께 1차시 정도로 구성되는 것이 일반적이다.

<예시>

요소	내용
상황 제시	레이저 보안장치가 등장하는 영화의 일부 장면을 제시한다. 공학적 문제를 제시하는 영화의 일부 장면을 보여준다. :영화 '오션스 트웰브'에서 주인공은 박물관의 레이저 그물망을 마치 체조 선수가 리듬 체조를 하는 듯한 묘기 동작으로 빠져나간다. 현실에서는 레이저 빔을 분사해 극소량의 연기도 이른 시간에 잡아냄으로써 화재가 번지기 전에 막는 화재 경보장치가 사용되고 있다. 또한 빛의 과학적 원리와 놀이를 접목시킨 '레이저 미로 게임 체험관'도 대중들에게 흥미를 준다. - <공학자에게 보내는 편지>의 형태로 공학적 문제를 제시한다. to. 부산대 박물관 보안 담당팀 이번에 새롭게 전시될 '광물의 미래와 보석'전의 담당 큐레이터입니다.. 이번 전시물 중 2층 블루관의 블루 다이아몬드의 전시 때문에 연락드리게 되었습니다. 블루 다이아몬드의 고유한 빛 관찰을 위해 특별히 유리관을 씌우지 않고 노출 상태로 전시를 하고 싶어요. 그런데 보안이 가장 큰 문제가 되겠지요? 박물관이 닫힌 야간에는 레이저를 이용한 보안 장치가 가능하다고 들었는데 보안 담당팀의 좋은 아이디어가 필요해요. 참, 전시품 구입에 많은 예산을 사용했기 때문에 보안 장치에 쓸 수 있는 예산이 부족하다는 점도 고려해주세요.

<교사 유의점>

❶ 레이저 빛의 경로를 이해해야 한다.

❷ 레이저보안장치를 제작하기 위해 융합적 문제해결력과 융합적 사고력이 필요하다.

❸ 예산 책정 등의 현실적 문제를 반영함으로써 학생들이 공학자로서의 정체성을 경험할 수 있다.

❹ '보안담당팀'을 구성하고 그 역할을 중요하게 생각한다.

***출처**: 이효진(2020)에서 수정·보완됨.

과학-공학 융합수업의 핵심과정은 공학 설계이다. 수업의 구성에서 공학 설계가 핵심적인 활동이라면 공학 설계과정에 대한 평가와 관련 개념 정리는 수업의 목표를 달성하기 위해 매우 중요한 교수-학습과정이다. 따라서 이 과정에서 교사가 고려해야할 교수법적 접근 방법과 주의사항 등을 알아 둘 필요가 있다.

특히 공학 설계에서 고려해야할 교수법적 측면은 다시 세 가지 측면으로 나누어 생각해 볼 수 있다. 먼저 공학 설계가 과학적 탐구와 같이 공학적 문제해결의 과정인 것을 고려해보면 공학 설계 활동이 교사주도적으로 진행될 수도 있고 학습자주도적으로 진행될 수도 있다. 다음으로 [표 3.3]에서 제시된 것과 같이 수업의 대상에 따라 공학 설계 단계별 성취의 기준이 있기 때문에 이 기준을 만족하도록 해야 한다는 것이며, 마지막으로 각 단계가 가지는 특성을 교사가 고려해야 한다는 점이다.

공학 설계 활동의 학습자-교사주도성은 과학적 탐구 요소에 대한 학습자-교사주도성에 관한 학자들의 연구와 제안에서 그 아이디어를 얻을 수 있다(Moss & Cervato, 2016; Sadeh & Zion, 2009). 교사들을 위해 제작된 '탐구와 국가 과학교육과정(NRC, 2000)'에서는 과학 탐구의 요소에 따라 학습자주도적 상황과 교사주도적 상황이 매우 구체적으로 제시되어 있다([표 2.1] 참고). 남윤경 외(2020)는 NRC (2000)에서 제시된 과학 탐구의 학습자주도성표를 참고하여 공학 설계 과정에서 학습자-교사주도성에 따른 특성을 [표 3.8]과 같이 제시하였다.

과학-공학 융합수업 설계 시 과학교사는 공학 설계의 주제에 따라 공학 설계가 얼마나 학습자주도적으로 이루어질 수 있을지 판단하고 가급적 학습자주도적으로 문제해결이 이루어질 수 있도록 돕는 것이 중요하다. 하지만 공학 설계의 주제에 따라 적절한 재료 준비와 상황 제시가 교사의 안내나 비계의 역할을 할 수 있으며, 학습자에게 익숙한 정보를 제공함으로써 학습의 주도성을 높일 수 있다.

[표 3.8] 공학 설계 과정과 학습자주도성

공학 설계 핵심 요소	교사주도 ←········ 1	변화 2	········→ 3	학습자주도 4
문제의 정의 및 제한조건의 확인	교사가 문제를 정의하고 제한조건을 제시한다.	교사가 제시한 문제와 제한 조건을 수정하고 구체화한다.	학습자가 문제를 정의하고 제한 조건을 기술하지만 교사가 피드백하여 구체화한다.	학습자가 문제를 정의하고 제한 조건을 기술할 수 있다.
정보수집과 재료 탐색	교사가 문제해결과 관련된 정보와 재료의 특성을 제시한다.	교사가 안내한 방법을 따라 학습자가 문제해결과 관련된 정보를 수집하고 교사가 재료의 특성을 제시한다.	교사가 제시한 문제해결과 관련된 정보를 이해하고 학습자가 추가 정보를 수집하고 관련 재료의 특성을 탐색한다.	학습자가 문제해결과 관련된 정보를 수집하고 관련 재료의 특성을 탐색한다.
해결책 설계	교사가 제시한 해결책과 설계 과정에 따라 학습자가 제작한다.	교사가 제안한 해결책을 만족하도록 학습자가 설계하여 제작한다.	교사가 제안한 다양한 해결책 중 학습자가 최적의 해결책을 선택하여 설계하고 제작한다.	학습자가 해결책을 제안하고 최적의 해결책을 선택하여 설계하고 제작한다.
최적화	교사가 제시한 기준에 따라 교사가 비교, 시험 및 평가 후 교사가 개선책을 제시한다.	교사가 제시한 기준에 따라 학습자가 비교, 시험 및 평가 후 교사가 개선책을 제시한다.	교사가 제시한 기준에 따라 교사가 비교, 시험 및 평가 후 학습자가 개선책을 제시한다.	학습자가 정한 기준에 따라 비교, 시험 및 평가 후 학습자가 개선책을 제시한다.

***출처**: 남윤경 외, 2020, p.130.

여러 학자들이 과학탐구에서 학습자주도성에 따라 과학 탐구의 수준을 제시하고자 했던 것처럼 공학 설계에서 학습자주도성에 따라 공학 설계 활동의 수준도 정할 수 있다. Schwab (1962)와 Herron (1971)에 의해 제안된 과학 탐구의 4개의 수준을 응용하여, [표 3.9]와 같이 공학 설계에서 학습자주도성을 제안할 수 있다(남윤경 외, 2020).

[표 3.8]과 [표 3.9]는 공학 설계 과정에서 학습자와 교사의 주도성을 판단하여 전체적인 공학 탐구의 수준을 정할 수 있도록 안내하고 있다. 예를 들어 모든 과정에서 교사가 주도했다면

[표 3.9] 공학 설계의 수준

과정	수행 주체			
	Level 1	Level 2	Level 3	Level 4
문제의 정의 및 제한조건의 확인	○	○	○	○
정보수집 및 재료탐색	○	○	○	◎
해결책 설계	○	○	◎	◎
최적화	○	◎	◎	◎

○: 교사나 자료에 의해 문제, 방법, 또는 결과가 학생들에게 주어지는 경우
◎: 교사나 자료의 도움 없이 학생들이 문제, 방법 또는 결과를 주도적으로 선택하는 경우

***출처:** 남윤경 외, 2020, p.130.

level 1이며 문제 정의 및 제한조건은 교사가 제시하고 나머지 과정에서 학생이 주도적으로 문제를 해결했다면 level 4가 된다. 공학 설계 활동을 구상할 때 교사는 [표 3.8]에서 제시한 학습자-교사주도성 정도를 미리 정해야 하는데 이때 교사의 직접적인 도움뿐 아니라 주어지는 자료와 재료에 의해 학습자가 주도성이 제한되는 경우도 있다는 것을 인지할 필요가 있다.

다음 [표 3.10]는 공학 설계의 단계 중 ①문제의 정의와 제한조건의 확인 단계에 대한 내용적 측면, 교수법적 유의 사항 등을 정리한 것이다.

[표 3.10]을 세부적으로 살펴보면 먼저 내용적 측면에서 공학 설계의 각 단계별 핵심적인 내용이 정리되어 있으며, 교수법적 측면에서 세 가지 측면; 1)공학적 문제해결 수준, 2)학년 군 별 성취수준, 3)유의사항으로 나누어져 있다. 공학 설계의 네 가지 단계

[표 3.10] 공학 설계 단계 중
①문제정의와 제한조건의 확인 단계의 내용적 측면과 교수법적 측면

	공학 설계 단계	교수법적 접근		
		공학적 문제해결수준 교사주도<----> 학습자주도	성취 수준	유의사항
공학 설계	① 문제정의와 제한 조건 확인 - 제시된 상황에서 공학적 문제를 인식하고 구체적으로 문제를 정의한다. - 기준과 제한조건이 무엇인지를 파악한다.	문제 정의는 누가 주도하는가? 제한 조건 구체화는 누가 주도하는가? 1 2 3 4	A B C D	- 학생들이 문제해결의 필요성을 인식하도록 돕는다. - 학생의 학업 성취나 학습 성향이 이질적인 집단을 구성한다. - 학생 수준에서 시간 내에 해결가능한 제한 조건을 제시한다. - 실제 영향을 미치는 다양한 변인 중에서, 평가는 목적에 맞는 변인으로 한정한다. - 제한 조건의 충족이 평가의 중요한 기준이 됨을 인식시킨다.

*출처: 남윤경 외, 2020, p.128.

중 ①문제 정의와 제한 조건 확인 단계에서 주요 활동이 정리되어 있다. 다음 예시를 통해 구체적으로 알아보자.

먼저 문제 정의와 제한 조건의 확인 단계에서는 제시된 상황을 통해 학생들이 문제해결의 필요성을 인식하도록 도와야 하며, 해결해야 할 공학적 문제를 인식하고 구체적으로 어떤 문제를 해결할지 정의하는 것이 중요한다. 이때 해결해야 할 문제는 학생의 수준에서 해결 가능한 것이어야 하며, 문제해결의 제한조건과 기준이 평가의 기준이 되는 것을 명시적으로 알려주어야 한다. 학생들이 문제해결의 기준을 가장 정확하게 인식하도록 돕는 방법은 활동에 참여하는 학생들과 함께 산출물의 평가 기준을 개발하고 학생들이 합의하는 과정을 거치는 것이다. 학생들이 교사와 함께 산출물 평가 기준을 구성해가는 과정을 통해 문제의 목적을 명확

<예시>

<table>
<tr><th colspan="2">요소</th><th>내용</th></tr>
<tr><td>상황 제시</td><td>① 문제정의와 제한 조건 확인</td><td>1. 학생들을 공학자 구성원으로 가정하고 편지글을 통해 공학적 문제를 제시함으로써 구체적으로 문제를 정의한다.

<보안장치 목적>
1) 이 장치의 목적은 귀중품이 도난당하는 것을 알아차리기 위한 것입니다.
2) 레이저의 궤도 위에서, 손(도구 사용 불가)을 넣어 물건을 집을 수 없도록 합니다.
3) 수신 장치에 빛이 사라지지 않고 물건을 가지고 간다면, 보안 장치는 무력화된 것입니다.

2. 기준과 제한 조건을 파악한다.

<보안장치 조건>
1) 레이저에서 출발한 빛이 수신기에 최종적으로 도착할 수 있도록 구조를 구성해야 한다.
2) (축소된) 전시관 크기 : 가로39cm × 세로26 cm 의 A3 사이즈 모눈종이
3) 보안장치 구성 : 레이저, 블루다이아몬드, 레이저 경보기, 평면거울
4) 평면거울 조건 : 가10cm×세15cm 평면거울 아래 양쪽에 더블클립으로 고정하여 바닥에 세운다. 경사는 조절되지 않으므로 바닥에 수직이며 거울의 중심점(가로 10cm이므로 5cm지점)은 전시관의 경계와 일치 시키되 좌우 각도는 조절할 수 있다.
5) 레이저 : 나무 도막 1개 위 에 설치하고, 버튼을 테이프로 고정한다.
6) 블루다이아몬드 : 파란색LED 캔들(지름 36mm, 높이 40mm)
7) 예산 : 오십만 원이다. 남은 돈에 따른 효율의 가산점이 주어진다.</td></tr>
</table>

***출처**: 이효진(2020)에서 수정·보완됨.

하게 인식하게 되며, 산출물 평가 시 교사의 기준뿐 아니라 학생들의 의견이 반영된 평가틀에 의해 평가를 받게 되므로 평가 결과에 대한 불만도 줄어들게 된다. 공학 설계 활동은 정해진 답이 없는 공학적 산출물을 만들어내는 활동이므로, 팀별 경쟁을 통해 최고의 해결책을 선정하는 경우가 많은데 이때 학생 팀 간 동료 평가와 교사 평가가 중요하게 작용하기 때문에 활동에 참여한 학생들이 합의한 평가 기준이 평가의 신뢰성을 높이는데 중요한 요인이 된다.

다음 [표 3.11]는 공학 설계의 단계 중 ②정보수집과 재료탐색 단계에 대한 내용적 측면과 교수법적 유의 사항 등을 정리한 것이다.

정보 수집과 재료의 탐색 단계에서는 해결책을 설계하기 위해 관련 있는 과학적 정보를 수집하거나 필요한 과학 개념을 학습한다. 이때 제시된 문제와 비슷한 상황에서 해결책이 이미 만들어진 적이 있는지 인터넷이나 자료, 특허정보 등을 검색하고 확인하는 과정을 거치는 것이 중요하다. 비슷한 상황의 문제해결책들에 관한 정보를 비교 분석해봄으로써 학생들은 이미 만들어진 해결책의 단점을 보완하거나 디자인을 변형하고, 기능을 추가하면서 더

[표 3.11] 공학 설계 단계 중
②정보수집과 재료탐색 단계의 내용적 측면과 교수법적 측면

	공학 설계 단계	교수법적 접근		
		공학적 문제해결수준 교사주도<---->학습자주도	성취 수준	유의사항
공학 설계	②정보 수집(배경 연구)과 재료탐색 - 해결책을 설계하기 위해 관련 있는 과학적 정보를 수집하거나 필요한 과학 개념을 학습한다. - 재료의 특성을 탐색하고 과학적 정보에 근거하여 문제해결에 필요한 재료를 선택하고 이유를 설명한다.	정보 수집은 누가 주도 하는가? 재료 탐색은 누가 주도 하는가? 1 2 3 4	A B C D	- 학생들이 재료를 스스로 탐색하고 선택할 기회를 제공한다. - 재료는 안전하고 학생들이 다루기 쉬워야 한다.

***출처:** 남윤경 외, 2020, p.128.

욱 창의적인 해결책을 만들어 낼 수 있다. 또한 교사가 제시한 다양한 재료의 특성을 탐색하는 과정도 이 단계에서 중요하게 다루어져야 하는 활동이다. 학생들은 주어진 예산을 효율적으로 운영하기 위해 필요한 재료를 매우 신중하게 선택해야 한다. 학생들은 예산을 절약하기 위해 재료의 특성을 파악하고자 하며, 이 과정에서 재료에 대한 지식을 자연스럽게 학습하게 된다. 또한 과학적 정보와 지식에 근거하여 재료를 절약하는 방법을 찾아내며, 이 과정에서 해결책을 더욱 창의적으로 보완하거나 개선할 수 있는 아이디어를 생각해내기도 한다.

따라서 재료를 탐색하는 과정은 단순히 예산을 절약한다는 차원을 넘어서 학생들이 필요한 과학적 지식을 학습하고 창의적인 아이디어를 만들어내는 데 중요한 과정이라고 할 수 있다. 교사는 학습자가 비슷한 문제상황에 대한 다양한 해결책과 재료를 자유롭게 탐색하도록 충분한 시간과 기회를 제공해야 한다. 특히 학생들이 안전하고 쉽게 다룰 수 있는 도구와 재료를 제공해야 한다. 학생들이 재료와 도구에 익숙하지 않은 경우 재료와 도구를 다루는 기능을 익히는 데 필요한 충분한 시간을 고려해야 한다. 수업시간이 충분하지 않을 경우 학습자가 문제해결에 집중할 수 있도록 익숙한 도구를 미리 준비하거나 재료 준비 과정을 간략화 할 수 있는 키트를 사용하는 것도 좋은 전략이 될 수 있다. 다음 예시를 통해 '레이저 보안장치 설계' 활동의 정보수집과 재료탐색에 대해 알아보자.

해결책 설계에 필요한 과학적 개념(정보) 습득과 재료에 탐색 후 본격적으로 해결책 설계 단계에 들어가게 된다. 해결책 설계 단계에서는 수집된 정보와 재료에 대한 이해를 바탕으로 첫 번째

<예시>

<table>
<tr><th colspan="2">요소</th><th>내용</th></tr>
<tr><td>공학 설계</td><td>② 정보 수집(배경 연구)과 재료 탐색</td><td>
1. 해결책을 설계하기 위해 관련된 과학 개념을 학습한다.
: 거울과 레이저를 이용한 빛의 반사 법칙 탐구
- <빛의 반사 경로 탐구 하기>
준비물: 레이저 1개, 거울 2개, 더블클립 4개, 각도기 1개
① 레이저에서 출발한 빛의 경로를 각도기를 이용하여 그려보기
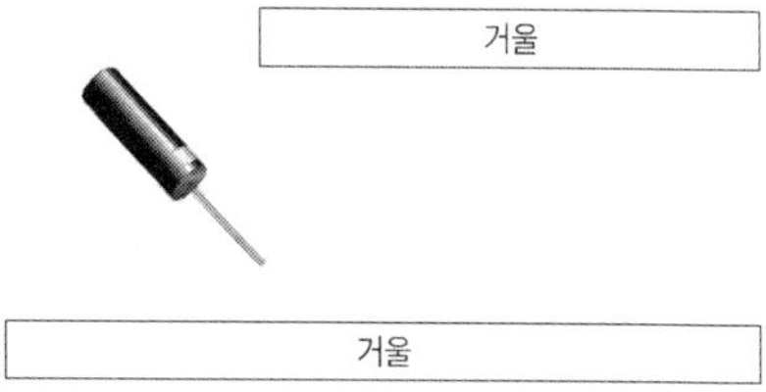

② 레이저와 거울을 활동지 위에 올려서 관찰해보고 그린 경로와 일치하는지 비교해 보기
③ 빛과 거울이 이루는 각을 기록해보기
④ 빛이 반사될 때 규칙성 찾기

< 과학 개념 >
반사 법칙 : 빛이 반사할 때 입사 광선, 반사 광선, 법선은 한 평면 위에 있고, 입사각과 반사각의 크기는 항상 같다. (입사각=반사각)
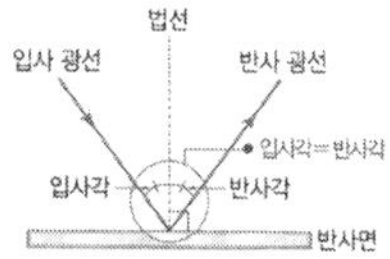

• 법선: 반사면과 수직인 선
• 입사 광선: 반사면을 향하여 들어가는 빛
• 반사 광선: 반사면에서 부딪쳐 나오는 빛
• 입사각: 입사 광선과 법선이 이루는 각
• 반사각: 반사 광선과 법선이 이루는 각

*출처: [네이버 지식백과]빛의 반사(비상학습백과 중학교 과학②, 비상교육)

2. 재료의 특성을 탐색하고 과학적 정보를 근거하여 문제해결에 필요한 재료를 선택하고 이유를 설명한다.
- 예산 범위 안에서 재료 선택하기
<table>
<tr><th>재료, 도구</th><th>단위(크기)</th><th>가격(원)</th></tr>
<tr><td>평면 거울</td><td>1개</td><td>7만</td></tr>
<tr><td>연기 스프레이 : 빛의 경로를 뚜렷이 볼 수 있다.</td><td>1회 분사</td><td>5천</td></tr>
</table>
</td></tr>
</table>

다음 페이지 연결

요소		내용		
		재료, 도구	단위(크기)	가격(원)
공학 설계	② 정보 수집(배경 연구)과 재료 탐색	블루 다이아몬드 (파란색 LED 캔들)	지름36mm, 높이40mm	모둠별 1개 기본 제공
		나무 블록 (레이저 거치용)	블루 다이아몬드보다 높은 것	
		레이저 경보 수신기	40x30mm	
		각도기	빛	1인 1개 기본 제공
		전시관	A3 사이즈 모눈종이 1장	

<교사 유의점>

❶ 레이저보안장치에 사용되는 레이저와 거울을 먼저 탐색하는 기회를 제공한다.

❷ 빛의 반사 법칙을 이해할 수 있도록 스스로 탐색할 기회를 제공한다.

❸ 레이저를 다룰 때 빛이 눈에 들어가지 않도록 주의한다.

***출처**: 이효진(2020)에서 수정·보완됨.

시제품을 설계하게 된다. [표 3.12]는 공학 설계의 단계 중 ③해결책 설계 단계의 내용적 측면과 교수법적 유의 사항 등을 정리한 것이다.

해결책 설계 단계에서는 먼저 학생들이 재료탐색 단계에서 파악한 재료와 예산 정보를 이용하여 재료를 얼마나 구입할 것인지 결정한다. 그리고 팀별 활동으로 해결책 설계가 진행되더라도 먼저 개인별로 해결책에 대한 아이디어를 생각해내는 시간을 가진 후 팀별로 가장 좋은 아이디어를 선택하는 시간을 가지도록 하는 것이 좋다. 개인별 여러 가능한 해결책과 각 아이디어의 장단점을 비교 평가하는 과정을 통해 학생들의 분석적 사고력과 비판적 사

[표 3.12] 공학 설계 단계 중
③해결책 설계 단계의 내용적 측면과 교수법적 측면

	공학 설계 단계	교수법적 접근		
		공학적 문제해결수준 교사주도<---->학습자주도	성취 수준	유의사항
공학 설계	③해결책 설계 - 순서1. 예산을 사용하여 재료선택 후 구입한다. - 순서2. 개별로 문제 해결책 제안한다. - 순서3. 모둠별 여러 가능한 해결책과 각 장단점을 비교 평가하여 최선의 해결책을 찾는다. - 순서4. 1차 시제품을 제작한다.	해결책 설계는 누가 주도 하는가? 1 | 2 | 3 | 4	A B C D	- 제작 단계 조절 : 학습목표를 고려하여 불필요한 공작 활동을 최소화 한다.

***출처**: 남윤경 외, 2020, p.129.

고력을 높일 수 있으며 자신의 아이디어를 동료 학생들이 이해하도록 설명하고 동료 학생들의 의견을 경청하는 과정을 통해 의사소통 능력을 증진시킬 수 있다. 그리고 다양한 아이디어 중 가장 좋은 해결책을 팀원들 간의 합의를 통해 선택하는 과정에서 의사결정 능력을 키울 수 있다. 이때 교사는 학생들이 동료들과 충분히 토의하고 협력할 수 있는 환경을 만들어 주어서 창의적으로 해결책을 도출할 수 있도록 도와야 한다. 학생들이 합의 하에 최선의 해결책을 선택하고 그 해결책에 따라 첫 번째 시제품을 만드는 과정이 해결책 설계 단계의 핵심이다. 교사는 시제품이 만들어 지는 과정에서 학습목표가 허용하는 범위 안에서 불필요한 공작활동을 최소화 할 수 있도록 해야 한다. 다음 예시를 통해 해결책 설계 단계에서 주요 활동과 유의점을 알아보자.

해결책 설계 단계에서 순서는 예시에 제시된 순서를 그대로

<예시>

<table>
<tr><th colspan="2">요소</th><th>내용</th></tr>
<tr><td>공학
설계</td><td>③ 해결책
설계</td><td>
순서1. 개별로 문제해결책을 제안한다.
- 모눈종이에 레이저보안장치 설계하기
① A3 사이즈 모눈종이에 거울, 레이저, 수신기, 블루 다이아몬드의 위치가 정확히 표시되어야 한다.
② 거울: 10cm 길이의 굵은 선으로 그리기
③ 수신기: 직사각형으로 그리기 (실제 크기40*30mm)

순서2. 팀원들의 설계도에 대해 여러 가능한 해결책과 각 장단점을 비교 평가한다. 팀원들의 설계도 중 레이저보안장치의 성능이 가장 우수할 것이라 예상되는 설계도를 정한다.

순서3. 예산을 사용하여 재료를 구입한다 : 거울 등
<table>
<tr><th>구입</th><th>재료</th><th>수</th><th>금액</th><th>총액</th></tr>
<tr><td rowspan="2">1차</td><td>평면 거울</td><td>(　　) 개 × 7만원</td><td></td><td rowspan="2"></td></tr>
<tr><td>연기 스프레이 분사</td><td>(　　) 회 × 5천</td><td></td></tr>
</table>
<table>
<tr><td>
< 안전 교육>
레이저 경보기의 회로는 젖은 손으로 만지지 않도록 주의합니다.
레이저는 사람을 향하여 쏘지 않도록 하고 보안경을 착용합니다.
제작을 하는 도중 장난을 치거나 자리를 이탈하지 않도록 합니다.
문제상황 발생 즉시 선생님께 도움을 요청하도록 합니다.
</td></tr>
</table>
순서4. 1차 시제품을 제작한다.
선정된 설계도(모눈종이) 위에 구입한 재료를 설치하여 보안 장치를 제작한다.
</td></tr>
</table>

***출처**: 이효진(2020)에서 수정·보완됨.

따를 필요는 없으며 프로그램의 특징에 따라 유연하게 설계할 수 있다. 이 단계에서는 학생들이 창의적이며 직관적인 사고를 즉각적으로 적용할 수 있도록 불필요한 공작활동을 최소화 하는 것이 좋다. 예를 들어 예시에서 제시한 활동에서는 레이저 경보기의 회로를 교사가 미리 제작함으로써 안전사고를 예방하고 불필요한 제작 시간을 줄일 수 있다. 해결책 설계 단계는 1차 시제품을 개발하는 단계이므로 1차 시제품을 설계하기 전에 안전에 유의하도록 주의사항을 안내해야 한다. 특히 예시에 제시된 활동은 레이저 포인터를 사용하므로 레이저를 사람을 향해 직접 쏘지 않도록 유의해야 하며 레이저경로를 잘 보기 위해 교실을 어둡게 유지할 필요가 있기 때문에 수업 중 불필요한 장난을 치지 않도록 안내해야 한다.

해결책 설계 활동에서 1차 시제품이 완성되면 시제품의 성능을 확인하고 수정 보완 하는 과정을 거치게 되는데 이것이 최적화 단계이다. 다음 [표 3.13]은 공학 설계의 단계 중 ④최적화 단계의 내용적 측면과 교수법적 측면에서 유의 사항 등을 정리한 것이다.

최적화 단계에서는 최소한 1회 이상 시제품에 대한 평가와 보완 과정을 거치는 것이 중요하다. 시제품에 대한 평가와 토론을 통해 팀원 간, 또는 팀별 아이디어를 교환하게 함으로써 학생들의 비판적 사고를 자극하고 메타인지를 높일 수 있다. 이 과정에서

[표 3.13] 공학 설계 단계 중
④최적화 단계의 내용적 측면과 교수법적 측면

	공학 설계 단계	교수법적 접근		
		공학적 문제해결수준 교사주도<----> 학습자주도	성취 수준	유의사항
공학 설계	④ 최적화 - 1차 시험 → 수정 보완점 찾기 → 2차 제작 → 2차 시험 → 수정 보완점 찾기 …… 최종 제작 → 최종 평가 - 공학 설계 과정에 대한 기록 - 제작된 산출물 결과에 대한 토론(비판)	최적화 과정은 누가 주도하는가? 평가 기준 책정은 누가주도 하는가 평가 결과 분석은 누가주도하는가? 1 | 2 | 3 | 4	A B C D	- 최적화 과정: 시제품에 대한 평가와 토론을 통해 아이디어를 교환하고 학습자의 비판적 사고를 자극한다. - 기록: 최적화 과정 중 시제품에 대한 평가와 수정 보완 과정을 구체적으로 기록하게 한 후 결과를 발표하게 한다.

***출처:** 남윤경 외, 2020, p.129.

교사가 가장 신경 써야 할 부분은 학생들이 최적화 과정에서 시제품의 어떤 부분을 어떻게, 왜 수정하는지에 대해 기록하도록 격려하는 것이다. 공학 설계 활동은 생각한 아이디어를 바로 설계물에 적용할 수 있고 이러한 시도에 대해 즉각적으로 다른 결과를 확인할 수 있는 경우가 많기 때문에 학생들이 그 세부 과정을 자세하게 기록하는 것이 쉽지 않다. 따라서 교사는 지속적으로 최적화 과정 중에 일어난 시제품에 대한 평가와 수정, 보완 과정을 구체적으로 기록하고 이것을 결과 물과 함께 제출하거나 발표하도록 도와야 한다. 활동의 성격에 따라 산출물의 제작과 수정 보완 과정을 수시로 기록하기 어려운 경우 최소한 최적화 단계의 마지막 과정에 시간을 할애하여 결과를 기록하는 시간을 가짐으로써 학생들이 자신의 아이디어 수정과정에 대한 메타인지를 증진시키도록 도와야 한다. 다음 예시를 통해 최적화 단계에서 주요 활동과 유의점을 알아보자.

마지막으로 평가는 공학 설계의 최적화 단계 중 마지막 과정으로 팀별 공학 산출물에 대한 교사 평가와 동료 평가 과정에서 진행할 수 있다. 공학 설계 과정과 별개로 진행할 경우 전체 공학 설계 과정에 대한 자기평가와 성찰의 시간을 갖거나 공학 설계과정을 통해 습득된 과학적 지식과 융합적 문제해결력 및 사고력을 평가한다. 공학 설계의 특성을 고려하여 다양한 평가 방법을 사용할 수 있다. [표 3.14]는 평가에서 세 가지 교수법적 측면; 1)교사평가, 2)자기평가, 3)동료 평가에 대한 설명과 개념 정리에 대한 설명이다.

교사평가는 답이 정해지지 않은 공학 설계의 특성을 고려하여 상대평가와 절대평가를 적절히 활용할 수 있다. 공학적 산출물에 대한 평가는 척도가 다른 다양한 요인에 대한 평가이므로 문제의 정

<예시>

<table>
<tr><th colspan="2">요소</th><th>내용</th></tr>
<tr><td>공학
설계</td><td>④ 최적화</td><td>
1. 1차 제작 후 성능을 평가 한다.
레이저보안장치의 목적에 부합하는지 평가하기 위하여 팀별로 블루 다이아몬드 가져가기를 해본다.
① 보안장치가 무력화되었다면 설계도를 수정하여 보안장치를 개선한다.
<table><tr><td>Q. 보안장치의 문제점이 무엇인가요?

Q. 수정 방법은 무엇인가요? 과학적으로 타당한가요?</td></tr></table>
2. 수정 계획에 따라 2차 레이저보안 장치 제작
①추가로 필요한 재료의 가격을 계산하고 구입한다.
<table>
<tr><th>구입</th><th>재료</th><th>수</th><th>금액</th><th>총액</th></tr>
<tr><td rowspan="2">1차</td><td>평면 거울</td><td>(　　) 개 × 7만원</td><td></td><td rowspan="2">1차
+2차
+3차
=</td></tr>
<tr><td>연기 스프레이 분사</td><td>(　　) 회 × 5천</td><td></td></tr>
</table>
②추가 구입한 재료를 모눈종이 설계도 위에 설치하여 보안 장치를 제작한다.
3. 2차 레이저보안장치 평가
4. 2차 레이저보안장치 보완하기
5. 3차(최종) 레이저보안 장치 제작
6. 최종 평가하기
: 상대팀이 우리 팀의 보안 장치를 피하여 물건을 가져갈 수 있는지 시도한다.
<table>
<tr><th>보안 장치</th><th>상대팀 1차 시도 (O, X)</th><th>상대팀 2차 시도 (O, X)</th></tr>
<tr><td>1조</td><td></td><td></td></tr>
<tr><td>2조</td><td></td><td></td></tr>
<tr><td>3조</td><td></td><td></td></tr>
<tr><td>4조</td><td></td><td></td></tr>
</table>
- 결과 기록하기
①'1차 장치'로 시작하여 '2차 장치'를 거쳐 '3차 장치' 결과까지 달라진 점을 구체적으로 기록한다.
• 1차 -> 2차 수정사항
• 2차 -> 3차 수정사항
②아쉬운 점 및 성능 향상을 위한 제안할 부분을 토의하고 기록한다.
- 결과 발표 및 과학적 비판하기
:팀별로 개선 내용과 성능 향상을 위한 제안할 부분을 발표하고 과학적으로 비판해본다.
</td></tr>
</table>

***출처:** 이효진(2020)에서 수정·보완됨.

[표 3.14] 평가의 내용적 측면과 교수법적 측면

핵심 요소	내용	교수법적 측면		
		① 교사 평가	② 자기 평가	③ 동료 평가
상황 제시	공학 설계 과정을 통해 습득한 과학적 교과 지식과 융합적 문제해결력의 성취 정도를 평가한다.	루브릭 활용 - 상대평가(조별경쟁)와 절대평가(제한조건만족)를 적절히 활용한다. - 탐구적 측면: 산출물의 견고성, 디자인의 심미성 등을 고려할 수 있다. - 정의적 측면: 공학에 대한 이해, 팀워크 등을 평가한다. - 지식적 측면: 공학 설계 과정으로부터 획득한 과학지식을 평가한다.	책무성을 기르기 위해 모둠 내 본인의 기여도 평가와 과학공학융합수업의 목적(지식적, 탐구적, 정의적 측면)에 대한 성취도를 스스로 평가한다.	1) 모둠원 평가: 공학 설계 과정 중의 기여도를 평가한다. 2) 모둠간 평가: - 모둠별 산출물의 성능 비교와 평가, 더 제안할 점 찾기 - 결과 발표 과정을 통해 의사소통 능력과 비판적 사고를 증진시킨다.
개념 정리	과학 개념 정리: 공학 설계 과정에 연계된 과학지식을 환기하고 정리한다.			

***출처**: 남윤경 외, 2020, p.129.

의 및 재료탐색 과정에서 학생과 교사가 함께 작성한 합의된 평가틀을 활용하여 산출물에 대한 신뢰 있는 평가가 이루어지도록 해야 한다. 탐구적 측면에서 산출물의 견고성, 디자인의 심미성 등을 고려할 수 있다. 정의적 측면은 공학에 대한 이해, 팀워크 등을 평가한다. 마지막으로 지식적 측면은 공학 설계 과정으로부터 획득한 과학지식과 적용 능력에 관한 것으로 평가 전 교사가 공학 설계에 사용된 과학지식을 환기하고 정리하는 개념 정리의 시간을 선택적으로 가질 수 있다. 빛의 반사를 이용하여 제시된 예시와 같이 '레이저 보안장치 설계' 활동을 했다면 빛의 반사와 관련된 과학개념을 확인하는 퀴즈처럼 간단한 평가를 통해 공학 설계에 적용한 과학적 개념을 잘 이해하고 있는지 확인해 볼 수 있다. 빛의 반사와 관련하여 공학 설계와 다른 상황을 제시하여 과학개념을 적용해 보도록 한다면 과학개념을 더 오랫동안 파지할 수 있으며, 일상생활에서 빛의 반사와 관련된 문제 발견과 해결 역량을 증진시킬 수 있다.

자기평가는 학생 개개인의 책무성을 기르기 위해 모둠 내 본인의 기여도 평가와 과학 공학 융합수업의 목적(지식적, 탐구적, 정의적 측면)에 대한 성취도를 스스로 하도록 한다. 구체적으로 모둠원 평가에서는 공학 설계 과정 중의 모둠원들의 기여도를 평가하며, 모둠간 평가를 통하여 상대 모둠의 산출물의 성능 비교와 평가, 더 제안할 점 찾기 과정을 통해 메타인지와 비판적 사고를 기를 수 있다. 또한 결과 발표 과정을 통해 의사소통 능력과 비판

<예시>

요소	내용
평가	1. 학습자 스스로 평가 문항을 보고 자기 평가를 한다. / 2. 학생들의 산출물과 수업 참여 태도에 대해 교사가 평가 한다.

1. 학습자 스스로 평가 문항을 보고 자기 평가를 한다.

평가 기준	평가 문항	O 또는 X
인지적 영역	빛의 반사법칙을 이해했는가?	
	빛의 반사 법칙을 적용하여 레이저보안장치를 설계했는가?	
정의적 영역	배운 내용을 토대로 1차 보안장치를 성실히 제작하였는가?	
	수정 과정(수정안을 만들고, 보완하는 과정)을 거치면서 끝까지 제작에 참여하였는가?	
	토의시간에 자신의 의견을 적극적으로 제시하고, 상대방의 의견에 귀 기울여 들었는가?	

2. 학생들의 산출물과 수업 참여 태도에 대해 교사가 평가 한다.

평가 기준	평가 문항	점수
산출물	보안장치의 성능이 완벽한가? (2차 시도 모두 통과한 경우 8점)	(1) (5) (8)
기록	설계도 : '1차~최종' 설계도를 과학적으로 그렸는가?	(1) (2) (3)
	수정과정: 4단계에서 문제점과 수정 방안이 과학적으로 타당한가?	(0) (1) (2)
	결과:6단계에서 '개선 내용'을 구체적으로 기술하였는가?	(0) (1) (2)
가산점	예산의 효율성이 있는가? → 5만 원 이상 남긴 경우 1점 → 10만 원 이상 남긴 경우 2점	(0) (1) (2)

***출처**: 이효진(2020)에서 발췌됨.

적 사고를 증진시킨다. 예시를 통해 평가 단계에서 활용가능한 자기평가 문항과 교사평가 문항을 알아보자.

지금까지 예시를 활용하여 과학-공학 융합수업의 설계에 대해 구체적으로 알아보았다. 실제로 공학 수업을 학교 수업 현장에 적용하는 것은 교사에게 많은 제약과 어려움이 따른다. 다음은 예시로 사용한 '레이저 보안장치 설계' 활동을 실제 중학교 수업에서 적용한 교사가 관찰한 학생들의 활동 특성과 이에 대한 생각을 반성적으로 기록한 내용이다.

<1~2차시: 상황제시 및 공학 설계 중 해결책 설계까지>

활동지를 배부하고 레이저 보안 장치 제작에 관한 목적과 조건을 설명하였다. 사용될 재료(거울, 레이저, 연기스프레이, 보안 센서)에 대하여 설명하고 예산의 범위와 적게 쓰면 효율적이라는 설명을 하였다. 불을 끄고 레이저 광선이 직진으로 나가는 현상에 흥미를 보였다. 레이저의 강한 초록색 빛을 보고 수신기의 소리를 들어보니 재미있을 것 같다는 반응을 하였다. 레이저보안장치를 제작하여 조별 경쟁을 한다는 동기가 부여되고 반사 법칙이라는 과학이론에 몰입하는 모습을 보였다. 설계도를 그리기 전에 거울 2개 사이의 레이저 경로를 그리는 탐구 문제를 시작으로 빛의 반사 법칙 개념을 이해하도록 했다. 분명 2학기 초 과학 교과 시간에 배웠던 내용이었으나 문제상황에 적용하지 못하는 경우가 대부분이었다. 완전히 맞춘 학생은 1명 정도다. 빛의 반사를 이해하지 못한 상황을 확인하였다. 불을 끄고 실제 레이저의 경로와 자신의 그림을 비교한 후, 개별로 빛의 반사 경로를 그려주며 '반사 법칙'을 지도하였다. 모눈종이를 나누어 주고 보안 장치 설계도를 그리도록 하

다음 페이지 연결

였는데 완전히 이해하지 못하여 다시 설명해주고, 쉽게 그리는 방법을 알려 주었다. 반사 법칙은 단순한 원리이므로 적용이 쉬울 것이라 예상하였으나 학생들은 반사법칙을 적용하며 설계도 그리는 것에 상당히 어려움을 보이며 설계를 해결해내지 못했으며 개별 지도를 통해서야 이해하고 설계도를 그릴 수 있었다. "반사법칙"을 적용한 '빛의 경로 그리기'가 학생들의 사고 수준에 어렵다는 것을 처음으로 깨달았다. (중략) 모둠 내에서 자신의 설계도를 설명하고 가장 효율적인 설계도를 선정하기 위해 토의를 거쳐 설계도의 순위를 매긴 후 1차시 수업을 종료하였다.

***출처**: 이효진(2020)에서 발췌됨.

현장 교사들은 공학 설계 수업을 준비하면서 재료 준비와 수업시간 확보 외에도 과학수업으로써 의미를 가질 수 있도록 과학지식과 연계 및 적용 부분에 많은 어려움을 겪는다. 실제로 공학 설계를 진행하면서 교사는 학생들이 알고 있는 과학지식을 해결책 설계에 적용하지 않으며, 산출물의 평가나 개선에도 적용하지 않는 것을 쉽게 관찰할 수 있다. 과학교사로 공학 설계 수업을 도입하기 가장 어려운 부분이 바로 공학 설계 수업을 통해 학생들이 어떻게 과학적 지식을 습득하고 적용하게 할 것인가 하는 문제이다. 저자가 NGSS가 제시한 3단계(문제의 정의 및 제한 조건 확인, 해결책 설계, 최적화) 모형에 '정보 수집과 배경 지식 탐색' 부분을 강조하여 추가한 것도 바로 이러한 한국 과학수업 현실을 고려했기 때문이다. 공학 설계는 인간 생활의 필요에 의해 산출물을 만들어 내는 공학적 문제해결 과정을 배우고 그것을 실생활에 적용하는 것만으로도 충분히 의미 있는 교수전략이다. 하지만 과학수업을 담당하는 교사가 가지는 가장 큰 부담은 수업 시간을 많이 할애해야 하는 공학 융합수업에서 얼마나 과학 교과서 내용을 가르칠 수 있는 가다. 따라서 공학 설계의 도입 부분에서 문제를 제시하고, 공학 설계를 위한 과학지식을 습득하는 과정을 정보 수집과 배경 지식 탐색 과정에서 진행할 수 있다면 과학교사가 가지는 지식 전달에 대한 부담을 줄일 수 있다. 위의 예시에서 보는 것처럼 학생들은 수업시간에 배운 과학지식을 공학 설계라는 전혀 다른 상황에서 적용하지 못한다. 교사는 배운 지식을 다시한번 상기시키고, 실제 문제상황에 과학지식을 적용할 수 있도록 지속적인 비계를 제공해야 한다.

<3~4차시: 최적화 및 평가>

지난 시간 최적의 설계도를 선정한 대로 재료를 구입하고 제작 활동을 하였다. 설계도 위에 그대로 올리고 거울이 수직으로 세워지니 1차보다 수월하게 장치가 세팅되었다. 다만 거울이 잘 쓰러지는 문제는 개선이 더 필요하다. 설계도와 약간씩 경로가 틀어지는 문제가 있었다. 설계도에서 완벽하게 각도와 경로가 표현되지 못한 문제도 있고, 바닥이 평평하지 않아서 2차원으로 구현되지 않고 거울의 길이 범위 안에서 3차원으로 구현되었으나 학생들에게 큰 문제는 안 되었다. 제작과 설계를 쉽게 할 수 있도록 수정해본 결과 거울을 설치하는 데 에너지를 쏟지 않았고 전체적으로 시간이 타이트했지만 힘들어 하지 않는 것을 볼 수 있었다. 수정 과정의 기록은 여전히 귀찮아하고 어려워했다. 거울의 각도가 조금씩 바뀔 때마다 경로가 바로바로 수정되어 나타나니 사고하고 행동

다음 페이지 연결

하는 순서로 학습이 이루어지지 않고 테스트와 수정이 계속적으로 일어났다. 각각의 조가 수행해내는 속도가 다른데 "지금부터 수정해라. 기록해라" 하는 일괄적인 안내와 속도가 맞지 않다는 사실을 발견했다. 교사가 한 조만 붙어서 지도할 수는 없으니 수정되는 내용의 기록은 자율적으로 일어나야 하는데 중상~하 수준 학생들은 이 과정을 조절하며 수행할 만큼 자율적이고 과제에 집착이 있는 학생들이 아니었다. 또한 미션 성공과 실패에 더욱 관심을 가지므로 과정의 기록은 본인들과 거리가 먼 활동이었다. 만약, 미션의 성공과 실패로 조의 활동을 평가하는 것이 아니라 공학 설계 과정 전체를 평가한다면 어떨까 하는 생각이 들었다. (중략) 5교시까지 자체 테스트를 하고 6교시부터 상대팀이 도둑이 되어 보안장치의 무력을 시도하였다. 첫 시도에서 모두 실패했고 수정 시간을 준 뒤 다시 상대팀 시도를 했더니 남학생 한 조가 미션에 성공하였다. 동료평가 과정으로 상대팀의 장단점을 쓰는 것은 단순한 표현이 주로 있었다. 마지막으로 알게 된 점과 어려웠던 점을 기록하고 수업을 마쳤다. <u>보안 장치를 꾸며서 빛의 경로가 제법 다양하게 나오는 것을 관찰했다.</u>

***출처**: 이효진(2020)에서 발췌됨

또한 위의 발췌문처럼 교사는 공학 설계가 가지는 가장 큰 특징이며 장점인 '최적화 과정'이 학생들에게 지루한 과정이 될 수 있다는 것을 인지해야 한다. 한국 학생들은 학교 시험을 통해 정해진 한 가지 답을 찾도록 훈련되어 왔다. 최적화 과정은 자신이 만든 산출물을 스스로(또는 동료에 의해) 평가하는 것으로부터 시작하기 때문에 학생들에게 그렇게 매력적인 과정이 아닐 수 있다. 따라서 교사는 최적화 과정해서 1회의 수정 만으로도 충분히 의미 있을 수 있다는 것을 인식하고 수업 주제에 대한 학생의 수준과 흥미를 고려하여 최적화 과정을 적절히 조정할 필요가 있다.

5. 과학-공학 융합수업 요소별 유의 사항

다음 [표 3.15]는 공학수업의 현장적용과 전문가 토의를 통해 산출된 공학 융합수업에서의 유의사항이다. 다양한 공학적 주제에 따라 유의 사항이 달라질 수 있다. 독자의 이해를 돕기 위해 예시로 사용된 레이저보안장치 설계 활동의 현장적용에 대한 전문가 의견을 제시하고자 한다. 공학 설계수업의 요소에 따라 정리된 전문가 의견은 수업의 설계와 적용 측면에서 유익한 정보를 제공할 것이다.

[표 3.15] 현장 적용을 위한 핵심요소 별 전문가 토의 내용

목적	유의사항
목적	1. 공학 설계 수업은 과학과 교육과정에 근거한 명확한 수업목적을 포함한다. 수업의 목적은 공학 설계의 이해를 포함한 지식, 융합적 사고력, 정의적(태도)적 측면을 의미한다. 2. 수업의 목적이 무엇인지에 대한 교사의 신념과 명확한 수업 목표가 필요하다.
상황제시	문제상황이 현실성 있어야 한다. - 현실적인 공학 문제를 제시하는 것은 학생들이 공학 프로젝트에 참여하도록 동기를 부여한다. 학생들의 개인적인 경험과 관련된 공학 문제해결 또한 중요하다. 왜냐하면 그것은 학생들이 그들의 개인적인 지식과 경험을 적용할 수 있는 학습 환경을 제공하고 학생들에게 그들의 일상 생활에서 공학 일의 이점과 결과를 실현할 수 있는 기회를 주기 때문이다(Brophy et al., 2008; Burgin et al., 2015). - 공학적 문제상황이 현실적일 뿐만 아니라 학생들의 실제적 경험에 근거한 것으로 제시할수록 문제해결이 쉽다.
공학 설계	1. 재료에 대한 논의: - 설계하기 전에 재료를 미리 제공하고 비교하는 과정이 필요하다. 재료를 탐색하는 시간을 준다. 탐색하지 않는 재료 선택은 결과물이 과학적 지식에 의한 것이 아니라 처음 선택한 운 때문일 수도 있기 때문이다. - 재료를 선택한 이유를 기술하도록 한다. - 과학적 접근이 가능하도록 재료의 정보를 준다.

다음 페이지 연결

공학 설계	2. 수업에 모든 현실적 상황을 고려하기는 한계가 있다. '공학적 문제해결' 과정은 다양한 변수들이 존재한다. 그러나 공학 전문가가 아닌 교사나 학생들이 모든 상황에서 나타나는 변수들을 조절하기가 어렵기 때문이다. 3. 평가에 대한 논의: - 모두가 성공하면 즐거운 평가 형태로 상대평가보다는 절대평가로 접근한다. - 평가요소에 대한 신중한 선택과 평가 비중이 필요하다.
과학과의 연계	1. 과학적 지식을 활용하거나 학습할 수 있어야 한다. '흥미'있는 것을 만드는 활동은 지양하고 지식을 응용해서 의미 있는 것을 만들어내는 과정이 되어야 한다. 2. 과학지식에 대한 수업목표를 달성하기 위해서 재료는 통제와 자율 사이의 균형이 필요하다. 3. 역발상을 이용한다. (예: 과학실험키트에서 제공 되는 재료를 이용하여 자유도를 부여한다면 공학으로 접근할 수 있다.) 4. 초점 질문을 만들고 교사의 지속적인 비계가 추가되어야 한다. 따라서 교사는 친절한 안내자로서의 역할에 충실해야 한다.
의사소통/팀워크	1. '다른 모둠의 결과'에 대해 비판적 사고를 유도할 수 있도록 '동료평가' 과정을 이용한다. 2. 공부 잘하는 학생들일수록 단순한 공작 활동을 싫어하는 경향이 있다. 3. 무임승차에 대한 방안이 필요하다.
학생중심 교수법	1. 학생들의 수준에 따라 수업의 질에 영향을 준다. 설계하고 분석하고 비판하는 고등적인 사고 과정을 즐길 수 있는 학생들일수록 문제해결에 대한 집중이 강하다. 2. 학생의 수준 고려해야 한다. - 공작활동 최소화하고 붙이고 조작하는 것이 어렵지 않도록 하여 제작시간을 줄인다. - 교사가 제작에 쉽게 쓰일 수 있도록 재료 준비한다. 3. 조별 경쟁 구도를 적절히 이용한다. 4. 문제해결 과정에 대해 '기록'을 잘 하지 못한다. 기록에 대해 교사가 간섭할수록 문제해결 과정의 흐름이 끊어지는 것을 관찰하였다. 따라서 이론을 어떻게 구현했는지 어떤 의도로 만들었는지에 대해 발표하는 기회를 통해 기록하는 시간을 가져야 한다.

***출처:** 이효진, 2020, p.49.

6. 과학-공학 융합수업에 대한 타당도 평가

목적과 상황, 공학 설계와 평가(개념정리)의 내용적 측면과 교수법적 측면을 고려하여 과학-공학 융합수업을 설계하고 교사가 설계한 수업에 대해 스스로 점검해 볼 수 있는 기회를 가지는 것이 좋다. 이때 [표 3.16]의 과학-공학 융합수업 평가틀을 활용할 수 있다. 과학-공학 융합수업 평가틀은 공학 융합수업이 가져야 할 요소를 고려하여 내용적 측면과 교수법적 측면에서 교사가 수업 설계 시 유의해야 할 내용을 점검하도록 도와 주며, 동료교사의 수업설계와 실행을 평가하는 기준으로도 활용할 수 있다.

[표 3.16] 과학-공학 융합수업 평가틀(1~5점 척도)

핵심 요소	문항
목적	1. 이 수업은 명확한 수업 목적과 대상을 포함하고 있다.
상황제시	2. 이 수업은 00학교 00학년 학생들이 공학 설계 과정을 적용할 수 있는 현실적인 상황을 제공한다. 3. 이 수업에서 주어진 문제상황은 학생들 수준에서 해결 가능한 것이다.
공학 설계	4. 이 수업은 공학 설계 전 단계에 재료를 충분히 탐색하고, 연관된 과학지식을 적용할 수 있는 기회를 제공한다. 5. 이 수업은 학생들이 스스로 문제에 대한 해결책을 제안할 수 있는 기회를 제공한다. 6. 이 수업은 학생들이 제안한 해결책을 스스로 만들고 시험하는 부분이 있다. 7. 이 수업은 최적의 해결책을 선택하기 위해 모델이나 디자인을 수정하는 최적화 과정이 있다. 8. 이 수업은 산출물에 대한 적합한 평가 기준을 포함하고 있다.
과학과의 연계	9. 이 수업은 학생들의 과학 탐구 역량 증진에 도움을 줄 수 있다. 10. 이 수업을 통해 학생들은 교육과정에 적합한 과학지식을 습득하거나 적용할 수 있다.
의사소통 /팀워크	11. 이 수업은 학생들의 협업 및 의사소통 능력 증진에 도움을 줄 수 있다. 12. 이 수업은 동료들의 산출물에 대한 비판적 사고를 유도하는 동료 평가를 포함하고 있다.
학생중심 교수법	13. 이 수업의 주제는 학생들의 동기, 흥미를 유발할 수 있다. 14. 이 수업에 포함된 공작 또는 제작, 실험은 중학교 1학년 학생들에게 적절하다. 15. 이 수업에 사용된 학생 활동지는 공학적 문제를 단계별로 수행하기에 용이하도록 설계되었다.
공학자 /공학윤리 /공학적사고	16. 이 수업은 학생들의 공학과 공학자에 대한 이해 증진에 도움을 줄 수 있다. 17. 이 수업은 학생들의 공학적 문제해결을 위한 예산 운영 능력 증진에 도움을 줄 수 있다. 18. 이 수업은 학생들이 자신의 산출물에 대한 반성적 사고를 유도할 수 있는 자기주도적 평가를 포함하고 있다.
교육과정 적합성	19. 이 수업에 필요한 재료는 교사가 시간과 비용 면에서 부담 없이 준비할 수 있다. 20. 이 수업은 교사가 교육과정 운영에 무리 없이 과학수업에 적용 가능하다.

*출처: 이효진과 남윤경, 2019, p.215.

7. 과학-공학 융합교육 효과

지금까지 개발된 다양한 프로그램의 적용을 통해 학교현장에서 과학-공학 융합교육이 가지는 여러 가지 긍정적인 효과가 검증되었다.

먼저 과학-공학 융합교육은 과학과 공학적 지식뿐 아니라 기술의 습득에 도움을 준다(Apedoe et al., 2008). Nam et al. (2016)에 의하면 과학-공학 융합수업을 통해 학생들의 공학 설계에 대한 이해가 증가 한다. 학생들은 실생활과 관련된 문제를 과학지식과 공학 설계 과정을 적용하여 해결하면서 자연스럽게 관련 지식과 기술을 습득한다. 특히 제시되는 문제가 학습자 수준에 적절하게 도전적인 경우 공학 설계에 대한 흥미가 더 높아지며(성의석과 나승일, 2012), 과학과 공학에 대한 학업성취에 긍정적인 영향을 준다(Park et al., 2011).

다음으로 학생들의 과학, 공학 관련 직업에 대한에 대한 흥미와 긍정적 태도를 길러주고(Cunningham & Lachapelle, 2010), 자존감과 직업적 포부에 긍정적 영향을 줄 수 있다(Burgin, et al., 2015). 유규선과 전오성(2011)은 STEM 교육을 통해 학생들이 공학에 대한 편견이 감소하였으며, 공학 분야 직업에 대해 관심을 가지게 됨을 보여주었다. 공학자에 대해 잘못된 고정 관념을 가진 학생들은 공학 융합교육을 통해 공학이 우리 사회 및 경제 발전에 기여하는 바를 이해할 수 있게 된다(NRC, 2009).

마지막으로 문제해결력, 협동 및 의사소통 기술을 함양할 수 있다(Guzey et al., 2014; Moore et al., 2014; Nam et al., 2016). 특히 공학적으로 문제를 해결하는 과정에서 요구되는 문제해결력과 지식을 공학적 사고습관이라 하는데(Nam et al., 2016), 학생들의 실제 경험과 관련된 문제를 다른 사람들과 함께 협동하여 해결하는 과정을 통해 공학적 사고 습관이 길러질 수 있다. 공학을 융합한 수업은 협동 및 의사소통을 중시하여 설계된 학습자 중심 수업이기 때문에 협업을 통한 자연스러운 학습 참여가 가능하다(Guzey et al., 2014; Nam et al., 2016).

무엇보다 공학적 문제해결의 긍정적 효과로 가장 중요하게 다루어지는 사고력이 창의성이다. 창의성을 기르는 최선의 방법은 창의적 사고와 문제해결력이 요구되는 활동에 실제로 참여시키는 것이다(Davis & Rimm, 1998). 즉, 학생들이 접하는 다양한 공학적 문제상황에서 이를 해결해보는 공학적 문제해결 과정을 통해 자연스럽게 공학적인 사고와 창의성을 기르게 된다. 창의 공학적 문제해결 성향은 문제해결 과정에서 개인의 창의성과 공학적인 접근 방법을 통한 문제해결 성향으로 정의할 수 있다. 이 절에서는 과학-공학 융합교육의 효과로 창의 공학적 문제해결 성향과 공학적 태도에 대해 알아보고자 한다.

7.1 창의 공학적 문제해결 성향

공학은 '문제를 발견하고 이에 대한 기술적 해결책을 제시하는 학문'이라고 정의할 수 있다. 공학(engineering)의 어원은 '새로운 아이디어를 생각해내다'라는 뜻을 가진 라틴어 '엔진(engine)'이며, 과학적 원리를 어떤 목적을 위해 창의적으로 적용하는 것이라 할 수 있다. 이러한 측면에서 공학의 전 과정은 창의적 문제해결 과정이라 할 수 있다(문대영, 2009).

[표 3.17] 창의적 문제해결과 공학 설계 과정 간의 비교

창의적 문제해결 (송해덕, 2007)	공학 설계 (engineering design cycle, EiE)	공학 설계 (문대영, 2008)	ADBA model (이효녕 외, 2014)
문제 발견	문제 정의 및 제한 상황 파악 (ask)	요구 조사	분석
아이디어 발견	아이디어 구상 및 최선안 선택 (imagine)	설계 (design)	설계
해결책 발견	설계 및 필요한 재료 수집 (plan)	모델링 (modeling)	
	실행 및 확인 (create)	시제품 (prototype) 제작	제작
해결책 확인	개선 및 평가	테스트와 피드백	평가

***출처**: 강주원과 남윤경, 2017, p.721.

[표 3.17]과 같이 창의적인 문제해결 과정 역시 공학적인 문제해결 과정과 매우 유사하다. 창의성은 문제를 해결하는 과정에서 나타나는 "새롭고 적절한 해결 방안"을 말하며, 문제해결은 "문제에 대해 새로운 해결책을 만드는 것"이다. 따라서 창의성과 문제해결은 밀접한 관계를 맺고 있다(Woolfolk, 1995). Isaksen & Treffinger (1985)는 창의적 문제해결력이란 "문제이해, 아이디어 산출, 행동 계획 및 실행의 3단계를 거치면서 수렴적 사고와 확산적 사고가 작용하여 창의적·생산적 사고가 일어나는 문제해결의 과정에서 필요한 능력"으로 정의하였다. 즉, 창의적 문제해결이란 개인이 특정 대상에 대해 느끼는 어떤 불편함을 해소하고 새로운 도전을 하기 위해 문제나 갈등 상황을 인지하는 것에서부터 문제를 발견하고, 문제를 진술하고, 해결 전략을 생성하여 이를 실행에 옮기는 전 과정으로 정의할 수 있다(강정하와 최인수, 2006).

강정하와 최인수(2006), 성진숙(2003), 송해덕(2007), 조석희 외(2005)에 따르면 창의적 문제해결 과정에서 공통적으로 중시하는 요인은 [표 3.18]에서 보는 것과 같이 확산적 사고(지적 사고 과정), 지식, 동기, 환경, 성격이다.

[표 3.18] 창의적 문제해결력의 구성 요소 비교

<table>
<tr><th>강정하와 최인수(2006)</th><th>성진숙(2003)</th><th>조석희 외(2005)</th></tr>
<tr><td>지적 사고과정</td><td>확산적 사고</td><td>확산적 사고력</td></tr>
<tr><td>지식</td><td rowspan="2">과학지식</td><td rowspan="2">지식, 기능</td></tr>
<tr><td>지적 양식</td></tr>
<tr><td>동기</td><td>내재적 동기</td><td>내재적 동기</td></tr>
<tr><td>환경</td><td>환경</td><td>창의적 문제해결 성향</td></tr>
<tr><td>성격</td><td>성격</td><td>도전적 과제 선호 경향</td></tr>
</table>

***출처**: 강주원, 2017, p.26.

공학적 문제해결력에 관한 Moore et al. (2014), Nam, Lee, & Paik (2016), 한국공학교육인증원(2015) 등에서 제시한 내용을 종합하면 공학적 문제해결 과정에서는 공학적 사고 습관, 공학 설계, 공학과 공학자, 협업 능력 등이 중요시된다([표 3.19] 참고).

특히, 창의적 문제해결 과정에서 중시하는 '확산적 사고(지적 사고 과정) 및 지식' 요인은 공학적 문제해결 과정에서의 '공학적 사고 습관' 요인과 거의 동일한 구성 요인이다. 또한 '동기' 요인은 두 과정에서 공통적으로 요구되는 특성이다. 문제해결은 문제상황에 대한 대처 방법을 찾기 위한 인지적, 정서적, 행동적 과정인데, 이러한 문제해결 과정을 수행하려는 태도를 문제해결 성향으로 볼 수 있다(조한진과 김태훈, 2013). 따라서 창의 공학적 문제해결 성향은 공학적 문제해결 과정에서 개인의 창의성 발현을 통한 문제해결 성향으로 정의할 수 있다. 창의적 문제해결과 공학적 문제해결에서 요구하는 공통적인 요인과 여러 측정 도구에서 공통적으로 평가하는 요인을 정리하면 창의 공학적 문제해

[표 3.19] 공학적 문제해결력의 구성 요소 비교

Moore et al. (2014)	Nam, Lee, & Paik (2016)	한국공학교육인증원 (2015)
공학적 사고습관	공학적 사고습관	공학적 사고습관
공학 설계	공학 설계	공학 설계
공학과 공학자에 대한 개념	사회에서의 공학과 공학자	사회에서의 공학과 공학자
공학 윤리		
팀 워크 및 의사소통 능력	협업 능력	팀워크 및 의사소통 능력
문제해결 방법과 효과		공학적 동기
도구		

*출처: 강주원, 2017, p.27.

<예시>

창의 공학적 문제해결 성향 검사지

1~5점 척도: 매우 그렇다(5)-그렇다(4)-보통이다(3)-그렇지 않다(2)-전혀 그렇지 않다(1)

1. 나는 내 아이디어나 생각이 당장은 인기가 없더라도 끝까지 발전시켜 나간다.
2. 나는 어려운 과제나 문제를 해결하는 것이 재미있다.
3. 나는 문제를 해결하거나 과제를 해결하는 것 자체가 좋아서 열심히 한다.
4. 주어진 문제상황에서 해결할 수 있는 부분을 찾기 위한 자료 조사(research) 활동은 중요하다.
5. 주어진 문제상황에서 해결할 수 있는 부분을 찾기 위한 아이디어와 정보 공유 과정은 중요하다
6. 문제를 해결하는 과정에서 주어진 예산과 자원을 적절하게 관리하는 것은 중요하다.
7. 최종 산출물을 만들기 전에 예비 모델을 만들어 보는 것은 중요하다.
8. 문제해결에 각각의 과정을 상세하게 기록으로 남기는 것은 중요하다.
9. 예비 모델을 발전시키기 위해 문제점을 찾아내고 해결방안을 모색해야 한다.
10. 나는 미래에 창의적인 산물을 만들어 낼 수 있을 것이라고 확신한다.
11. 나는 문제를 해결할 때, 반복적인 시도를 통해 가장 적합한 해결책을 찾아낸다.
12. 나는 새로운 지식을 습득하게 되면 이전의 아이디어에 접목시켜 곧바로 새로운 아이디어를 만들어낸다.
13. 나는 문제를 해결하기 위해 이미 알고 있는 여러 종류의 지식들을 연결 지어 본다.
14. 나는 새로운 유익한 정보를 가지고 문제를 해결하기 위한 전략을 세울 때 이전에 실패했던 경험들을 참고로 한다.
15. 나는 문제를 해결하기 위해 유사한 문제의 해결방법을 활용한다.
16. 나는 서로 다른 종류의 지식을 연관시켜 새로운 아이디어를 잘 만들어낸다.
17. 나는 평소에 다양한 정보와 지식을 서로 폭넓게 연결하려고 한다.
18. 나는 새로운 지식을 접하면 이미 알고 있던 다양한 종류의 지식들과 비교해 본다.
19. 나는 공학자들이 직면하는 여러 문제점들과 어려운 점들을 이해하고 있다.
20. 공학 문제해결 과정에서 윤리적 측면도 고려해야 한다.
21. 나는 공학자가 하는 일에 대해 잘 알고 있다.
22. 나는 공학이 사회에 미치는 영향과 많은 문제점들을 이해하고 있다.
23. 주어진 문제상황에서 해결할 수 있는 부분을 찾기 위해 조원들 간의 토의 과정(brainstorming)은 중요하다.
24. 문제해결 과정에서 각 조원들이 가지고 있는 사전 경험과 지식은 존중해야 한다.
25. 문제해결 과정에서 각 조원들 간의 효율적인 역할 분담은 중요하다.
26. 나는 문제상황에서 남들이 발견하지 못하는 사실을 찾아낼 수 있다고 생각한다.
27. 문제해결 과정에서 조원들이 맡은 일의 양은 효율적으로 배분, 관리되어야 한다.
28. 문제해결 과정에서 각 조원들 간의 의사소통은 중요하다.

결 성향의 요인을 추출할 수 있다. 강주원과 남윤경(2016)은 이러한 공통요인에 근거하여 창의 공학적 문제해결 성향 검사 도구를 개발 하였으며, 검사 도구의 평가 요인으로 '동기', '성격', '환경', '공학 설계', '공학적 사고 습관', '공학과 공학자', '소통 및 협업 능력'을 포함하였다(강주원과 남윤경, 2016). 예시로 제시된 창의 공학적 문제해결 성향 검사지(강주원과 남윤경, 2016)는 학교 현장에서 공학융합교육의 효과 측정을 위해 다양한 공학 융합교육 연구(예: 김주희와 남윤경, 2021; 이효진과 남윤경, 2019; Nam & Chae, 2019)에서 활용되었다.

7.2. 공학에 대한 태도

태도란 사람이나 사물, 사항에 대하여 호의적 또는 비호의적으로 일관성 있게 반응하려는 정서적 경향성이다(성의석과 나승일, 2012). 그러므로 공학에 대한 태도는 학습자가 공학에 대하여 형성한 인식 및 감정의 상태를 의미한다(문대영, 2009). 학생들이 학교에서 실시하는 다양한 공학 기반의 교육 활동을 접한다면 공학에 대한 긍정적인 태도 변화뿐만 아니라 관련된 진로 직업에 대한 관심이 증가할 것이다.

이미 많은 나라의 초중등 교육기관에서 공학·기술 관련 교육과정을 운영하고 있고, 특히 미국과 영국의 경우에는 초중등 교육 수준에서 다양한 형태의 공학 설계를 기반으로 한 STEM 프로그램을 개발하여 운영하고 있다(NRC, 2011). 이러한 STEM 프로그램은 다양한 수학·과학·기술적 지식을 융합하고 창의적으로 문제를 해결하는 능력, 시스템 사고와 같은 고차원적 사고 능력을 배양할 수 있다고 하였을 뿐만 아니라(NRC, 2009), 수학·과학 분야에 대한 학생들의 학업 성취도 및 태도 향상, 공학과 공학자에 대한 인식 제고, 공학 분야로의 진로에 대한 인식을 향상시킬 수 있다(NRC, 2011).

하지만 한국의 경우 초중등 교육에서 이러한 공학 교육을 실시하는 정규교과는 없는 상황이고, 이로 인해 학생들이 공학뿐만 아니라 공학적인 문제해결 과정을 접하는 기회가 제한적인 것이 현실이다.

문대영(2009)은 STEM 교육 프로그램이 초등학생들의 공학에 대한 태도 변화에 미치는 영향을 알아보기 위해 공학에 대한 흥미, 공학에 대한 성 역할, 공학의 난이도, 공학의 영향, 공학 관련 학교 교육과정, 공학과 직업 요인으로 구성된 검사 도구를 이용하였다. 이를 통해 STEM 교육 프로그램이 초등학생의 공학에 대한 긍정적인 인식 변화를 확인할 수 있었다. 문대영(2009)의 공학에 대한 태도 검사 도구는 국내 다수의 연구에서 사용되었으며(예: 김영민 외, 2015; 박경숙 외, 2015; 성의석과 나승일, 2012), 과학-공학 융합수업의 효과를 측정하기 위해 그 내용을 수정 보완하여 사용할 수 있다. 전체 검사도구 중 1) 공학에 대한 흥미, 2) 공학의 난이도, 3) 공학의 영향, 4) 공학 관련 학교 교육과정, 5) 공학과 직업 요인이 과학-공학 융합수업의 효과 측정에 적합해보이므로 문대영(2009)의 내용을 수정 보완한 문항 예시를 제시하면 다음과 같다.

<예시>

공학적 태도 검사지

1~5점 척도: 매우 그렇다(5)-그렇다(4)-보통이다(3)-그렇지 않다(2)-전혀 그렇지 않다(1)

1. 새로운 물건이 나오면 즉시 알아보고 싶다.
2. 나는 공학 관련 잡지를 읽고 싶다.
3. 공학에 대한 TV와 라디오 프로그램을 더 늘려야 한다.
4. 우리 학교에 공학과 관련된 동아리나 클럽활동이 있다면 참가하고 싶다.
5. 나는 공학에 흥미가 없다.
6. 나는 기계나 도구를 만지는 일이 재미있다고 생각한다.
7. 공학과 관련된 취미는 재미있다.
8. 공학을 배우는데 머리가 꼭 좋지 않아도 된다.
9. 공학을 공부하기 위해서는 타고난 재능이 없어도 된다.
10. 수학과 과학을 모두 잘 해야만 공학을 배울 수 있다.
11. 공학을 배우는데, 수학 지식을 조금만 알아도 된다.
12. 누구든지 공학을 배울 수 있다.
13. 누구든지 공학과 관련된 직업을 가질 수 있다.
14. 공학은 한국의 미래를 밝게 해 준다.
15. 공학은 모든 일을 쉽게 할 수 있게 해 준다.
16. 공학은 우리 생활에서 매우 중요하다.
17. 공학은 모든 사람들에게 필요하다.
18. 공학을 도입하면 나라의 발전이 빨라진다.
19. 공학은 오염을 일으키기 때문에, 공학의 사용을 줄여야 한다.
20. 공학과목은 미래사회에 필요한 교과이다.
21. 학교에서 공학 관련 수업(수학, 과학, 기술)은 중요하다.
22. 나는 학교에서 공학과 관련된 수업을 받고 싶다.
23. 사회에서 필요한 공학을 학교에서 가르쳐야 한다.
24. 공학은 학교에서 반드시 배워야 한다.
25. 지금보다 더 많은 공학 교육이 필요하다.
26. 모든 학생들이 공학을 배워야 한다.
27. 공학 수업은 더 나은 직업을 갖기 위한 준비에 도움을 준다고 생각한다.
28. 나는 앞으로 공학과 관련된 직업을 선택할 것이다.
29. 나는 사람들이 왜 공학과 관련된 직업을 가지려는지 이해할 수 없다.
30. 나는 공학과 관련된 활동을 하면 즐겁다.
31. 나는 커서 공학 관련 일에 종사하고 싶다.
32. 공학 분야에서 일하는 것이 재미있을 것 같다.
33. 공학과 관련된 직업을 갖는다면 미래가 상당히 보장될 것이다.

제 4 장

과학-수학 융합교육

들어가기

수학은 과학적 문제해결을 수행하기 위한 일종의 논리이며 언어이다. 따라서 수학적 지식과 문제해결 능력은 과학적 문제해결을 위해 매우 중요하다. 이러한 측면에서 과학에 수학적 문제해결을 접목하는 것은 수학적 계산 능력이나 공식의 적용을 넘어서 논리적인 사고와 직관적 문제해결 능력을 기른다는 측면에서 큰 의미를 가진다. 이 장에서는 일상생활에서 접할 수 있는 다양한 문제상황에서 수학적 사고를 적용할 수 있도록 개발된 Model Eliciting Activity(이하 MEA) 활동을 중심으로 과학적 상황에서 수학적 사고력을 발현하여 문제해결 과정을 도출하고 표현하는 능력을 기르기 위해 어떤 구체적인 학습 전략을 사용하는지 알아보고자 한다.

과학적 문제해결은 전통적으로 과학적 탐구에 초점이 맞추어져 왔다. 일반적으로 과학적 탐구는 실증주의적 탐구 방법에 근거한 가설 연역적 탐구 방법을 의미한다. 자연 현상의 원인과 특성을 이해하기 위해 의문을 가지는 문제의 인식과 해결 가능한 문제를 구체적으로 정의하는 문제의 정의를 통해 가설을 설정하는 데서 문제해결 과정이 시작된다. 그리고 그 가설을 수용 또는 기각할 수 있는 증거를 수집하기위해 실험을 설계하고 수행한다. 하지만 우리가 일상생활에서 만나는 문제는 이렇게 가설-연역적 방법으로 해결할 수 없는 것이 대부분이다. 여러분이 마트에 갔다고 가정해보자. 마트에서 살 물품의 품목 리스트를 가지고 있는데, 마트에서 어떤 동선으로 움직여야 가장 짧은 시간에 원하는 물품을 다 구매할 수 있을까? 다른 예로 여러분이 어떤 지역의 공무원으로 그 지역에 필요한 학교를 설립할 부지를 찾고 있다고 가정해보자. 어떤 데이터와 자료를 활용해야 학부모, 학생, 지역의 필요를 충족할 수 있는 가장 좋은 학교 부지를 선택할 수 있을까? 일상생활에서 만나는 이러한 문제의 다양성을 생각해 볼 때 우리는 학생들이 일상생활에서 논리적 사고를 통해 문제를 해결할 수 있도록 어떻게 도와줘야 할지 고민하게 된다.

MEA는 수학을 중심으로 일상생활 문제해결과 공학적 접근, 과학적 상황제시를 모두 만족시킬 수 있는 수업 전략이다. 이 수업전략은 학생들에게 익숙한 현실상황에 근거해서 문제를 제시하며, 관련된 지식에 쉽게 접근할 수 있도록 읽을거리와 질문을 제시한다. 또한 학생들이 자신의 문제해결 과정을 돌아보고 비판적 사고와 메타인지를 기를 수 있도록 문제해결의 과정을 자세하게 기술할 수 있도록 훈련한다. 뿐만 아니라 동료와 함께 배우고 가르치는 기회를 제공한다.

이 장에서는 먼저 MEA가 어떤 학습전략인지에 대해 소개한다. 다음으로 MEA 활동 전략이 만들어 지게된 배경과 MEA 활동에 포함되어야 하는 네 가지 구성요소에 대해 설명한다. 네 가지 구성요소에 대한 정의와 각각의 구성요소가 가지는 학습전략적 의미에 대한 이해를 돕기 위해 각각의 구성요소와 함께 실제적인 예시가 제공된다.

다음으로 MEA 활동을 설계하기 위한 여섯 가지 원리가 소개된다. 여섯 가지 원리는 MEA 활동의 목표로 이해할 수도 있다. 여섯 가지 설계 원리 각각이 가지는 의미와 원리들 간의 상호 보완적 관계에 대해 설명함으로써 MEA 활동의 네 가지 요소의 중요성과 의미를 더욱 더 명확하게 이해할 수 있도록 하였다.

MEA 활동이 수업에서 활용되기 위해서는 이 활동의 최종 산출물인 학생들이 도출한 모델(알고리즘 또는 문제해결책)에 대한 구체적인 평가 기준이 있어야 한다. MEA 활동은 최종 산출물에 대한 평가도 중요하지만, 학생들이 문제해결의 과정에서 어떠한 사고를 하는지에 대한 사고력과 창의성 평가를 위해서도 매우 유용한 도구가 된다. 하지만 국내에서는 MEA 활동중에 학생들의 사고력을 평가한 예시가 거의 없다. 이 장에서는 국내 영재아동을 대상으로 진행된 커피 컵 챌린지 MEA 활동을 예시로 학생들의 문제해결 과정에서 드러난 직관적 사고력, 시각적 표현능력, 분석적 사고력, 그리고 의사소통 능력을 어떻게 측정하였는지 소개한다. 또한 모델(최종 산출물)의 평가틀도 제시하는데, 공유 가능성과 일반화가 아주 중요한 요소로 평가되는 최종 모델에 대한 구체적 평가 기준을 살펴 볼 수 있다.

안타깝게도 지금까지 개발된 MEA 활동은 주로 미국을 중심으로 개발되고 사용되었다. 이러한 MEA의 단점은 수학적 모델의 구성에 너무 초점을 맞춘 나머지, 과학적 상황과 지식에 소홀한 부분이 있었다는 것이다. 따라서 이 장에서는 과학적 개념의 이해와 적용을 포함하는 MEA 활동의 개발 예시를 제시함으로써 MEA 활동의 과학수업에 적용가능성을 높이고, 과학-수학 융합교육에 관심이 있는 과학교사들에게 실질적인 도움을 주고자 한다.

1. Model Eliciting Activity(MEA) 학습전략의 의미

MEA는 Model-Eliciting Activities의 약자로 1970년대 중반 수학교육학자들에 의해 처음 만들어졌다. 공학, 과학 및 기타 수학 분야에서 발생하는 실제 문제의 유형을 모방하도록 설계되었으며 3~5명의 그룹 구성원이 1~2차시 동안 주어진 문제를 해결하는 활동이다(Lesh et al., 2000). MEA에서 모델(Model)이란 경험을 설명하고, 기술하고, 구성하고, 조작하는 방법을 말한다. 사람은 주어진 문제상황을 이해하기 위해 이것을 자신의 인지 내부 모델로 사상(mapping)하여 해석한다.

주어진 문제상황이 내부 모델에 사상된 상태에서는 변형, 수정, 확장할 수 있으며, 이는 결국 사람이 문제해결 상황에서 예측, 기술 또는 설명을 사용할 수 있는 수단을 제공한다(Lesh & Harel, 2003). 따라서 모델이란 것은 복잡한 현상을 자세히 관찰하고 문제상황을 해결하기 위해 도움이 되는 수단을 제공하는 것이라 볼 수 있다. 도출(Eliciting)의 단어적 의미에서 알 수 있듯이 MEA활동에서의 도출(Eliciting)은 모델링한 활동 속에서 문제해결 전략과 기술을 도출하고 아이디어 사이의 연결성을 찾아내는 것으로 본다. 다시 말해, 모델링을 통해 일련의 아이디어와 기술을 엮어 문제해결 전략을 만들어 내는 것이 MEA의 주요 목적이라고 할 수 있다. 현재 국내에 소개된 MEA활동에 대한 연구는 거의 없기 때문에 이 책에서는 MEA의 단어적 의미를 해석한 용어를 사용하기보다는 MEA라는 영어단어를 그대로 사용하기로 한다.

융합적 문제해결력 도구인 MEA(Model-Eliciting Activities)는

학생들이 공학, 과학 및 수학 분야의 실제 상황에서 발생 가능한 문제를 해결하도록 설계된 융합적 문제해결 활동이다. MEA는 학생들에게 실제적 문제해결의 상황을 제공하여 융합적 문제해결력을 증진시키는 학습의 도구인 동시에 각각의 과정에서 학생들의 문제해결력을 측정하기 위한 방법으로도 사용된다. 따라서 MEA는 문제에 대한 인식, 문제해결 방법에서 융합적 사고력을 요구하는 해결책 설계, 그리고 문제해결 방법에 대한 의사소통 능력을 함께 활용하도록 설계되었으며, 특히 모델링 능력에 대한 영재성과 창의성 판단을 위해 연구되었다(Chamberlin & Moon, 2005).

MEA는 두 가지 목적을 가지고 있다. 첫째, MEA는 의미 있는 실생활 상황에 기초하여 학생들이 추론하고, 자신의 수학적 구조를 발명·확장·수정·구성하는 것을 가르치는 것이 목적이다. 이것은 학생들이 실생활에서 수학자들이 하는 것처럼 복잡한 문제를 해결하기 위한 수학적 모델을 만들도록 장려하는 것이다(Lesh & Dorr, 2003). 둘째, 연구자들이 학생들의 수학적 사고 과정을 알아 볼 수 있도록 하는 것이다. 이것은 모든 환경에서 MEA를 사용하는 가장 중요한 목적이 된다.

2. MEA의 구성요소

MEA는 신문읽기(Newspaper article), 준비질문(Readiness question), 문제 설명(Problem statement), 해결책 공유 과정(Process of sharing solutions)의 네 가지 요소로 구성된다. 신문 읽기의 목적은 학생들이 흥미 있어 할 만한 문제상황을 제공하고 실질적 상황에서 학생들이 해결해야 할 수학적 과제에 몰입하게 하는 것이다. 다음으로 준비질문은 신문기사에서 읽었던 내용에 대해 간단히 질문하여 신문기사의 내용을 이해하고 있는지 확인하는 것이다. 문제에 대한 설명은 실질적으로 해결할 문제를 제공하여 학생들이 해결할 문제가 가지는 특징과 제한점을 파악하게 한다. 다음으로 개인별 또는 팀별로 해결한 문제의 해결책을 공유하는 단계이다. 이때 동료와 다른 팀 학생들이 해결책의 내용을 이해할 수 있도록 자세히 문제해결의 과정을 기술하는 것이 중요하다.

[그림 4.1]은 MEA의 구성요소를 그 특징에 따라 정리하여 표현한 것이다.

신문읽기 (Newspaper article	준비 질문 (Readiness question)	문제 설명 (Problem statement)	해결책 공유 과정 (Process of sharing solutions)
가상으로 쓰여진 신문기사를 읽기	이전 단계에서 읽었던 신문기사에 대한 간단한 질문들	팀별 문제를 진술하기 위한 과정	해결책 공유 과정
문제상황, 매개변수 설정		문제표현	
학생들의 흥미진작 문제의 맥락을 이해하게 함 또한 수학 과제가 실질적인 상황을 제공하는 유용한 활동	이 질문들을 통해서 학생들이 문제에 대한 이해도를 높이고 추상적인 개념을 구체화 함	3~4명의 그룹구성 45~90 분간 문제진술을 위한 자기 반성, 수정 등을 수행	각 팀이 작성한 해결책 발표 후, 토론을 통해 다양한 해결법과 관련된 수학내용, 문제에서 제시한 요구들을 만족시키는지 확인

[그림 4.1] MEA 구성요소

각 단계에 대해 예시를 통해 좀더 자세히 알아보자. 다음은 “드론사진으로 제공된 비정형 모양의 철새 서식지 내의 철새 개체 수를 어떻게 추정할 수 있을 것인가?”를 주제로 다룬 MEA 활동 예시이다.

<예시>

MEA 활동 예시(1): 철새 개체 수 추정을 위한 모델링 활동

교과 융합	학교급	학년	차시
과학 수학 융합	중학교	1~2	3

교과 융합	철새 개체 수 추정을 위한 모델링 활동
관련 개념	수학(도형의 넓이) 과학 (생태계)
수업 주제	비정형 도형의 넓이 구하기 모델링

과학-수학 융합수업에 대한 개요

요소	내용
내용 개요	• 새들은 자연환경의 건강함을 암시하는 훌륭한 지표로서, 매년 소수의 새끼를 낳고 서식지 이동 시 기후변화 현상에 민감하며 기후변화에서 가장 취약한 생물 종 중 하나이다. 따라서 현재 진행되는 기후변화에 대해서도 중요한 정보를 제공하는 생물 종으로 이들의 서식지 보존이라는 문제해결을 위해 항공(드론)사진과 각 지역의 면적과 형태에 대한 정보를 기반으로 수백 개의 둥지를 포함할 수 있는 철새들의 서식지에서 어떻게 철새들의 개체 수를 결정할 수 있을지를 그 방법을 모델화 하여 제안하는 활동이다. • 주어진 복잡한 실제 문제상황을 이해하고 이를 해결하기 위해 과학적 지식 및 수학적 개념을 활용한다. • 수학적 사고에 기반하여 반복적인 문제해결 과정을 통해 가장 효율적인 해결책을 고민하고 제안해나가는 활동으로 구성된다.
목표	• 시각적 데이터를 사용하여 수학적 개념을 활용하여 철새 서식지의 내의 개체 수를 추정할 수 있다. • 데이터 사용 및 제외 방법을 구체적으로 설명할 수 있다. • 해결책을 공유하고 고객의 요구를 충족시키는지 여부를 판단할 수 있다. • 다른 사람이 최종 해결방안을 읽고 수행할 수 있도록 자세히 기술한다.
준비물	• 생쌀, 작은 콩 또는 구슬/구멍 펀치에서 나온 작은 점의 종이, 소품을 펼칠 수 있는 일반 및 불규칙한 형태의 다양한 용기 및 트레이/끈(줄) 또는 리본/가위 /디지털카메라 / 눈금자 / 줄자 / 컴퍼스 / 각도기 등 활용 가능

다음 페이지 연결

요소	내용
주요 활동	• 신문 읽기를 통해 문제상황 이해 • 준비질문을 통해 철새들의 개체 수를 추정하기 위해 고려할 점 생각하기 • 철새들의 수를 효율적으로 어림할 수 있는 방법 제안하기 • 철새 보호 팀에게 가장 효율적인 방법에 대한 최종안을 완성하기
평가	• 직관적 사고력: 문제해결의 첫 번째 과정에서 수학적으로 타당한 방법을 찾는가? • 분석적 사고력: 문제해결 과정의 절차를 논리적으로 구성할 수 있는가? • 의사소통 능력: 문제해결의 과정을 자세히 기술하여 그 해결책을 다른 사람에게 정확하게 전달할 수 있는가? • 측정: 주어진 자료를 척도를 활용하여 정확하게 측정할 수 있는가? • 어림: 비형정 도형의 면적을 구하고 철새 개체 수를 어림할 수 있는가?
참고 자료	1) 낙동강 하구 쇠제비갈매기 서식지 복원하다 https://www.hankyung.com/society/article/201805064386Y 2) 을숙도 철새도래지 https://www.saha.go.kr/tour/contents.do?mId=0101060000 3) 낙동가 하구 에코센터 여름철새 https://www.busan.go.kr/wetland/ndebirds02 4) 멸종 위기종 쇠제비갈매기 https://species.nibr.go.kr/endangeredspecies/rehome/redlist/redlist_view.jsp?link_gbn=ex_search&rlcls_sno=280

***출처**: 철새 개체 수 추정을 위한 모델링 활동(남윤경, 2021); 본 예시는 2010년 미네소타대학 STEM 교육센터에서 개발한 Model Eliciting Activity인 Pelican Colonies MEA의 내용을 한국 상황에 맞게 수정 보완하여 개발한 것으로 부산대학교 영재교육원 활동으로 개발되었음.

MEA 활동 예시(1)에서 제시된 개요를 바탕으로 첫번째 구성요소인 신문읽기에 대해 알아보자. 신문 읽기는 가상으로 쓰여진 신문기사를 제시하여 학생들에게 흥미를 불러일으키고 문제의 맥락을 이해하게 하는 것을 목적으로 한다. 물론 이때 쓰이는 신문기사는 사실적이며, 논리적으로 문제가 없어야 한다. 이렇게 신문 기사를 제공하는 이유는 학생들이 수학 과제가 어떻게 실질적인 상황과 연결되어 있는지를 이해하는 것을 돕고, 문제해결의 정당성을 제공한다는 데 그 의미가 있다. 다음 예시는 "드론 사진으로 제공된 비정형 모양의 철새 서식지 내의 철새 개체 수를 어떻게 추정할 수 있을 것인가?"에 대한 MEA 문제를 해결하기 위해 제시된 신문기사의 예시이다.

<예시>

<신문읽기 예시>

낙동강 하구 사주를 번식지로 이용하는 쇠제비갈매기는 모래섬인 도요등, 신자도에서 2월~9월동안 번식하고 9월이 되면 캐나다로 돌아가는 한국의 대표적인 여름 철새입니다.

***출처:** https//www.chosun.com/site/data/html_dir/2020/05/25/2020052502870.htm

다음 페이지 연결

번식지 기능회복을 위해 서식지 모니터링과 모래섬의 상태를 유지하는 작업이 지속적으로 필요합니다. 쇠제비갈매기는 주로 강가에 서식하며, 먹이는 물고기로 육식성입니다. 그러나 천적으로는 너구리, 시궁쥐가 있고, 다른 둥지로 간 새끼는 그 둥지 주인한테 쫓겨나 안전하지 못합니다. 둥지는 모래땅이나 자갈밭에 있기 때문에 노출되어 습격을 받거나, 기후에 의해 새끼들이 자라기 힘들 때도 있습니다. 쇠제비갈매기는 한국에서는 수가 줄고 있는 여름 철새입니다. 도요등과 신자도에는 한때 7천 마리의 쇠제비갈매기가 찾았지만 2014년부터 방문 개체 수가 급격히 줄어 2016년엔 68마리, 지난해엔 208마리만 발견되었습니다.

알을 낳은 후 새끼가 내부에서 성장하는 동안 알은 적절한 온도로 유지되어야 합니다. 부모가 추운 날씨에 그들을 따뜻하게 유지하고 뜨거운 태양으로부터 그늘을 유지하기 위해 알에 앉아 있지 않으면, 성장 중인 새끼는 생존하지 못할 것입니다. 한쪽 부모가 둥지에 앉았을 때 다른 쪽 부모는 둥지를 떠나 먹이가 있는 곳으로 날아 물고기를 잡습니다.

둥지를 틀고 있을 때, 이 새들은 매우 조심스럽고 예민해져 있습니다. 인간이 번식지 군락으로 들어가면 부모 새들은 둥지를 떠날 것입니다. 모터 보트나 다른 소음으로 인해 방해받을 수 있습니다. 만약 알들이 둥지에 보호되지 않고 남겨진다면, 알들의 온도는 너무 낮아지거나 너무 뜨거워질 수 있습니다. 보호되지 않은 알들은 다른 포식자에 의해 희생될 수 있습니다. 쇠제비갈매기의 개체 수는 인간의 교란, 변화하는 수위로 인한 보금자리 서식지 상실, 환경 오염 등으로 인해 낮아졌습니다. 야생동물 연구자들과 관리자들은 매년 쇠제비갈매기의 개체 수를 감시하여 둥지 서식지가 어디에 있는지 확인하고, 서식지 내부와 여러 곳의 총 개체 수를 추정합니다.

두 번째 구성요소인 준비질문은 이전 단계에서 읽었던 신문 기사에 대한 간단한 질문들이다. 이 질문들을 통해서 학생들이 문제에 대한 이해도를 높이고 추상적인 개념을 좀 더 구체화할 수 있도록 한다. 다음은 쇠제비갈매기에 대한 신문기사 내용을 읽은 후 학생들이 그 내용을 이해했는지 확인하고, 좀 더 깊이 그 문제에 대해 몰입할 수 있도록 돕기 위한 준비질문의 예시이다.

<예시>

<준비질문>

쇠제비갈매기의 서식지에서 개체 수를 추정하는 계획을 세우고 있다면 고려해야 할 점들은 무엇일까요? 고려해야 할 목록과 이유를 작성해보세요.

	개체 수를 추정(어림)하기 위해 고려해야 할 점	고려해야 하는 이유
1	*예: 둥지에 접근하지 않고 개체 수를 추정한다.*	*예: 번식과 산란을 방해하지 않기 위해*
2	*예: 소음을 내지 않도록 한다.*	*예: 어미 새가 둥지를 떠나지 않도록 하기 위해*
3		

위의 예시와 같이 준비질문은 철새 개체 수를 추정하기 위해 고려해야 할 점들을 다양한 관점에서 기록하게 하고 그 이유를 구체적으로 작성해보게 함으로써 MEA주제에 대해 구체적이고 직접적인 방안을 생각해 보게 하고 학습자가 문제상황에 접근하는 것을 돕는다.

신문 읽기를 통해 학생들은 철새 개체 수 추정이라는 MEA주제에 대해 문제상황뿐 아니라 주제 문제해결을 위한 과학적 개념과 지식을 습득한다. 또한 준비질문을 통해 문제와 관련된 과학적 정보에 대한 본인의 이해 정도를 확인할 수 있다.

신문 일기와 준비질문이 끝나면 세 번째 구성요소는 문제 설명이다. 문제 설명은 구체적인 문제 제시과정과 이에 대한 학생들의 문제해결 과정을 포함한다. 문제 제시는 다양한 형태로 진행될 수 있다. 예를 들어 학생들에게 보내는 편지 형식의 문제기술문이 있다. 이것은 MEA를 개발하는 많은 연구자들이 즐겨 쓰는 방법으로 간단한 편지에 해결해야 할 문제와, 그 문제를 해결하는 데 필요한 조건, 제한 요소 등을 기술하는 것이다. 편지 형식의 문제는 앞에서 제시한 신문 읽기의 내용과 맥락을 같이 하면서, 그 내용에 등장한 과학기술자가 해결해야 할 과제를 구체적으로 보여준다. 뿐만 아니라, 신문 읽기에서 제시된 다양한 제한요소와 문제점 등을 고려하도록 요구할 수 있다. 다음은 편지 형식의 문제기술문이다.

<예시>

<문제기술문>

야생 동물 관리국에서 온 편지

받는 사람 : 학생연구원

보낸 사람 : 야생 동물 관리국 철새 보호 팀

야생 동물 관리국의 철새 보호 팀과 연구하게 된 것을 환영합니다. 이곳의 야생 생물학자들은 철새가 서식지로 사용하는 지역을 결정하고 각 서식지의 개체 규모를 추정하기 위해 매년 철새들의 서식지를 관찰합니다. 철새 서식지에 대한 정보는 우리가 보전 활

다음 페이지 연결

동을 수행 할 위치와 어떤 노력을 해야 할지 결정하는 데 도움이 됩니다. 예를 들어 서식지에 있는 육식 약탈자로부터 새들과 알 및 병아리를 보호하기 위해 울타리가 필요할 수 있습니다.

철새들의 안전과 번식 성공을 위해서는 서식지로 알려진 모든 장소를 보호하는 것이 바람직하겠지만 번식지 보존에는 비용 문제를 비롯한 많은 제약이 있습니다. 따라서 과학자들은 알려진 서식지들 중 일부만을 보호할 수 있습니다. 이때, 보호해야 할 위치를 결정하는 데 사용되는 핵심 기준 중 하나가 철새 둥지의 수입니다. 가장 많은 둥지가 있는 위치를 보호하는 것이 더 중요합니다. 가장 많은 수의 둥지가 있는 서식지를 보호함으로써 가능한 많은 개체를 보호할 수 있습니다.

야생 동물 관리국은 철새 서식지에서 둥지 수를 추정하는 절차가 필요합니다. 철새들은 알을 키우는 동안 외부 환경에 매우 민감하기 때문에 가까이 갈 수도 없고, 직접 개체 수를 세기도 어렵습니다. 그래서 우리는 드론을 이용해 항공사진을 찍습니다. 그러나 철새 서식지가 상당히 클 수 있기 때문에 (각 수백 또는 수천 개의 둥지) 각 사진은 전체 위치의 일부만을 보여줍니다. 우리는 매년 찍히는 위성 이미지를 기반으로 한 지도를 가지고 있으며, 이 이미지는 각 서식지 위치의 모양과 크기를 보여줍니다. 서식지 일부 항공사진과 전체 위치의 크기 및 모양을 보여주는 지도를 기반으로 철새 서식지에서 둥지 수를 추정할 수 있는 절차를 만들어야 하는데 여러분의 도움이 필요합니다.

이 편지에는 철새 서식지에서 찍은 사진과 이 서식지의 크기와

다음 페이지 연결

모양을 보여주는 지도를 포함하고 있습니다. 서식지가 주어진 부지에 걸쳐 균일하므로 철새들이 각 부지의 전체 영역에 둥지를 틀 것이라고 추측할 수 있습니다. 여러분이 서식지의 항공사진과 지도를 통해 철새들의 수를 어림하는 방법을 제공해주길 바랍니다. 고맙습니다.

이 편지 형식의 문제기술문에서 문제해결을 의뢰하는 곳은 야생동물 관리국 철새보호팀으로 전문기관이며, 문제를 해결할 당사자는 학생연구원이다. 이 편지는 전문기관에서 학생연구원들의 문제해결을 위한 잠재적 능력을 신뢰한다는 의미를 내포하고 있으며, 학생들은 연구원으로 지칭하기 때문에 학생들에게 과학기술자 정체성을 심어주는 데도 도움이 된다. 문제기술문에 제시된 내용을 정확하게 파악하고 있는지 확인하기 위해 다음과 같은 몇 가지 질문에 응답하도록 활동지를 구성할 수 있다.

- 위 편지 내용에서 철새 보호팀의 가장 중요한 임무라고 생각하는 것을 한 가지만 적으세요.
- 위 편지 내용을 읽고 가장 많은 철새 개체 수를 보호하기 위해 철새 보호 팀이 선택한 전략은 무엇인가요?
- 철새 서식지에서 철새의 수를 직접 셀 수 없는 이유는 무엇일까요?

다음으로 구체적인 문제가 제시되는데 이때 제시되는 문제는 최종 해결해야 할 문제에서 고려해야 할 전체 변인의 수에 따라 문제 수준을 다르게 하여 2~세 가지 단계로 나누어 제시할 수 있다. 다음은 철새 개체 수 추정 모델링을 위한 1단계 문제 예시이다.

<예시>

1. 아래 항공사진 [그림 1]에 나타난 철새들의 수를 효율적으로 어림할 수 있는 방법은 무엇일까요? 자신만의 생각을 적어보고 그 이유를 설명해보세요.

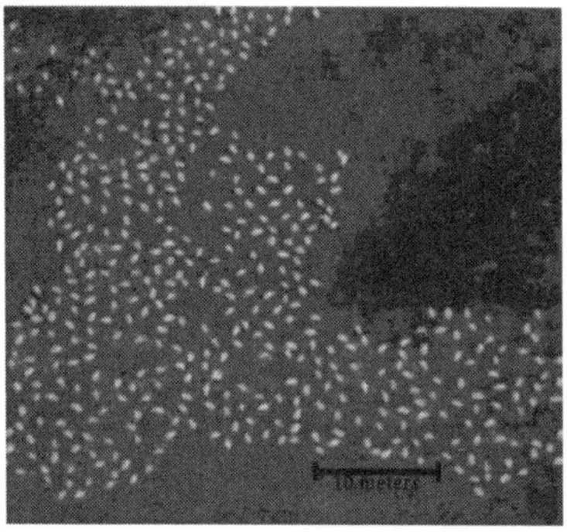

[그림1] 서식지 A 일부지역 항공사진

1 단계 문제는 고려해야 할 다양한 변인중 비교적 간략한 변인을 포함하는 문제로 구성된다. 제시된 항공(드론) 사진은 위에서 아래로 수직으로 내려다보는 방향에서 찍은 사진이며 서식지 전체 면적이 아니라 일부 면적만 보여주고 있다. 중학교 교육과정에서 곡선으로 둘러싸인 도형의 넓이를 정확하게 구하는 방법을 배우지 않기 때문에 실제 개체 수를 하나씩 세지 않고 전체 개체 수 추정을 할 수 있는 방법에 대해 자유롭게 토론하도록 유도해야 한다. 준비된 재료를 이용해서 창의적인 방법으로 개체 수를 추정하는 방법을 생각해 보고 발표하도록 도움으로써 학생들의 사고

를 확장하도록 자극할 수 있다. 다음 단계는 문제의 변인 중 면적을 일부에서 전체 면적으로 제시하여 문제의 범위를 확장하고 학생들이 어림 측정 전략을 구체적으로 제시하도록 요구한다.

<예시>

2. [그림 2]는 항공사진 자료를 구할 수 없는 부분까지 포함한 서식지 A의 전체 지도이다. [그림 2]에 나타난 서식지 전체의 철새들의 수를 어림하는 방법을 생각해보고 자신이 생각한 방법을 순서대로 자세히 나열해보세요.

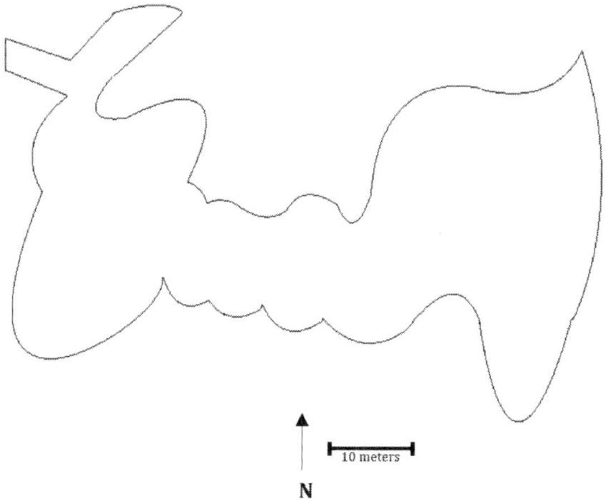

[그림2] 서식지 A 전체 지도 - 줄 안쪽 영역이 서식 지역

학생들은 이제 구체적으로 제시된 MEA 문제(비정형 도형의 면적 구하기)를 해결하기 위해 자신만의 어림 측정 전략을 구성해야만 한다. 어림 측정 전략은 임의 단위 사용, 단위넓이의 사용, 등적 변형원리 이용 방법으로 갈수록 오차를 줄일 수 있는 정교한 방법으로 접근할 수 있다. 이 단계에서 개별 학생 또는 3~4명

의 학생으로 구성된 팀에서 45~90분 동안 문제를 해결하기 위해 노력한다. 학생들의 자기반성(팀 반성), 문제해결 방법의 수정 횟수 등에 따라 소요되는 시간은 달라질 수 있다.

MEA 활동은 답이 정해지지 않은 활동이다. 하지만 단위 면적에 대한 개체 수 추정과정이 수학적으로 논리적인 것인지 학생들이 서로 토론하고 동료 학생들의 의견을 수용, 도전할 수 있도록 도와주는 것이 중요하다. 이 활동은 학생 개별활동으로 진행하는 것이 좀더 바람직해 보인다. 개별 활동을 통해 학생들은 자신 만의 방법으로 개체 수 추정을 시도할 기회를 가지게 되며, 이후 해결책 공유 과정에서 동료와의 토론을 통해 자신의 생각을 다시 되돌아보게 함으로써 메타인지를 증진시킬 수 있다.

[표 4.1]과 같이 학생들은 다양한 방법으로 해결책을 찾아내기 위해 시도할 것이다. 어떤 학생들은 넓이 측정을 위해 주어진 도구를 임의의 단위로 사용한다. 예를 들어 쌀알, 콩, 또는 엄지 손톱의 크기 등 사용가능한 여러 가지 도구를 측정의 기준으로 정하는 방법이다. 이때. 임의 단위에 몇 마리의 철새가 들어가는지 철새 마리 수에 대한 선정기준을 정확하게 제시하기도 하고 그렇지 않을 수도 있다. 어떤 학생들은 분해 및 재구성 전략을 사용한다. 먼저 분해 전략은 주어진 비정형 서식지 지도를 삼각형이나 사각형으로 나누어 나누어진 단위면적과 단위면적에 포함되지 않은 곡선부분 면적을 나누어 계산하는 것이다. 이때 단위면적에 포함되지 않는 곡선 부분을 다양한 방법으로 처리하는데; 1)무시하기도 하고, 2)어림으로 단위면적의 크기와 비교해서 대략적인 넓이를 구하기도 하고, 3)임의단위(쌀)로 채워서 그 부분에 들어가는 철새의 수를 따로 계산하기도 한다. 다음으로 재

[표 4.1] 철새 개체 수 추정 MEA 활동에 나타난 학생들의 어림측정전략

<table>
<tr><th>어림측정 전략</th><th>기준</th><th>세부 분류</th></tr>
<tr><td rowspan="2">I.기준척도 전략</td><td rowspan="2">임의 단위 사용</td><td>a) 콩, 구슬, 엄지 손톱 등을 측정의 기준으로 정함 임의 단위에 들어가는 철새 마리 수 선정 기준 없음</td></tr>
<tr><td>b) 콩, 구슬, 엄지 손톱 등을 측정의 기준으로 정함. 임의 단위에 들어가는 철새 마리 수 선정 기준 있음
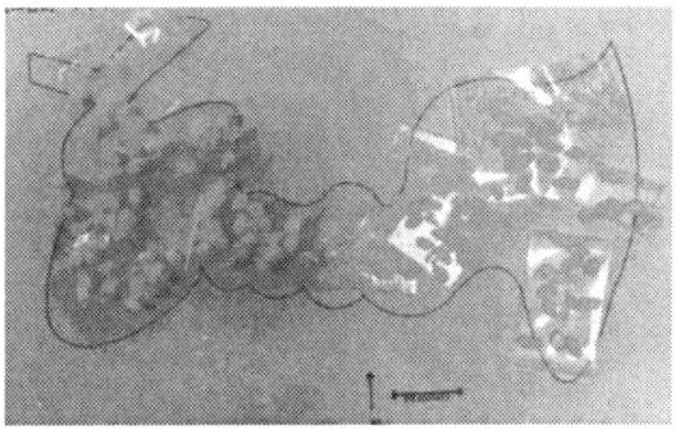</td></tr>
<tr><td rowspan="3">II.분해/재구성 전략</td><td rowspan="3">단위넓이 사용</td><td>a) 단위 넓이를 이용하나, 단위넓이에 포함되지 않는 곡선으로 둘러싸인 부분은 무시
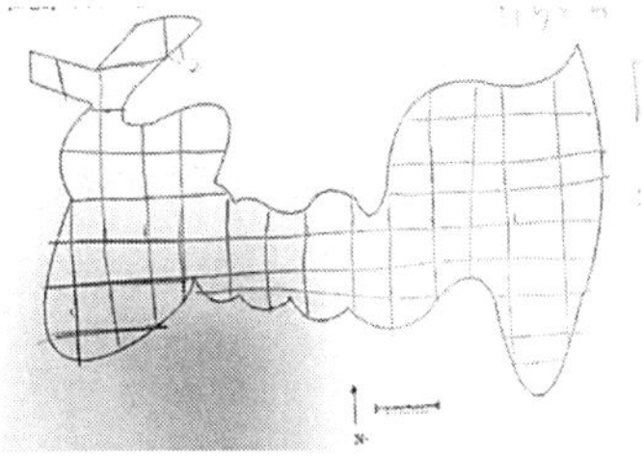</td></tr>
<tr><td>b) 단위 넓이를 이용하나, 단위넓이에 포함되지 않는 곡선으로 둘러싸인 부분을 논리적으로 처리하지는 못함</td></tr>
<tr><td>c) 단위 넓이에 포함되지 않은 곡선으로 둘러싸인 부분을 쌀로 채워서 넓이를 추정함</td></tr>
<tr><td>II.분해/재구성 전략</td><td>등적변형 원리 이용</td><td>a) 쌀로 곡선으로 둘러싸인 도형을 모두 채우고, 그 쌀을 직사각형으로 만들어 넓이를 측정
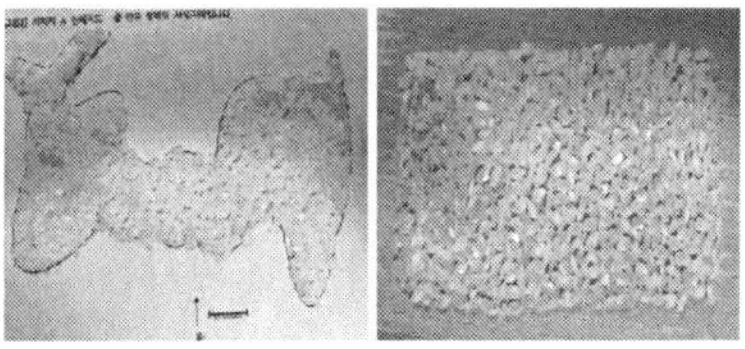</td></tr>
<tr><td rowspan="2">III.기타 및 오류</td><td>기존 지식의 사용</td><td>a) 삼각형과 사각형을 구하는 공식을 이용하기 위해 곡선을 최대한 직선으로 근사시킴</td></tr>
<tr><td>오류</td><td>a) 실로 둘레의 길이를 재어 그대로 직사각형을 만들어 면적을 추정</td></tr>
</table>

***출처**: 한금주 외, 2020, p.551~552.

구성 전략으로 어떤 학생들은 등적 변형 원리를 이용한다. 예를 들어 쌀알을 이용해 단위 면적에 들어가는 쌀알의 수를 세고 같은 쌀알의 수를 포함하는 직사가형을 찾아서 그 면적을 계산한다. 어떤 학생들은 서식지 지도를 둘러싼 곡선을 최대한 직선으로 쪼개어 전체 지도의 모양을 직사각형 또는 삼각형의 조합으로 만들어낸다. 그리고 각각의 직사각형과 삼각형의 넓이를 합하여 전체 면적을 구한다. 어떤 학생들은 수학적인 오류를 범하기도 하는데, 예를 들어 실을 이용하여 서식지 지도 둘레의 길이를 구하고, 같은 둘레 길이를 가진 직사각형을 만들어서 면적을 구하려고 시도할 수 있다.

이런 모든 경우가 허용되지만, 그 결과가 논리적인지에 대해서는 학생들이 스스로 판단할 수 없기 때문에, 동료 학생들과 충분한 토의를 거쳐서 판단하도록 도와야 한다. 따라서 MEA활동의 마지막 구성요소는 해결책 공유 과정이다. 각 학생(또는 팀)이 작성한 해결책을 발표하고 토론하면서 다양한 해결법과 관련된 수학내용, 문제에서 제시한 요구들을 만족시키는지 확인한다. 이때 모든 학생이 발표하게 되면 시간이 많이 소요될 수 있으므로, 4~5명이 팀을 구성하여 같은 팀 내에서 발표하게 하여, 수업시간을 줄일 수 있을 뿐 아니라 한 학생의 의견을 충분히 발표할 수 있는 시간과 피드백을 받을 수 있는 시간을 확보하도록 한다.

철새 개체 수 추정 MEA 활동에서는 다음과 같은 질문 1을 통해 먼저 학생 개개인이 내가 생각해낸 방법에 대해 기술하게 하고, 이것을 공유하는 과정을 통해 다른 동료 학생의 방법에 대해 배우고 고민해보게 할 수 있다. 다음으로 팀내에서 가장 좋은 방법을 선정하고 그것을 자세히 기술하도록 해야 한다.

<예시>

<해결책 공유 질문>

1. [그림 1]의 철새 서식지 일부의 항공사진과 항공사진 자료를 구할 수 없는 부분까지 포함한 서식지 A의 전체 지도[그림 2]를 보고 철새들의 수를 효율적으로 어림할 수 있는 자신의 방법을 팀원들과 공유해보자. 그리고 팀에서 가장 효율적인 방법을 선정하고 그 이유를 적어보자.

	철새들의 수를 가장 효율적으로 어림할 수 있는 방법	그 이유
나의 방법		
우리 팀에서 선정한 가장 좋은 방법		

2. 선정한 결과를 토대로 철새 수를 추정하는 가장 효율적인 방법에 대한 최종안을 제안해야 한다. 제안서를 보고 철새 팀이 실제 구현할 수 있도록 철새 수를 추정하는 가장 효율적인 방법을 수학적 또는 과학적 개념을 활용하여 순서대로 자세히 나열해보자.

첫 번째 질문에서 학생들은 나의 방법을 기술하는 과정을 통해 내가 고안한 방법을 다른 사람들에게 정확하게 전달하는 능력 즉 의사소통 능력을 함양할 수 있다. 또한 내가 고안한 방법의 장점과 단점, 이 방법을 선택하게 된 정당성에 대해 다시 한번 생각해 보게 된다. 비고츠기의 주장처럼 학생들은 동료 학생들로부터의 피드백을 통해서 자신의 생각을 돌아볼 수 있을 뿐 아니라 동료 학생들의 논리적인 사고를 보고 배울 수 있게 된다. 두 번째 질문은 학생들이 선정한 가장 좋은 방법을 의뢰자(야생 동물 관리국 철새 보호 팀)에게 보낼 보고서 형식으로 작성하게 하는 것이다. 이 보고서에 기록된 내용을 보고 의뢰자인 야생 동물 관리국 철새 보호팀이 그 방법 그대로 재현할 수 있을 정도로 문제해결 순서를 차례로 기술해야 하며, 각각의 과정이 상세하게 기술되어야 한다. MEA 수업의 최종 목적은 학생들이 자신이 찾아낸 문제해결의 방법을 다른 사람들이 읽고 따라 할 수 있을 정도로 자세하게 기술하도록 돕는 것에 있다. 따라서 MEA 활동을 통해 학생들은 자신들이 도출한 문제해결 방법을 글로 다른 사람과 의사소통할 수 있도록 상세하게 설명하는 의사소통 능력을 기를 수 있을 뿐 아니라 각각의 과정의 연결성과 논리성을 판단하는 비판적 사고력도 함양할 수 있다.

지금까지 설명한 MEA의 구성요소를 요약하면 첫 번째 신문 읽기를 통해 학생들이 문제에 흥미를 느끼고 몰입하게 하며, 문제해결의 맥락을 이해하게 한다. 신문에서 읽은 내용을 정확하게 파악하고 있는지 준비질문을 통해 확인할 수 있다. 다음으로 문제 설명은 크게 두 가지 과정으로 문제기술문을 통해 학생들이 해결해야 할 구체적인 문제가 편지 형식(또는 다양한 다른 형식)으로 제시되는 과정과 그 문제를 실제적으로 해결하는 과정으로 나누어 진다. 문제를 해결하는 과정은 문제의 특성과 관련변인에 따라 단계를 나누어 제시할 수 있다. 예시로 사용된 철새 개체 수 추정을 위한 모델링 활동에서는 부분적인 항공사진을 보고 자유롭게 문제해결 방법을 고안해보는 단계와 항공사진으로 자료를 구할 수 없는 부분까지 포함한 전체 서식지 지도를 보고 개체 수를 추정하는 단계로 나누어 졌다. 마지막으로 해결책 공유과정은 학생들의 의견을 자세하게 기술하면서 자신의 생각을 돌아보는 기회를 통해 메타인지를 증진시키는 목적과 의사소통 능력과 비판적 사고력을 기르는 것에 초점을 둔다. 물론 동료 학생들로부터 피드백과 동료학생들의 발표를 통해 다양한 아이디어를 배우는 과정도 중요하다.

지금까지 MEA 활동의 예시를 통해 전체 활동의 흐름과 구성요소에 대해 살펴봄으로써 MEA 활동의 목적과 전략, 효과에 대해 알아보았다. MEA 활동에서 사용되는 학습 전략과 구성요소를 학습 원리로 정리한다면, MEA 활동을 설계하는 데 구체적인 가이드라인을 제공할 수 있을 것이다. 다음절에서는 MEA 활동을 설계하기 위해 고려해야 할 원리들을 살펴보고자 한다.

3. MEA의 여섯 가지 설계원리

MEA 활동에 대한 아이디어는 어떻게 제안되었을까? 일반적으로 교수-학습이론에 해박한 교육학이나 교과교육전문가들이 연구실에서 제안했을 것이라 생각할 수 있지만 사실은 이와 다르다. MEA의 학습 전략과 목적은 일반인 학부모와 교사 지역사회지도자들이 함께 한 워크샵에서 연구자들과 함께 15주간의 일종의 교수-학습에 관한 브레인스토밍 과정을 통해 만들어졌다. MEA 학습 전략과 목적은 6개의 MEA 활동 설계 원리로 만들어졌는데 이것은; 1)모델구성의 원리, 2)현실의 원리, 3)자기평가원리, 4)문서구성의 원리, 5)구성 공유 및 재사용 가능성의 원리, 6)효과적인 프로토타입 원리이다. 이 여섯 가지 원리는 각각 중요한 의미를 가지지만 서로 완전히 독립적이지는 않으며 상호 보완적이다. [표 4.2]은 MEA의 여섯 가지 설계 원리를 정리하여 나타낸

[표 4.2] MEA 설계 원리

MEA 설계 원리	원리에 대한 설명
모델구성의 원리 (Model Construction Principle)	- 문제를 성공적으로 해결할 수 있는 구체적인 모델을 만들어낸다. 모델은 그 구성은 요소와 요소간의 관계, 요소 간 상호작용의 패턴과 방법을 설명하는 규칙성 등으로 구성된 하나의 시스템이다. 이러한 측면에서 모델 구성의 원리는 MEA의 시작점이자 가장 중요한 특성이 된다.
현실의 원리 (The Reality Principle)	- 제시된 문제상황이 학생의 실제 삶에서 일어날 수 있는 내용이어야 한다. 이것은 학생들의 흥미를 유발하고, 문제를 접했을 때 친근함을 느끼게 만듦으로서 다양한 방식과 독창적인 문제해결책을 고안하게 돕는다. 또한 실제 문제를 해결하는 경험은 학생들이 문제를 해결하면서 실제 과학기술자와 수학자들의 활동을 경험해 볼 수 있게 한다.
자기평가 원리 (The Self-Assessment Principle)	- 학생이 교사의 도움 없이 스스로 문제해결의 정당성과 유용성을 평가할 수 있어야 한다. 학생개인 평가와 동료 평가를 포함할 수 있으며 필요에 따라 반복해서 시행한다.
문서 구성의 원리 (The Construct Documentation Principle)	- MEA 활동과정에서 학생들이 자신의 생각을 기록하여 남긴다는 것이다. 학생의 문제해결상황에서 사고과정이 드러나기 때문에 학생의 자기 평가를 위한 자료가 된다. 문서로 기록하는 것은 논리적, 비판적 글쓰기 능력이 요구되기 때문에 고차원적 사고와 메타인지를 기를 수 있다.
공유와 재사용 가능성 구성의 원리 (The Construct Shareability and Reusability Principle)	- 학생들이 개발한 모델이 비슷한 상황에서 문제해결책으로 활용 될 수 있어야 하며, 일반화 될 수 있어야 한다.
효과적인 프로토타입 원리 (The Effective Prototype Principle)	- 생성된 모델이 충분히 납득 가능하여 다른 사람들도 쉽게 해석할 수 있어야 하며, 유사한 상황에 적용 가능해야 한다.

***출처**: 윤진아 외(2019)에서 수정·보완됨.

것이다.

각각의 원리에 대해 구체적으로 알아보자. 먼저 모델구성의 원리에서 강조하는 것은 문제의 성공적인 해결이 모델 생성으로 표현 되어야 한다는 것을 의미한다. 다시 말해 학생들이 생각한 논리적 문제해결 과정을 구체적인 모델로 도출해내는 것이 MEA의 중요한 목적이라는 것이다. 모델의 정의는 다양하다. 모델은 그 구성은 요소와 요소간의 관계, 요소 간 상호작용의 패턴과 방법을 설명하는 규칙성 등으로 구성된 하나의 시스템이다. 이러한 측면에서 모델 구성의 원리는 MEA의 시작점이자 가장 중요한 특성이 된다. 모델구성의 원리는 MEA의 목적이 학생들의 창의성과 고차원적 사고를 이끌어내는 데 있다는 것을 암시한다. 모델을 구성한다는 것은 이 모델을 차후에 어떠한 구체적인 목적으로 사용하겠다는 것이며, 이러한 측면에서 다섯 번째 원리인 구성 공유 및 재사용 원리와도 상호 보완적이다.

현실의 원리는 제시된 문제상황이 학생의 실제 삶에서 발생할 수 있는 상황이어야 한다는 것이다. 실제 상황의 문제상황은 학생들의 흥미를 증가시키고 문제에 쉽게 몰입하게 돕는다. 또한 문제를 해결하는 것 자체가 문제 의뢰인(고객)을 위해 의미 있는 일이 되기 때문에 문제해결의 정당성을 제시한다는 측면에서도 중요하다. 무엇보다 학생들은 문제해결에 직접 참여하는 전문가로서의 정체성을 가질 수 있으며, 과학기술자 또는 수학자로서의 사회적 역할에 대해 생각해보는 기회를 제공할 수 있다. 다시 말해 문제상황이 더 현실적일수록 그 해결책도 더 의미 있어진다.

자기평가원칙은 학생이 스스로 교사의 도움 없이 해결책이 적합하고 유용한지를 평가할 수 있어야 한다는 것이다. 학생들은 주어진 문제에서 제시된 구체적인 기준에 따라 자신의 모델을 평가하고 평가 결과를 이용하여 다음 과정을 수정할 수 있어야 한다. 활동 중 동료와의 의견교환, 피드백을 통해 학생 수준에서 문제를 스스로 평가하는 능력을 기를 수 있다. 자기평가는 창의적인 일을 하는 사람들이 갖추어야할 중요한 역량이므로 이 원리는 창의성 개발과도 관련된다.

문서 구성의 원리는 MEA 활동이 다른 문제해결 활동과 구별되는 특징이라고 볼 수 있는데 종종 "생각의 노출활동"으로 불린다. 이것은 학생들이 MEA 활동을 하는 동안 자신의 사고과정을 상세히 기록해야 한다는 것이다. 자신의 생각을 문서화하는 활동에서 학생들의 사고 과정이 명확하게 드러나기 때문에 교사는 학생들의 사고 과정을 이해할 수 있다. 이 원리는 자기평가원리와 상호 보완적인데 그 이유는 문서를 작성하는 과정을 통해 학생들이 자신의 사고과정을 돌아볼 수 있기 때문이다.

구성 공유 및 재사용 원리는 학생들이 도출한 문제해결의 모델(또는 상세화된 과정에 대한 기술)이 비슷한 문제상황에서 해결책으로 활용될 수 있어야 한다는 의미이다. 다시 말해 학생에 의해 개발된 모델을 유사한 상황으로 일반화할 수 있어야 한다는 뜻이다. 앞 절에서 제시된 철새 개체 수 추정을 위한 모델은 비슷한 다른 상황, 즉 다른 종류의 항공사진과 서식지의 지도 자료를 해석하여 철새 개체 수를 추정할 때 쓰일 수 있다.

마지막으로 효과적인 프로토타입 원리이다. 이것은 학생들이 도출한 모델을 다른 사람들이 쉽게 이해하고 적용할 수 있어야 한다는 의미이다. 이 원리는 비슷한 상황을 가진 유사한 문제이지만 완전히 같은 방식의 해결책을 요하지 않는 문제에 대해 개발된 모델을 사용한다는 점에서 구성 공유 및 재사용의 원리와 구별된다. 예를 들어 앞에서 예로 제시된 철새 개체 수 추정을 위해 개발된 모델은 비정형 면적을 구하기 위한 다른 다양한 문제를 해결하기 위한 프로토타입 모델이 될 수 있다. 학생들이 개발한 모델은 일상생활에서 경험하는 다양한 비정형 도형의 면적을 구하는 데 활용될 수 있다는 뜻이다.

4. MEA의 평가방법

MEA의 평가방법은 앞절에서 소개한 자기평가의 원리와 문서 구성의 원리와 가장 밀접하게 연관되어 있다. 자기 평가의 원리는 해결책을 완성해 가는 과정에서 자신의 생각을 객관적으로 비판해 볼 수 있는 기회를 제공하는 데 목적이 있기 때문에 최종 해결책인 모델을 객관적으로 평가하는 과정은 아니며, 학생들이 동료 학생들의 모델을 보고 피드백을 제공하거나 동료 학생의 아이디어를 배우는 데 더 큰 목적이 있다. 문서 구성의 원리는 문제해결책, 즉 최종 산출물인 모델을 유사한 상황에 적용 가능하도록 기술하여 의뢰인(고객)의 요구조건을 얼마나 잘 충족할 수 있는지와 관련되어 있다. Lesh el al. (2000)에서 제시한 Quality Assurance Guide는 모델의 개발 활동에서 최종 산출물로 개발된 모델(문제해결책 또는 제품)을 다음과 같은 세 가지 특성에 따라 평가하는 데 도움이 되도록 설계되었다.

(a) 목표는 개념적 도구를 개발하는 것이다.

(b) 고객의 목적을 알고 충족시켜야 한다.

(c) 도구를 다른 사람과 공유할 수 있어야 하며, 데이터가 문제에 명시된 것과 다른 상황에서 유용해야 한다.

Quality Assurance Guide를 살펴보면 최종 산출물인 모델의 완성도와 이에 대한 고객의 반응을 제시함으로써 교사가 학생이 제시한 해결책의 포괄성을 평가하는 것에 초점을 두고 있음을 알 수 있다. 다음 [표 4.3]은 Quality Assurance Guide의 수행단계와 각 수행 단계에서 제품의 유용성 평가기준, 그리고 고객의 반응에 대해 제시하고 있다.

[표 4.3] Quality Assurance Guide

수행단계	제품이 얼마나 유용합니까?	고객이 뭐라고 말할까요?
1 단계 : 수정 필요	제품이 잘못된 경로에 있다. 더 길거나 더 세게 일하면 효과가 없다. 학생들은 교사로부터 몇 가지 추가적인 피드백을 요구할 수 있다.	"다시 해보는 것이 좋겠다. 이것은 작동하지 않는다. 그것을 다르게 생각하라. 다른 생각이나 절차를 사용하라."
2 단계 : 주요 개념 확장 또는 상세 검색 필요	이 제품은 고객의 요구를 충족시키기에 좋은 출발점이지만 모든 문제에 대응하려면 훨씬 더 많은 작업이 필요하다.	"당신의 접근 방식은 맞는것 같다. 그러나 이것은 유용한 형태가 되기 전에 더 많은 연구가 필요하다."
3 단계 : 사소한 편집만 필요	제품을 거의 사용할 준비가 되었다. 여전히 약간의 수정, 추가 또는 개선이 필요하다.	"음, 이게 내가 필요한 것에 가깝다. 몇 가지 작은 것들을 추가하거나 변경해야 한다."
수준 4 : 주어진 특정 데이터에 유용	고객의 즉각적인 요구 사항을 충족시키기 위해 변경 작업이 필요하지 않다.	"아!, 이게 잘 작동할 거야. 나는 심지어 편집할 필요도 없을 것 같다."
5 단계 : 공유 가능 또는 재사용 가능	이 도구는 즉각적인 상황에서만 작동할 뿐만 아니라 비슷한 상황에서도 다른 사람이 수정하고 사용할 수 있다.	"이 도구는 데이터가 약간 다른 유사한 상황에서도 쉽게 수정하거나 사용할 수 있다."

***출처**: Lesh el al., 2000.

Chamblin (2004)이 제시한 Ways of Thinking Sheets은 학생이 만든 수학적 전략을 문서화하기 위해 사용할 수 있다. 뿐만 아니라 창의성의 효과를 평가 항목에 포함함으로써 MEA를 평가하는 다른 어떤 도구보다 창의성을 평가하는 데 더 많은 도움을 준다.

[표 4.4] Ways of Thinking Sheets

수행단계	학생의 모델에 나타난 전략의 예 설명	수학적 개념 적용	창의성의 효과
사고 전략 # 1			
사고 전략 # 2			
사고 전략 # 3			
사고 전략 # 4			

교사가 MEA에 익숙하지 않을 경우 수업진행에서 평가와 최종평가에 대한 많은 의문을 가질 수 있다. MEA는 활동 중에 학생들의 사고과정을 세부적으로 들여다보기 위해 설계된 활동이다. 교사는 활동의 과정에서 학생들의 사고를 관찰하고 학생들의 사용하는 과학, 수학적 개념을 확인해야하기 때문에 관찰자, 멘토, 진행자의 역할을 동시에 감당해야 한다. 또한 MEA는 과학적 상황에서 수학적 개념 적용과 수학적 사고를 요하기 때문에 교사가 수학에서 중요하게 다루어지는 직관적 사고와 분석적 사고에 대한 이해가 있어야만 학생들의 사고과정을 평가할 수 있다.

하지만 안타깝게도 국내에서 이루어진 연구중 MEA 활동에서 학생들의 사고를 관찰한 연구는 매우 드물다. 다음에 제시된 "커피 컵 챌린지 MEA 활동" 예시를 활용하여 학생들의 직관적 사고와 분석적 사고가 어떻게 MEA활동에서 관찰 가능한 형태로 구체화 될 수 있는지에 대해 알아보자.

직관적 사고는 분석적인 지적과정에 대한 특별한 의존 없이 주어진 문제의 뜻, 구조, 핵심을 파악하는 사고를 말한다(Bruner 1963). 다시 말해 문제를 이해하자마자 머릿속에 떠오르는 아이디어와 해결책을 의미한다. 이것은 문제해결을 위한 아이디어를 여러 가지 조합으로 빠르게 결합하여 아직 그 타당성이 확보되지 않은 가정과 설명을 재빨리 생각해내는 것을 의미한다. Fischbein (1987)은 이러한 직관적 사고의 특징을 내재적 확실성, 전체성, 암묵성, 고집성, 자명성 등으로 표현한다. 다시 말해 직관적 사고는 문제해결자가 가지는 내재적인 확실성과 문제 전체에 대한 이해, 암묵적이며 한번 결정되면 그것을 증명할 때까지 잘 변하지 않는 특징을 가지며, 문제해결의 과정에서 즉각적 판단과 처리를 통해 문제를 해결한다는 의미에서 즉각성을 동시에 가지고 있다(이대현, 1999, 2006).

이러한 직관적 사고는 MEA 문제해결에서 매우 중요한 사고 능력이다. 학생들은 현실적이며 복잡한 상황의 문제를 접할 때 그것의 관련변인과 요소를 하나씩 분석하기보다는 즉각적으로 문제의 핵심을 파악하고 창의적인 해결책을 도출해내야 한다. 물론 수정과 반복을 통해 문제해결책인 모델이 더 정교하게 다듬어지기도 하지만 처음에 생각해낸 해결책의 오류가 명확하게 드러나기까지 쉽게 바뀌지는 않는다. 교사는 이러한 직관적 사고를 어떻게 관찰할 수 있을까? 학생들의 글쓰기를 통해 교사는 학생들이 처음 생각해낸 사고를 확인할 수 있다. 또 다른 방법으로 학생들의 해결책 시각화 방법을 들 수 있다. 시각화는 다양한 형태 (표, 그래프, 차트 그림 등)로 나타날 수 있다.

시각화는 추상적인 원리나 개념, 법칙을 학습하는 효과적인 방법으로 주어진 조건과 자료를 시각적으로 표현하여 문제를 즉각적으로 이해할 뿐 아니라 해결책을 찾아내는 데 아주 유용한 방법이다. 시각화는 과학, 수학뿐 아니라 다양한 창의적 활동에서 독창적인 아이디어를 표현하고 이해하는 데 중요한 역할을 해왔다(이대현과 박배훈, 2002). 따라서 학생들의 직관적 사고를 시각화 하는 것은 MEA 활동에 유용하게 사용될 수 있는 직관적 사고 평가 방법이 될 수 있다.

반면 분석적 사고는 직관적 사고를 통해 문제를 해결하는 과정에서 오류를 확인하고 이를 체계적이며 분석적으로 검증하는 과정에서 필요한 사고이다(박준형, 2018). 분석적 사고는 직관적 사고와 달리 어떠한 판단 근거를 통해 상황을 판단한다는 점에서 비판적 사고와 공통점을 갖는다. 직관적 사고와 분석적 사고는 상호보완적으로 문제해결에 관여하는데 이것은 마치 과학적 발견과 정당화 과정이 반복되는 과학적 지식의 형성과정과 매우 흡사하다(Salmon, 1967).

직관적 사고가 주로 시각화로 표현되는 반면 분석적 사고는 대체로 언어로 표현되며 구체화된다(Clement, 2008). 이러한 언어적 표현은 의사소통의 수단으로 자신의 사고를 정교화하고 명료화할 뿐 아니라 조직화하고 확고히하는 데 사용되므로 수학적 사고를 관찰할 수 있으며, 더욱 높은 수준의 수학적 사고 발달을 촉진할 수 있다(한혜숙과 노수혁, 2010).

다음의 예시는 "커피 컵 챌린지 MEA 활동"의 문제 진술 중 일부이다. 이 예시를 통해 수학적 문제해결에서 요구되는 상반된 두 가지 사고력 측면, 즉 직관적 사고와 분석적 사고(Bruner, 1963)에 초점을 맞추어 각각의 사고력이 어떻게 문제해결 과정 중에 발현되는지 알아보자. 또한 이 두 가지 사고력이 어떻게 상호작용하는지를 직관적 사고와 시각적 표현 능력, 분석적 사고와 언어적 표현 즉, 글로 나타낸 설명을 통한 의사소통 능력으로 알아보자.

이 활동은 미네소타 대학에서 개발된 MEA활동을 번역 수정 보완하여 네 가지 단계로 구성 하였다. 이 절의 주요 내용인 MEA 평가에 초점을 맞추기 위해 활동에 포함되었던 신문읽기와 준비문제, 문제기술문 등은 생략하고 문제해결 과정에서 각각의 활동과 그 활동에서 표현될 수 있는 학생들의 사고력에 대해 살펴보도록 하겠다.

문제해결의 첫 번째 단계에서는 주어진 문제에 대해 직관적으로 자신의 생각을 배치 A4지 도면에 손 그림으로 그려보고 그 이유를 설명한다. 이 과정에서는 직관적 사고력과 시각적 표현 능력을 살펴

<예시>

<커피 컵 챌린지 MEA 활동>

도전 문제: 일회용 커피 컵을 만들기 위한 종이 도면을 절약하기 위해 옆면과 바닥 도면을 배치하는 방법을 고안해보자.

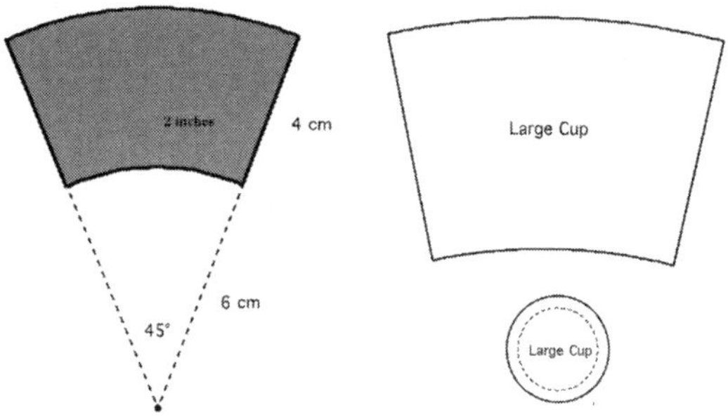

***출처**: 윤진아 외, 2019, p.69.

볼 수 있다. 두 번째 단계에서는 도면의 크기를 확장하여 B4지 도면에 컵의 옆면과 바닥도면을 잘라서 배치해 보고 처음 손그림과의 차이를 비교하여 진술하는 것이다. 이 활동에서 학생들은 실제 컵의 도면을 배치해 봄으로써 자신이 처음 직관적으로 그렸던 손그림의 문제점을 찾아보고 새로운 방법을 고안하거나 처음 생각을 정교화하는 과정을 가지게 된다. 따라서 학생들의 분석적 사고력을 살펴볼 수 있다. 세 번째 활동에서는 도면의 크기를 더 확장하여 실제 사이즈 (0.5m x 0.5m)에 자신의 만의 방법으로 옆면과 바닥 도면들을 배치해보면서 평면내의 공간을 최적화하고 최종 도면의 모습을 제안한다. 이 활동은 MEA 문서 구성의 원리에 따라 글과 그림으로 자신의 생각을 정리하고 구체화, 정교화된 최종 모델을 기술하는데 목적이 있기 때문에 의사소통 능력을 관찰, 평가할 수 있다.

이제 각 활동에서 관찰, 측정할 수 있는 각각의 평가 요소(직관적 사고력, 시각적 표현력, 분석적 사고력, 의사소통 능력)에 대한 구체적인 평가틀과 사례를 알아보자. 먼저 다음 [표 4.5]은 직관적 사고에 대한 평가 기준과 사례, 점수표이다.

[표 4.5] 커피 컵 챌린지 MEA 활동의 직관적 사고력 및 시각적 표현력 평가틀

평가요소	평가 기준	구체적 사례	점수
직관적 사고력과 시각적 표현력	• 커피컵 옆면과 바닥도면의 분산배치 및 최적화 설계	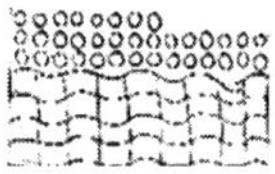	2
	• 커피컵 옆면과 바닥도면의 일체화 및 밀착배치		1
	• 공간효율과 상관없는 구조, 대칭구조, 비효율적 배치 등		0

***출처**: 윤진아 외, 2019, p.70.

실제로 윤진아 외(2019)는 영재아동을 대상으로 진행한 연구에서 직관적 사고력과 시각적 표현력이 MEA 활동 문항 전체 총점과 높은 상관관계를 나타낸다고 보고했다. 특히 첫 도면을 배치할 때 나타나는 직관적 사고력은 시각적 표현능력과 통계적으로도 유의미한 상관관계를 보여주었다. 직관적 사고력과 시각적 표현능력에서 높은 점수를 받기 위해서는 커피컵 옆면과 바닥도면을 따로 분산해서 배치해야 하며, 옆면을 아래 위로 뒤집어서 밀착해야 한다. 이렇게 할 경우 가장 많은 수의 옆면과 바닥도면을 같은 넓이의 도면에 배치할 수 있다.

다음 [표 4.6]은 분석적사고력에 대한 평가 기준과 사례, 점수표이다.

[표 4.6] 커피 컵 챌린지 MEA 활동의 분석적 사고력 평가틀

평가요소	평가 기준	구체적 사례	점수
분석적 사고력	실제 도면 배치 후 손 그림과의 차이점을 인식하고 발상을 전환, 또는 최대배치 방법을 진술하는 경우	• 2개의 옆면을 똑바로 넣을 수 있다고 생각했는데 하나는 뒤집어야 한다는 것을 알았다. • 손으로 직접그린 방법은 컵도면의 비율이 맞지 않았다. 그래서 배치가 어려웠지만 컵도면 배치의 방법은 (옆면과 바닥의 분리배치로)정확하게 배치할 수 있었다.	5
	실제 도면배치 후 새로운 방법을 제시하는 경우	• 위쪽에는 옆면을 배치하고 그 아래쪽에는 바닥을 그린다. 아래에는 옆면을 가로로 배치하고 그 위에 바닥을 그려 배치한다.	4
	실제 도면배치 어려움의 문제점만 진술하는 경우	• 손 그림과 컵 도면의 비율이 맞지 않았다. • 컵을 배치하는 개수와 각도가 맞지 않았다. • 손 그림과 길이가 달라서 여러 개의 컵 도면이 들어가지 않는다는 것을 알게 되었다.	3
	실제도면배치의 단순 어려움만 진술하는 경우(도면 스케일의 인식 부족)	• 만들어보니 바닥 도면 원이 만들어지지 않았다. 더 큰 종이에 있으면 원이 그려질 것 같다. • 손으로 그렸을 때는 많이 넣을 수 있었는데 실제로 그려보니 많이 못 넣었다.	2
	실제도면배치 결과만 진술하는 경우	• 도안을 대고 하니 크기가 컸다. 그래서 예상보다 개수가 적게 나왔다.	1

***출처**: 윤진아 외, 2019, p.71.

다음 [표 4.7]은 의사소통 능력에 대한 평가 기준과 사례, 점수표이다.

[표 4.7] 커피 컵 챌린지 MEA 활동의 의사소통 능력 평가틀

평가요소	평가 기준	구체적 사례	점수
의사 소통 능력	공간최적화에 대한 최선책을 발견하고 이를 기반으로 논리적 진술 또는 개선점을 제안하는 경우	• 처음기술과 비슷하지만 달라진 점은 물결 형태를 여러 개를 따닥따닥 붙이면 훨씬 많은 수를 더 그릴 수 있다는 점이다. 그리고 바닥도면과 옆면을 따로 나누고 각각 모으는 형식으로 그렸다. 그리고 받침대도 마찬가지로 다닥다닥 붙여서 공간을 잘 활용하였다.	5

다음 페이지 연결

평가요소	평가 기준	구체적 사례	점수
의사 소통 능력		• 컵의 옆면은 최대한 공간을 절약하도록 옆면 사이의 공간이 없도록 하고 그 위에 원들을 최대한 붙여서 간격을 최소로 한다. 왜냐하면 공간을 적게 쓰려고 물결모양을 하고, 이후 공간을 적게 쓰려고 중간에 넣는 대신 위에 남는 공간에 바닥을 넣었다.	
	공간최적화를 기반으로 자신만의 방법을 논리적으로 진술하는 경우	• 컵 옆면을 퍼즐처럼 붙여서 끝까지 잇게 하고 남은 공간에다가 컵 바닥을 그린다. • 모두 한쪽 방향으로 하면 좋겠고 바닥 원도 한곳에 같이 모아두면 좋을 것 같다. 그리고 공간을 더 최적화하면 종이를 아낄 수 있어 더 좋을 것 같다.	4
	공간최적화에 대한 작성이 이루어졌으나 논리적 설명, 의사소통이 미흡한 경우	• 컵 옆면을 1개 배치한 뒤, 바닥 2개를 옆에 놓고 다시 컵 옆면을 놓고 그 옆에 바닥 1개를 옆에 배치하여 아래로 반복구조를 하면 50cm*50cm에 꽉 차게 할 수 있다.	3
	단순 밀착, 각도 활용을 제안하는 경우	• 옆 도면을 약간 밑으로 기울여서 가운데 옆면을 1개 더 그릴 수 있도록 할 것이다.	2
	단순 공간 활용만 인식하여 진술하는 경우	• 조금씩 더 당겨서 그리면 공간이 더 생기기 때문에 그 공간이 조금 더 그린다. • 공간이 많이 남았다. 이 이유로 그 공간을 다른 사이즈의 컵 도면을 배치하면 좋을 것이다.	1

***출처**: 윤진아 외, 2019, p.71.

[표 4.5], [표 4.6], [표 4.7]에서 제시한 평가틀을 적용하여 학생들의 최초 손그림과 이유, B4용지 배치도면과 이유, 그리고 최종 용지에 배치한 결과를 차례로 분석하면 다음 [표4.8]과 같이 A, B, C, 3단계로 학생들의 결과물을 평가할 수 있는 틀을 만들 수 있다.

처음 손그림이 A단계인 학생이 B4용지 배치와 최종 용지 배치에서 모두 A단계로 평가 받을 수도 있고 B 또는 C 단계로 평가 받을 수 있기 때문에 문제를 해결해가는 과정에서 학생들의 평가결과가 바뀔 수 있다고 가정할 수 있다. 하지만 얼마나 많은 학생들이 처음의 해결 방법을 끝까지 그대로 고수할까? 처음 해결 방법

[표 4.8] 커피 컵 챌린지 MEA 활동 문제해결 각 단계에서 해결책의 평가 기준틀

평가요소	점수	공간변형의 효율성	최초 배치방법 손그림으로 제안하기	컵도면 실제 배치해보기 (B4 용지 _ 25.7×36.4cm)	최종용지에 실제 배치하기 (50cm×50cm)
A 단계 최적화 배치설계	2	커피컵 옆면과 바닥도면 분산배치 최적화 설계	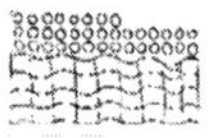	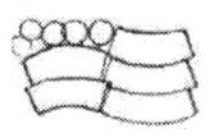	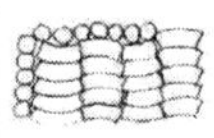
B 단계 수정보완이 필요한 설계	1	커피컵 옆면과 바닥도면 일체화/밀착배치		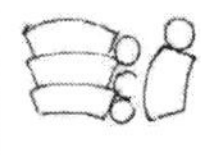	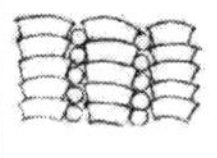
C 단계 방향재설정이 요구되는 설계	0	커피컵 옆면과 바닥도면의 비효율적 배치 (대칭구조 등)			

***출처**: 윤진아 외, 2019, p.70.

이 높은 수준인 학생들과 낮은 수준인 학생들이 해결책을 바꾸는 비율은 같을까 아니면 다를까? 윤진아 외(2019)는 이러한 질문에 대해 아주 흥미로운 결과를 말해준다. 직관적 사고력이 뛰어난 학생들 즉 문제를 처음 접한 1단계에서 최적화된 모델을 만들어 높은 점수를 받은 학생들은 자신들의 해결책을 기반으로 마지막 단계까지 문제를 보다 정확하게 해결하여 높은 점수를 유지한다. 다시 말해 직관적 사고력과 시각적 표현능력은 문제해결 전반에 아주 중요한 역할을 감당한다. 반면, 처음 단계에서 문제해결의 직관력 또는 통찰력이 부족한 학생들은 자신의 모델이 효율적이지 않음에도 불구하고 도면 배치를 바꾸지 않고 끝까지 하위 점수 그룹에 머물게 된다. 직관적 사고력이 높은 학생과 그렇지 않은 학생들 모두 처음 생각을 그대로 유지하려는 경향을 보인다는 것이 흥미롭다.

학생들의 글쓰기에 기초한 분석적 사고력과 의사소통 능력의 관계를 살펴본 결과 높은 상관관계를 나타냄을 알 수 있었다. 몇몇 학생들은 자신들의 해결책에 대해 문제점을 파악하고 수정하는 과정에서 자신이 고안한 해결책을 비교 분석하고 그것을 구체적으로 기술하였는데 이때 분석적 사고력과 의사소통 능력을 발휘하였다. 분석적 사고는 해결책에 대한 이유와 근거를 제시함으로써 학생의 머릿속에 있는 모델을 평가하게 하고 의사소통 능력을 통해 이것을 표현하게 한다. 따라서 의사소통 능력은 자신의 생각을 더욱 더 자세하고 구체적으로 성찰할 수 있게 함으로써 분석적 사고와 상호 보완적이다. 홍우주와 방정숙(2008)의 연구 결과도 수학적 의사소통과 분석적 사고의 상관관계를 보여준다.

MEA 활동은 다양한 해결책을 찾고 그것을 수정 보완하는 과정을 모두 포함하기 때문에 직관적 사고력과 분석적 사고력을 요하는 융합적 문제해결 상황을 제공한다. 하지만 이러한 융합적 문제해결력을 어떻게 구체적으로 평가하는지와 평가 결과가 가지는 중요한 의미를 제시한 연구는 국내에서 아직 매우 드물다. 윤진아 외 (2019)의 논문은 MEA 활동이 융합적인 사고력을 측정하는 유용한 도구이며, 융합적 사고력을 증진시키는 데 의미 있게 활용될수 있음을 보여준다는 측면에서 의미가 있다.

5. 과학-수학 융합을 위한 MEA 활동 예시

안타깝게도 지금까지 개발된 MEA 활동은 주로 미국을 중심으로 개발되고 사용되었다. MEA 활동은 일상생활에서 문제해결을 위해 논리적 사고를 통해 해결책인 모델을 구성한다는 매우 매력적인 장점이 있다. 하지만 과학교육의 측면에서 보면 MEA는 수학적 모델의 구성에 너무 초점을 맞춘 나머지, 학습자의 과학적 개념과 기능을 습득한다는 측면에서 부족한 점이 있다.

예를 들어 철새 개체 수 추정을 위한 모델링 활동은 과학적으로 생태학적 지식과 감수성을 기를 수 있는 장점이 있지만 수학적 모델링에 기초가 되는 수학적 어림과 측정에 초점을 맞춘 활동이다. 이러한 수학적 능력에 초점을 맞춘 활동 외에도 실질적인 데이터 선택과 분석, 해석, 데이터에 근거한 평가 등 고차원적 수학사고를 요구하는 많은 활동들이 개발되었다. 이 절에서는 과학적 지식을 적극적으로 사용하면서 고차원적 수학 사고를 기를 수 있는 활동 개발 예시를 제시하고자 한다. 이러한 예시는 과학-공학·수학적 융합의 좋은 예시가 될 수 있다.

먼저 간단한 질문에서 시작해보자. 종이비행기 만들기는 어떻게 과학 융합수업의 주제가 될 수 있을까? 먼저 종이비행기 만들기는 학습자가 간단한 종이 접기를 통해 다양한 모양의 비행기를 만들어내는 활동이다. 종이비행기 만들기를 과학-공학 융합수업으로 발전시킬 수 있을까? 3장에서 다룬 내용을 생각해보면, 종이비행기 만들기 활동을 통해 만들어진 산출물이 어떤 구체적인 기준을 만족 하도록 수업을 구성할 수 있다. 학생들이 만든 산출물이 여러 번의 시행착오를 통해 최적화되고 제시된 기준을 만족하도록 설계된 종이비행기를 만들게 한다면 충분히 훌륭한 공학 융합수업이 될 것이다. 여기에 과학적 개념인 코안다 효과, 양력, 베르누이 원리나 공기저항과 같은 개념을 소개할 수 있다.

종이비행기는 여러 가지 모양이 있지만 특히 날개의 모양에 따라 종이비행기가 공중에 떠 있는 시간, 날아가는 속도 등이 결정된다. 저학년 학생들을 위한 활동에서는 종이비행기의 날개를 디자인하기 위해 코안다 효과와 받음각 등에 대한 개념을 소개할 필요가 없다. 저학년 학생들은 공학 설계 활동을 통해 다양한 디자인이 만들어질 수 있으며, 동료학생들과 협업하는 데 중점을 두는 것으로 충분하다.

그러나 중고등학생들을 위한 활동이라면, 충분히 양력, 코안다 효과, 받음각 등의 개념을 통해 좀더 정교하게 종이비행기 날개를 디자인하도록 유도할 수 있다. 보통 항공기의 양력에 대해 많은 사람들이 베르누이의 원리를 떠올린다. 하지만 항공기의 양력은 베르누이의 원리만으로는 설명할 수 없다. 항공업계에서 항공기의 양력을 측정하는 가장 중요한 요소는 뉴턴의 물리역학과 코안다 효과이며, 이것은 항공기 날개의 받음각(Angle of attack)과 날개(Airfoil)의 형태, 그리고 유체의 상대속도와 관련된다. '코안다 효과'는 1930년 루마니아의 과학자 헨리 코안다(Henri Coanda)가 발견한 것으로, 유체가 굽은 물체를 만나면 표면의 곡선을 따라가는 현상을 말한다. 예를 들어 수도꼭지에 물을 틀고 손가락이나 숟가락을 갖다 대면 물이 면의 굴곡을 따라 방향을 바꾸는 현상과 비슷하다. 비교적 간단해 보이는 종이비행기 만들기 활동을 통해서도 이와 같은 다양한 과학적 개념을 배우고 적용해서 의미있는 공학 설계 활동을 구성할 수 있다.

이 활동에서 학생들이 만들어낸 산출물은 어떤 방식으로 평가해야 할까? 산출물의 평가 방법은 활동의 목적에 따라 달라질 수 있다. 과학적 개념을 적용해서 종이비행기 날개의 양력을 측정하는 것이 목적이라면, 종이비행기에 동전을 부착하고 날리도록 할 수 있다. 간이 풍동 실험 장치를 이용해서 날개의 양력을 측정해 볼 수 있다. 하지만 초등 학생의 경우 이러한 개념 적용이 어려울 수 있다. 학생들이 만든 종이비행기를 단순히 날려서 오래 날리기, 멀리 날리기, 목표 지점에 근접하여 착륙하도록 날리기 등 종이비행기 날리기 대회와 같은 상황에서 평가할 수도 있다.

학생들이 날린 종이비행기를 공정하게 평가하기 위해 어떤 데이터를 어떻게 수집해야 할까? 오래 날리기와 정확하게 날리기 중 어떤 것이 더 중요한 평가 요인이 되어야 할까? 종이비행기가 날아간 시간과 목표지점에서 거리 또는 각도 등이 주어진다면 어떤 알고리즘을 통해 점수를 계산해야 공정한 평가가 될 수 있을까? 이와 같이 평가와 관련한 다양한 의문이 발생하게 되는데 바로 이러한 문제가 수학적 융합을 위한 좋은 주제가 된다.

다음에 제시하는 예시는 고차원적인 수학적 사고를 요구하는 MEA활동인 "종이비행기" 활동이다. 이 활동은 종이비행기 날리기 대회 상황을 제시하여 여러 가지 종이비행기 데이터 분석을 통해 종이비행기 대회의 최종 승자를 가리는 활동으로 미국 미네소타 대학에서 2008년에 개발되었다. 이 활동지의 내용을 요약 번역하여 제시함으로써 MEA 활동의 교수법적 특징과 활동 진행에 대한 구체적인 안내, 그리고 MEA 설계 요소에 대한 이해를 돕고자 한다. 이 활동은 앞에서 제시한 것처럼 종이비행기 접기라는 공학적 융합 활동과 함께 산출물의 공정한 평가 체계를 만들기 위한 활동으로 활용할 수 있다. 종이비행기 활동에 대한 개요는 다음과 같다.

<예시>

MEA 활동 예시(2): 종이비행기 성능 평가 모델링 활동

교과 융합	학교급	학년	차시
과학 수학 융합	중학교	1~3	3

프로그램	종이비행기 성능 평가 모델링 활동
관련 개념	수학(평균값, 각도 및 거리 측정) 과학 (공기저항, 속력, 속도)
수업 주제	종이비행기 성능 평가 모델링

과학-수학 융합수업에 대한 개요

요소	내용
내용 개요	종이비행기 만들기라는 익숙한 활동과 함께 종이비행기 날리기 대회 상황에서 주어진 복잡한 문제, 즉 어떤 물체의 효율성 평가에 대해 고민해보고, 이 문제의 해결방안을 구조화 하고 핵심적인 평가 요소를 추출하여 평가 방법을 모델링하는 활동이다.
목표	• 종이비행기 평가 요소에 대해 고민해본다 • 주어진 데이터를 해석하고 타당한 평가 방법을 고안한다 • 해결책이 고객의 요구를 충족시키는지 여부에 대해 판단한다 • 최종 해결방안을 고객에게 명확히 전달한다
준비물	• 여러 색깔의 종이 (A지), 학습지, 줄자, 각도기
주요 활동	• 본 활동은 공학 설계와 수학적 모델링 활동을 통해 융합적 사고를 기르는 활동이다. 본 활동의 주요 활동 내용은 다음과 같다. - 종이 비행기를 만들고 효율성을 평가할 수 있는 방법을 고안한다. - 주어지 문제상황과 데이터를 활용하여 고안한 방법을 수학적으로 모델링해 본다. - 동료들의 생각과 나의생각을 서로 교환하고 나의 생각의 미흡한 점을 수정한다. - 엔지니어/수학자가 되어서 문제상황에 대해 답하는 과학적 글쓰기 활동을 한다. - 팀 활동에서 나의생각과 태도에 대해 평가해본다.
평가	• 직관적 사고력: 문제해결의 첫 번째 과정에서 수학적으로 타당한 방법을 찾는가? • 분석적 사고력: 문제해결 과정의 절차를 논리적으로 구성할 수 있는가? • 의사소통 능력: 문제해결의 과정을 자세히 기술하여 그 해결책을 다른 사람에게 정확하게 전달할 수 있는가? • 측정: 주어진 자료를 각도기, 자를 활용하여 정확하게 측정할 수 있는가?

다음 페이지 연결

참고 자료	1) 종이비행기 접는 법 https://ko.wikihow.com/종이비행기-접는-법 2) 종이비행기 국가 대표팀 위플레이 영상 https://youtu.be/Ythm_4EDNpQ 2) How to Fold a Guinness Record Paper Plane [KOR Paper Pilot] https://youtu.be/DqM7P0blcjw

* 본 예시는 2008년 미네소타대학 STEM 교육센터에서 개발한 MEA Paper Airplanes의 내용을 번역하여 일부 내용을 수정·보완한 것이다.

종이비행기접기라는 공학 설계활동을 구체적인 목표와 기준을 제시하여 진행하지 못할 경우, MEA 활동에 대한 몰입감을 높이기 위해 다음과 같이 간단히 종이비행기를 만들어서 날려보고, 종이비행기의 성능을 평가하기 위해 어떤 기준을 사용할 수 있을지에 대해 논의해보는 시간을 가질 수 있다. 이러한 도입활동은 전체 MEA 활동에 대한 흥미와 몰입감을 높일 수 있고, 해결해야할 문제와 변인에 대한 실질적인 이해를 도울 수 있다. 다음에 제시된 활동지 순서에 따라 각자 만든 종이비행기를 날려보고 공정한 평가 방법에 대해 학생 개개인이 먼저 생각해보게 한다. 그리고 팀별로 토론하는 과정을 통해 평가의 공정성과 평가에 사용될 수 있는 종이비행기의 비행 특징, 그리고 이러한 특징을 측정하고 수치화하는 방법에 대해 고민해보게 한다.

도입 활동을 통해 학생들은 종이비행기의 특성과 이러한 특성을 고려해서 종이비행기의 성능을 평가하는 것이 생각보다 복잡하며, 여러 가지 변인을 동시에 고려해야 한다는 것을 파악하게 된다. 도입 활동 다음으로 MEA 활동 예시(2)에서 제시된 개요를 바탕으로 MEA 첫번째 구성요소인 신문읽기에 대해 알아보자. 신문읽기는 가상으로 쓰여진 신문기사를 제시하여 학생들

<예시>

<도입활동>

내가 만든 종이비행기 평가하기

1) 각자 만든 종이비행기를 날려 보고 종이비행기의 성능을 평가할 수 있는 기준이 무엇인지 생각해서 두 가지 적어보자.

2) 위 질문에서 생각한 두 가지의 기준을 어떻게 평가할 수 있을지 구체적인 방법을 고안해보자.

기준1:

기준2:

3) 내가 선택한 방법과 짝이 선택한 방법을 서로 이야기해보고 누구의 방법이 더 공정하고 타당한지 생각해보자.

4) 우리 조원들과 토의하고 종이비행기의 성능을 평가할 수 있는 공정한 기준을 조원들과 합의하여 두 가지 선택해보자.

5) 내가 선택한 방법과 조원들이 선택한 방법에 차이가 있는가? 차이가 있다면 어떤 방법이 더 타당한 방법인지 그 이유를 적어보자.

에게 흥미를 불러일으키고 문제의 맥락과 이러한 맥락에서 수학적 지식을 어떻게 활용할지, 그리고 주어진 문제에 대한 정당성을 제공한다는 데 그 의미가 있다. 다음은 종이비행기 활동을 위해 구성된 신문기사이다.

<예시>

<신문읽기>

종이비행기 날리기 대회에 참가한 학생들

세인트 폴, 미네소타에서 이번 주에 에이미 프랭크(Amy Frank) 선생님의 8학년 과학수업을 듣게 된다면, 매우 바쁜 아이들 무리를 찾을 수 있습니다. 프랭크 선생님의 학생들은 라이트 형제, 엔지니어 및 조종사의 발자취를 따라 메트로 돔에서 개최되는 '트윈시티 연간 종이비행기 로데오'에서 종이비행기를 디자인하고 날립니다. 학생들은 일주일 내내 종이비행기를 디자인하고 제작한 후 종이비행기를 날릴 것입니다. 학생들은 종이비행기를 만들 계획을 세우고, 제작하고, 테스트하여 재설계하는 과정을 통해 엔지니어의 문제해결 방식을 배웁니다. 이 비행기에는 알루미늄 부품이나 제트 엔진을 사용하지 않으며, 단지 종이와 풍부한 상상력만을 필요로 합니다. 학생들은 멀리 날릴 수 있고 오랫동안 날릴 수 있는 비행기를 설계해야 합니다. 참가자들은 비행기를 디자인하여 두 가지 항목(오래 날리기와 정확하게 날리기) 중 하나에서 상을 받을 수 있습니다. 프랭크는 "대회에서는 학생들이 비행기를 제작하는 데 고려해야 할 것이 많기 때문에 종이비행기 대회에 참가하기를 원하는 학생들은 몇 가지 규칙을 따라야

다음 페이지 연결

한다."고 말합니다. 규칙은 다음과 같습니다. 첫 번째, 각 평면이 8.5"x11"(21.59cm x 27.94cm, 대략 A4 사이즈)인 용지 한 장을 사용하여 만들어야 합니다. 두 번째, 종이를 자를 수 없습니다. 또한 테이프, 스테이플, 접착제 또는 종이 클립을 사용하여 비행기를 묶거나 비행기의 무게 또는 균형을 바꿀 수 없습니다. 또한, 각 참가자의 비행기는 날 수 있어야 합니다. 이에 대한 예로 작년에 스핏볼(야구 투구의 일종)과 다트 형태의 비행기는 공중에 머물 수 있도록 던질 수 있었지만, 실제로 비행을 한 것이 아니기 때문에 실격했습니다. 낙하산과 헬리콥터도 어디로도 갈 수 없기 때문에 실격되었습니다. 각 비행에서 심사 위원은 비행시간, 출발지점과 착륙지점까지의 거리, 비행기가 표적과 떨어진 거리, 비행기와 표적이 이루는 각도를 측정합니다. 모든 종이비행기는 세세하게 다르기 때문에 어떤 비행기가 가장 잘 만들어졌는지 결정하는 것은 어렵습니다. 가능한 경쟁이 공정하게 진행되도록 대회에서 심사는 두 가지 새로운 방식을 사용하였습니다. 첫째, 던지는 사람 사이의 차이점을 줄이기 위해 대회에는 참가한 모든 비행기를 공정하게 던질 3명의 사람이 있습니다. 둘째, 심사 위원은 두 명의 승자를 공정하게 판단할 수 있는 새로운 평가 방식을 고안하였습니다. 프랭크는 "일부 학생들이 실제로 비행을 하는 것처럼, 기내식과 헬멧, 낙하산 등을 가져와서 이 대회에 참가하고 있어 재미있고 흥미롭다"라고 말했습니다.

두 번째 구성요소인 준비질문은 이전 단계에서 읽었던 신문기사에 대한 간단한 질문들로 이를 통해 학생들이 문제에 대한 이해도를 높이고 추상적인 개념을 좀 더 구체화할 수 있도록 한다.

<예시>

<준비질문>

1. '비행기'라는 것을 판단하는 범주는 무엇일까?
2. 대회에서 공정한 판단을 위해서 각 던지기마다 어떤 유형의 측정을 해야 할까?
3. 어떤 비행기가 '가장 잘 날았는지' 어떻게 결정할 수 있을까?
4. 어느 비행기가 '가장 정확하게 날았는지' 어떻게 결정할 수 있을까?
5. 작년과 올해 심사는 어떤 점이 다를까? 왜 이러한 방식을 사용할까?

이와 같이 준비질문은 종이비행기 심사를 위해 고려해야 할 점들을 다양한 관점에서 기록하게 하고 그 이유를 구체적으로 작성해 보게 함으로써 MEA주제에 대해 학습자가 문제상황에 접근하는 것을 돕는다.

신문읽기와 준비질문이 끝나면 세 번째 구성요소는 문제 설명이다. 문제 설명은 구체적인 문제 제시과정과 이에 대한 구체적인 문제해결 조건 등을 포함한다. 앞에서 설명한 바와 학생들에게 보내는 편지 형식의 문제기술문이 가장 많이 쓰인다. 다음은 '종이비행기 성능 평가 모델링' 활동을 위한 편지 형식의 문제기술문이다. 문제기술문의 가장 아래쪽에 문제 제시문과 함께 보아야 할 데이터표와 그래프에 대한 설명이 참고사항으로 추가되었다. 학생들은 문제기술문과 함께 제시된 데이터표와 그래프를 활용하여 가장 정확한 비행기를 결정하는 방법과 가장 잘 뜨는 비행기를 결정하는 방법에 대해 생각해보고 각각을 평가하기 위한 나름의 방법(공식 및 알고리즘)을 만들어야 한다.

<예시>

<문제기술문>

과거 경기에서, 심사 위원들은 각 시상식(최고 정확도 상과 가장 잘 띄운 사람 상)의 우승자를 어떻게 선택해야 할지 결정하는 데 어려움을 겪었습니다. 또한 심사 위원들은 누구에게 상을 줄지 결정하기 위해서 어떤 데이터를 활용해야 할지 몰랐습니다. 평가에는 연습 경기의 일부 샘플 데이터와 측정 방법에 대한 설명이 포함되어야 했습니다. 보통 최고의 종이비행기들은 성능면에서 차이점이 거의 없기 때문에 만약 심사 위원들이 점수를 계산하기 위해 서로 다른 정보나 공식을 사용한다면 불공평해 보이기 때문에 가능한 한 객관적으로 평가하기를 원했습니다. 그래서 올해는 심사 위원들이 종이비행기들의 비행에서 각각의 점수를 똑같은 규칙을 사용하여 계산하기를 원합니다.

종이비행기 경연대회 심사 위원들에게 짧은 1-2페이지 정도의 편지를 쓰세요. 심사 위원들이 어떤 종이비행기가 (a)가장 정확하며, (b)가장 잘 뜨는 종이비행기 인지 결정할 수 있도록 [표 1]에서 주어진 데이터를 사용할 수 있는 규칙이나 공식을 제공하세요. [표 1]은 작년에 4대의 종이비행기에 대해 수집된 데이터의 샘플을 보여

다음 페이지 연결

주고 있습니다. 종이비행기는 조종사들을 다르게 해서 던질 때 종종 다르게 날기 때문에, 세 명의 다른 조종사들이 네 대의 비행기를 각각 던지도록 하였습니다. 그래서 심사 위원들은 조종사들로 인한 영향을 배제하고 이 상들을 최고의 종이비행기에 주고 싶어 합니다.

[표 1]의 데이터를 사용하여 규칙 또는 공식을 정확하게 설명하십시오. 왜냐하면 심사위원들은 올해 최고의 종이비행기를 선정하기 위해 여러분이 제공한 내용을 사용할 것이기 때문입니다.

-참고사항: 종이비행기는 경기장 내 가로x세로가 각각 40피트(약 12m) 크기인 구역 안에 던져졌습니다. 각 종이비행기는 다음 <예시>에서 제공된 [그림 1]의 각 그래프 왼쪽 아래에 문자 S로 표시된 지점에 서 있던 조종사에 의해 던져지고 이 시작점은 그래프의 지점(0,0)에 위치합니다. 마찬가지로, 표적은 각 그래프의 중심 근처에 있고 X자로 표시되어 있습니다. 따라서 표적은 그래프 상의 지점(25,25)에 위치합니다. [표 1]에서 각도는 도 단위로 측정합니다. 양의 각도는 시계 반대 방향으로 측정되는데, 이는 그래프의 왼쪽 하단 모서리에서 그래프의 오른쪽 상단 모서리까지(또는 S 지점에서 시작하여 X 지점을 통과하는) 선입니다. 음의 각도는 이 같은 라인에서 시작해서 시계 방향으로 측정합니다.

다음은 문제 제시와 함께 주어진 질문으로 두 가지 측면에서 종이비행기를 평가할 수 있는 공식을 만들기 위해 학생 개개인의 생각을 정리하고 구체적인 공식을 만들어내도록 요구한다.

<예시>

<문제 제시>

(1) 가장 정확한 종이비행기를 결정하는 방법에 대한 나의 생각을 적어보고 이를 적용할 수 있는 공식을 만들어보자.

(2) 가장 잘 뜨는 종이비행기를 결정하는 방법에 대한 나의 생각을 적어보고 이를 적용할 수 있는 공식을 만들어보자.

[표1] 3명의 다른 파일럿(종이비행기를 던진 사람)이 던진 4개의 종이비행기에 대한 정보

		던진 사람 F				던진 사람 G				던진 사람 H			
비행기	비행 횟수	출발지점과의 거리	비행 시간	목표지점까지 거리	목표지점과 이루는 각도	출발지점과의 거리	비행 시간	목표지점까지 거리	목표지점과 이루는 각도	출발지점과의 거리	비행 시간	목표지점까지 거리	목표지점과 이루는 각도
A	1	22.4	1.7	15.2	16	30.6	1.6	14.5	23	39	1.8	7.5	-10
	2	26.3	1.7	16.7	26	31.1	1.6	11.9	19	36.3	1.7	4.3	-6
	3	31.6	1.7	7.1	10	26.7	2.2	8.9	-4	35.9	2.2	9	-14
B	1	32.1	1.9	7.6	-11	35.9	1.9	14.3	-23	43.7	2.0	9.5	6
	2	42.2	2.0	9.2	-9	39	2.1	11.1	16	29	2.0	7.6	7
	3	27.2	2.1	10.2	-11	25.6	2.0	11.7	12	36.9	1.9	12.4	19
C	1	19.2	1.8	16.6	-8	42.9	2.0	9.8	9	35.1	1.6	2.8	4
	2	28.7	1.9	9.3	11	44.6	2.0	9.3	-1	37.2	2.2	2	-1
	3	23.6	2.1	17.3	-25	35.7	2.2	3.2	-5	42	2.1	9.8	10
D	1	28.1	1.5	8.9	9	37.2	2.1	20.2	-32	41.7	2.2	10.1	11
	2	31.6	1.6	14.8	-24	46.6	2.0	11.4	-2	48	1.9	14.1	-8
	3	39.3	2.3	9.1	12	34.7	1.8	22.2	-36	44.7	1.7	11.5	-9

[그림 1] 3명의 다른 파일럿(비행기 던진 사람)이 던진 4개의 종이비행기에 대한 정보

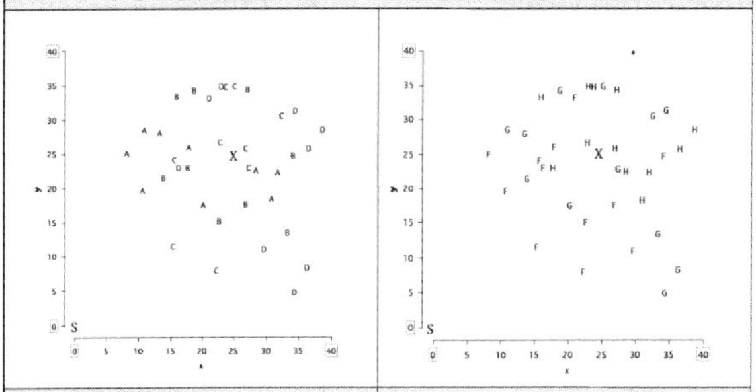

4대의 종이비행기에 대한 착륙지점 | 3명의 파일럿 별 종이비행기의 착륙지점

학습자의 데이터 분석을 돕기 위해 3명의 파일럿이 던진 비행기 A, B, C, D, 각각의 비행기 착륙지점의 그래프를 추가로 제시할 수 있다.

문제기술문에 따라 나름의 공식을 만들었다면, 그것을 다른 사람에게 정확하게 표현하여 전달 하기 위해 만드는 최종 산출물이 보고서이다. 이 활동에서는 "심사자에게 보내는 편지"가 보고서에 해당한다. MEA는 학생들이 스스로 만들어낸 문제해결 방법을 명시적으로 기술하도록 요구하기 때문에 학생들의 메타인지와 수학적·과학적 의사소통 능력을 훈련하는 데 효과적이다. 교사는 학생들이 자신의 문제해결 과정을 최대한 자세하고 구체적으로 기술하도록 도와야 한다. 보고서의 수준은 그것의 논리성과 수학적 타당성도 중요하지만 얼마나 자세하고 구체적으로 기술되어 있는가, 즉 다른 사람이 그 보고서를 보고 특별한 도움없이 문제해결자의 해결과정을 반복해낼 수 있는가에 따라 달라진다.

<예시>

종이비행기 평가 방법(심사 위원에게 보내는 편지)

4개의 종이비행기 자료를 토대로 심사 위원들이 잘 이해하고 적용할 수 있도록 (1)가장 정확한 종이비행기와 (2)가장 잘 뜨는 종이비행기를 평가 할 수 있는 기준을 각각 구체적으로 제시하시오.

마지막으로 다음 예시와 같이 팀의 협력과 의사소통에 대한 평가를 추가할 수 있다. MEA활동에 따라 학생 개별 활동으로 진행되는 경우 팀별 협력을 평가하지 않기도 한다. 하지만 대부분의 MEA 활동은 팀별 문제해결로 진행되며, 평가에서 팀별 협력, 의사소통 능력도 중요하게 다루어진다. 팀활동 평가는 대체로 MEA 활동이 마무리되는 마지막 단계에 한다.

<예시>

<팀의 협력과 의사소통평가>

평가를 통해 팀 활동을 되돌아보세요.	전혀 그렇지 않다	그렇지 않다	보통이다	그렇다	매우 그렇다
1. 나는 팀에서 적극적으로 활동에 참여했다.	[ ]	[ ]	[ ]	[ ]	[ ]
2. 나는 팀원을 존중하고, 친근하게 대했다.	[ ]	[ ]	[ ]	[ ]	[ ]
3. 나는 팀원의 의견을 경청했다.	[ ]	[ ]	[ ]	[ ]	[ ]
4. 나는 수업 설명을 잘 듣고, 집중할 수 있었다.	[ ]	[ ]	[ ]	[ ]	[ ]
5. 나는 이해가 가지 않을 때 질문을 했다.	[ ]	[ ]	[ ]	[ ]	[ ]
6. 나는 의견 충돌을 해결하는 데 도움을 주었다.	[ ]	[ ]	[ ]	[ ]	[ ]
7. 나는 다른 학생들이 잘 참여하도록 격려했다.	[ ]	[ ]	[ ]	[ ]	[ ]
8. 나는 선생님이 도움을 바로 주지 않아도 과제를 계속 수행할 수 있었다.	[ ]	[ ]	[ ]	[ ]	[ ]
9. 이 활동은 어려웠다.	[ ]	[ ]	[ ]	[ ]	[ ]
10. 우리 팀의 해결방법은 좋았다.	[ ]	[ ]	[ ]	[ ]	[ ]

***출처**: Johnson & Johnson (1975)와 Brizuela & Wong (2006)에서 수정됨.

1. 우리 팀은 얼마나 잘 협동했나요?
2. 모든 팀의 아이디어를 들었습니다. 우리 팀의 방법 중 무엇을 수정할 것인가요?
3. 다음에도 이 팀에서 열심히 활동에 참여할 것인가요? 그렇지 않다면 이유를 써 보세요.
4. 팀워크를 향상시키기 위해 무엇을 할 수 있을까요?

제 5 장

과학-컴퓨팅 융합교육

들어가기

최근 급변하는 사회적 환경과 첨단기술에 의해 산업구조가 융합·재편됨에 따라, 4차 산업혁명 시대 인재가 갖추어야 할 핵심역량으로 창의·융합적 사고와 문제해결력이 대두되고 있다. 전 세계적으로 창의 융합 인재 양성을 위해 초중등 과학교육에서 컴퓨팅사고를 접목하여 가르치는 움직임은 아주 다양하고, 활발하게 진행되고 있다. 영국, 이스라엘, 미국, 일본, 독일 등 거의 대부분의 선진국에서는 이미 많은 종류의 프로그램과 교육 모듈이 개발되었으며 그 효과 또한 다양하다. 프랑스의 경우 과학교사가 정보과학, SW 교육을 함께 함으로써 학생들의 융합적 문제해결력을 기르는 데 주력하고 있다. 하지만 한국에서는 2015 개정 교육과정에서 정보과학을 별개의 과목으로 가르치면서 과학적 문제해결에 어떻게 컴퓨팅사고를 접목할 것인지에 대한 구체적인 교육내용과 방법이 제안되지 않고 있다. 컴퓨팅사고를 과학에 접목하는 것에는 여러 가지 한계가 있다(Lockwood & Mooney, 2017). 그중 가장 심각하게 대두되고 있는 것은 교사 역량과 교육 자료의 부족이다.

세계 각국에서 이루어지는 컴퓨팅사고 교육이 한국 교육에 주는 시사점은 먼저 학생들의 인지적 수준(초등, 중등)에 따라 적합한 교수 접근 방법이 달라질 수 있다는 것이다. 초등학교 학생들에게는 그래픽을 이용한 스크래치 프로그램과 Computer Science Unplugged Project (CS Unplugged, https://www.csunplugged.org/)에서 개발된 모듈이 좋은 예가 될 수 있다. 또한 교사 교육과 다양한 교육 프로그램의 개발이 두 번째 중요한 시사점이다. 한국의 경우 초등 실과와 중등 과정에서 과학과 별개로 코딩을 포함한 SW교육을 배우게 된다. 하지만 이러한 SW교육이 과학 과목과 적절히 융합되어 학생들에게 고차원적 문제해결 과정을 길러 줄 수 있는 방법은 제시되지 않고 있다. 컴퓨팅사고는 프로그래밍 기술을 넘어선 고차원적 문제해결 능력이다. 이러한 측면에서 과학교육에 컴퓨팅사고를 도입하기 위한 이론적 배경 연구가 절실하다고 할 수 있다.

컴퓨팅 기술의 발달 속도와 가상현실(Virtual Reality, VR) 및 증강현실(Augmented Reality, AR) 등 사용가능한 디바이스의 발달과 함께 학교 현장에서 과학과 컴퓨팅 기술의 융합은 그 필요성이 지속적으로 요구되어 왔지만 컴퓨팅 기술을 융합한 학교 과학수업의 변화는 매우 더디게 진행되었다. 최근 교육대학원에서 인공지능(Artificial Intelligence, AI) 융합 전공 신설과 같이 교육부의 교사를 위한 컴퓨팅 교육 지원이 확대되면서 학교 현장의 변화에 대한 요구도 계속되고 있다.

이 장에서는 과학수업에서 활용할 수 있는 다양한 컴퓨팅 융합교육에 사례에 대해 알아보고자 한다. 먼저 대표적인 언플러그드 대회인 비버 챌린지에 대해 간략히 알아보고 언플러그드 활동의 교육적 효과를 알아보고자 한다.

다음으로 마이크로빗과 같이 마이크로컴퓨터를 활용한 과학수업 사례를 통해 과학적 개념 습득과 적용을 위한 과학-컴퓨팅 융합교육의 가능성을 살펴 볼 것이다.

또한 시뮬레이션을 활용한 과학수업을 위해 자연계와 인간사회의 구성 요소 간 상호작용에 초점을 둔 행위자 기반 모델과 시간과 공간의 제약을 벗어나 자연계를 탐구할 수 있도록 개발된 시뮬레이션 도구를 알아 볼 것이다. 마지막으로 4차 산업혁명 시대의 기술로 대표되는 AI 기술을 활용한 과학 융합수업을 위한 전략을 제시하고자 한다.

1. 언플러그드 활동

지능정보기술을 기반으로 사회가 급변함에 따라 새로운 영역과 가치를 창출하는 문제해결력, 창의성, 비판적 사고의 중요성이 더욱 부각되고 있다. 이와 함께 코로나-19 이후 정보과학기술 사회로의 전환이 가속화됨에 따라 첨단기술을 활용한 미래교육으로의 변화 요구도 증가하고 있다. 한국에서는 2020년 5월 27일 미래교육 체제로의 전환을 본격화하기 위한 '과학·수학·정보·융합교육 종합계획('20~'24)을 발표하면서 교과 간의 긴밀한 연결과 융합을 바탕으로 최첨단 과학기술을 교육현장에 본격 도입하고자 하였다. 이를 통해 지능정보사회를 이끌어갈 과학·수학·정보·융합 핵심인재 양성을 강조하고 교과 기반의 융합형 학습 및 탐구를 촉진하도록 하였다. 지능정보사회의 중심에는 산업시대에서 필요하던 3R's(읽고, 쓰고, 셈하기)에 더하여 컴퓨팅 능력을 기본역량으로 요구하고 있어 복잡한 문제를 해결하기 위해 컴퓨팅사고(Computational Thinking, CT)가 미래인재의 새로운 핵심역량으로 강조되고 있다. 이에 2015 개정 초중학교 과학과 교육과정에서는 컴퓨팅사고역량을 높이기 위한 소프트웨어(SW)교육 강화에 중점을 두었으며, 정보교육에서도 SW교육의 필수화 기반을 구축하기 위한 융합교육 활성화를 추진하고 있다. 이처럼 각 분야에서의 융합은 디지털 시대를 대비하는 SW 교육의 중요성을 부각시키고 있다.

SW 교육은 좁은 의미에서 코딩교육이라고도 한다. 하지만 궁극적으로 SW 교육은 컴퓨터를 하나의 도구로 사용하는 것에 그치는 것이 아니라 알고리즘과 프로그래밍을 통한 컴퓨팅사고

(CT)와 문제해결력을 기르기 위한 교육을 의미한다. 2000년대 초부터 미국, 영국, 일본 등에서는 의무적으로 SW 교육을 실시하고 있으며 한국에서는 2014년 소프트웨어(SW) 교육 활성화 방안을 통해 본격적으로 컴퓨터 활용 융합교육이 시작되었다. 한국의 SW 교육은 창의적 산출물을 통한 문제해결 증진과 대학진로 연계 학습에 중점을 두고 있어 학생들이 보다 편리하고 흥미를 가질 수 있는 다양한 도구와 연계하여 활용되고 있다.

세계 각국에서 초중등 학생들의 컴퓨팅사고를 기르기 위해 언플러그드(Unplugged) 프로그램이 개발되었다. 이러한 프로그램은 주로 컴퓨터 공학자들과 컴퓨터 과학자들에 의해 주도되었고, 한국에서도 초중등 과학수업에서 언플러그드(Unplugged) 활동을 활용하는 사례가 늘고 있다. CS Unplugged에서 개발된 교육 프로그램은 한국를 비롯해 일본, 독일에서 번역되어 사용되고 있다. CS Unplugged는 중학교 학생들에게도 적용되었으며 과학뿐 아니라 다른 과목에서도 컴퓨팅사고를 접목해서 가르칠 수 있음을 보여주었다(Rodriguez et al.,2016; Taub et al., 2012). 이중 기상측정기를 개발하는 과정에 컴퓨팅사고를 이용한 모듈은 과학과 컴퓨팅사고를 접목한 좋은 예라 할 수 있다.

비버 챌린지(Bebras Challenge)는 언플러그드 활동이 전세계적인 규모의 "국제 정보 컴퓨팅 대회(International Challenge on Informatics and Computational Thinking)"의 소재로 사용되고 있는 좋은 사례이다. 다음 예시는 비버 챌린지에 대한 간략한 소개이다.

언플러그드 활동을 통한 컴퓨팅 교육과 프로그래밍 학습은 지난 10년간 국내 정보교육에서 활발하게 사용되었으며, 컴퓨팅사

<예시>

비버 챌린지란

[그림1] Bebras Korea(2017) 표지

비버 챌린지는 특별한 사전 지식 없이도 도전이 가능한 과제에 도전함으로써 정보(SW)교육과 학습에 동기를 유발하고 컴퓨팅사고을 즐기기 위한 목적으로 개발된 평가 모델이자 교육 운동이다. 2004년 리투아니아의 Valentina Gaginene 교수에 의해 처음 시작되었으며, 첫해 700여 명이 참가한 것을 시작으로 2016년에는 49개국 170만 명(온라인 참여자 17억 명)의 학생이 참가하는 글로벌 대회로 성장하였다. 비버 챌린지 과제는 알고리즘과 프로그래밍, 자료구조 및 컴퓨터 시스템, 데이터 통신, 정보사회와 정보윤리 등 정보과학의 지식과 개념을 바탕으로 하여 개발된다. 한국 비버 챌린지 홈페이지(https://www.bebras.kr/)를 통해 체험하기와 대회 신청이 가능하다.

***출처**: Bebras Korea, 2017, p. 4~5.

고의 증진에 대한 긍정적이 효과도 많은 사례를 통해 증명되고 있다(예; 박윤성과 한병래, 2009; 한선관과 김경신, 2007). 최근 국내외 과학교육에서도 언플러그드 활동을 활용한 교육 사례가 늘고 있다. 주로 초등학생을 대상으로 프로그래밍을 배우기 전 컴퓨팅 사고를 증진시키기 위한 목적으로 많이 사용되고 있다(김혜란과 최선영, 2019; 김현석과 최선영, 2019; Mensan et al., 2020). 중등학생을 위한 과학수업에서 언플러그드 활동을 적용한 사례는 그리 많지 않다. Chongo et al. (2021)은 중등학생을 위한 과학교육에서 플러그스와 언플러그스 수업의 효과를 비교한 연구를 통해 화학과 같이 개념적 이해에 시각적인 효과가 필요한 경우는 언플러그드보다 플러그드 수업이 더 효과적이라고 하였다. 이처럼 중등 과학수업은 과학의 학문적 특성과 주제가 다루는 개념적 특성 때문에 언플러그드 활동이 꼭 효과적이라고 단정하기는 어렵다. 시간적 개연성이 뚜렷한 지질학적 개념이나, 특성에 따라 분류가 가능한 개념(예: 암석의 분류, 생물의 분류, 은하의 분류 등)의 경우 개념 특성에 따른 순차적 분류가 가능하여 컴퓨팅사고로도 학습의 과정을 표현할 수 있기 때문에 언플러그드 활동을 적용하여 과학과 컴퓨팅을 융합한 수업이 가능해보인다. 홍석영(2021)은 판구조론이나 지질학적 사건에 관련된 내용은 시간적인 순서를 이해하고 문제를 해결해야 하기 때문에 순차적, 절차적 사고가 필요하다고 생각하고 지질학적 문제해결을 위해 고등학교 지구과학수업에 활용 가능한 언플러그드 활동을 개발하였다. 홍석영(2021) 연구에서는 학습자가 암석의 특징에 따라 제시된 암석분류 의사결정 트리를 작성하는 활동과 지층누중의 법칙을 학습한 학생들이 지층역전이 나타난 경우 지층해석의 순서를 바꾸는 과정을 알고리즘으로 표현하는 활동 등을 언플러그드 활동으로 경험하였으며, 학습자의 과학적 지식 향상과 컴퓨팅사고, 컴퓨팅사고에 대한 인식에 긍정적인 효과가 있음을 확인하였다.

언플러그드를 활용한 과학-컴퓨팅 융합수업은 초등 과학수업에서 문제해결의 절차를 학습하고 이를 명시적으로 표현하는 능력을 함양한다는 측면에서 문제해결력 향상에 도움을 줄 수 있다. 중등학교 과학수업의 경우 과학적 개념과 학문적 특성을 고려하여 언프러그드 활동을 접목할 수 있는 주제를 신중히 선택할 필요가 있다. 하지만 과학적 문제해결 상황에서 학습자의 컴퓨팅 능력 향상과 과학적 개념 이해에 모두 도움이 되는 학습 전략으로의 잠재성이 충분히 있기 때문에 더욱 활발한 프로그램 개발과 적용 연구가 필요하다고 판단된다.

2. 피지컬 컴퓨팅 활용 교육

스크래치(Scratch), 파이썬(Python)과 같은 다양한 형태의 프로그래밍 언어를 활용하여 아두이노(Arduino), 라즈베리 파이(Raspberry Pi), 마이크로비트(Micro:bit)와 같은 초소형 컴퓨터를 여러 가지 센서와 직접 연결하여 데이터를 수집하는 피지컬 컴퓨팅은 시각적이고 편리한 학습 도구로 무한한 잠재력을 가지고 있다. 과학교육에서 피지컬 컴퓨팅 도구의 활용은 실세계의 데이터를 수집하고, 결과를 시뮬레이션할 수 있어 학생에게 구체적인 경험을 제공할 수 있을 뿐 아니라 더 복잡한 문제로 확장해보는 탐구경험을 제공하여 학습자의 과학적 개념이해를 돕고 융합적사고력 신장에 도움을 줄 수 있다(Weintrop et al., 2016). 피지컬 컴퓨팅의 특성상 과학교육의 목표에 부합하여 활용할 가능성이 크지만, 과학적 개념학습과 탐구에 적용하는 사례는 여전히 부족하다.

이중 영국 BBC에서 세계 여러 IT 회사와 함께 학습용으로 개발한 마이크로비트는 특별한 도구나 센서의 연결 없이도 피지컬 컴퓨팅이 가능한 교구로 전세계에서 널리 활용되고 있다. 오픈소스 하드웨어 교육에서 가장 많이 활용되고 있는 피지컬 컴퓨팅 장치인 아두이노와 비교해 보았을 때 마이크로비트 활용 교육은 아두이노 활용 교육보다 문제해결을 위한 과정이 효율적이며, 문제해결을 위한 과정에서 부품 탐색 및 배치에 대한 상황이 발생하지 않는 등 교육적 측면에서 아두이노 기반에 비해 다양한 이점이 있는 것으로 알려져있다(김성열, 2020).

마이크로비트는 학습용으로 개발된 피지컬 컴퓨팅 도구임에도 불구하고, 한국에서는 주로 학생들의 컴퓨팅사고 향상을 위한 학습 컨텐츠 개발에 초점을 맞추고 있으며, 과학수업에서 과학적 문제해결력을 향상시키기 위해 활용하는 사례는 많지 않다. 이 절에서는 과학교육에서 컴퓨팅 융합의 도구로 많은 잠재력을 가지고 있는 마이크로비트를 활용하여 과학적 문제해결에 적용한 예시와 함께 이러한 교수방법이 학습자의 융합적 문제해결력에 긍정적 영향을 미친 사례를 살펴보고자 한다.

2.1 마이크로비트(Micro:bit)

마이크로비트(BBC Micro Bit, micro:bit)는 영국의 컴퓨터 교육용으로 영국방송공사(BBC)에 의해 설계된 오픈 소스 하드웨어 시스템이다. 2015년 3월 12일 BBC의 메이크 잇 디지털(Make It Digital) 캠페인을 시작으로 처음 발표되어 100만 개의 장치를 영국의 학생들에게 보급하는 것을 목적으로 하였다. 학문적 교수-학습 연구를 토대로 개발되어 여러 연구를 통해 교육적 가치가 증명되었다. 마이크로비트는 신용 카드의 절반 크기로 ARM Cortex-M0 프로세서, 가속도계, 자기장 센서, 블루투스, USB 연결, 25개의 LED로 구성된 디스플레이, 2개의 프로그래밍 가능한 버튼을 갖추고 있으며 USB 또는 외장 배터리 팩을 통해 전원을 공급받을 수 있다. 장치의 입출력은 25핀 에지 커넥터의 일부분을 구성하는 5개의 링 커넥터를 통해 이루어지는 특징을 가진다([그림 5.1] 참고).

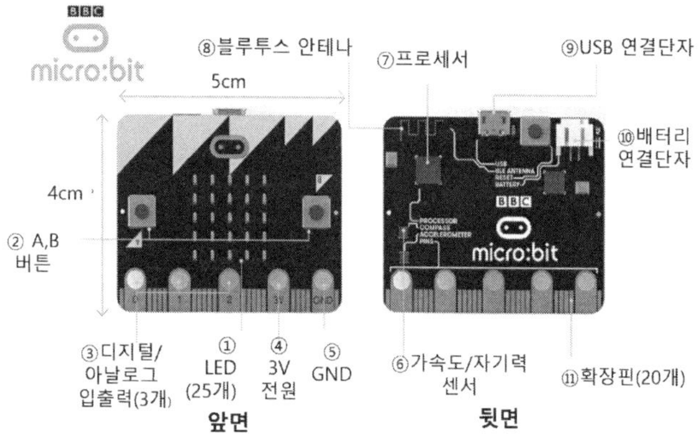

[그림 5.1] Micro:bit 기본 하드웨어

2.2 마이크로비트(Micro:bit)활용 교육

국내에서도 마이크로비트를 활용한 교육 사례들이 발표되고 있다. 마이크로비트는 다른 피지컬 컴퓨팅 도구에 비해 활용이 용이하며, 학생들의 컴퓨팅사고, 코딩능력, 그리고 창의성 향상에 도움을 준다. 특히 마이크로비트에 내장된 센서와 좋은 확장성을 통해 학습자가 직접 구상하고 제작하는 메이커 활동에 적합하다(구덕회와 우석준, 2018). 마이크로 비트는 사용이 용이하여 초등저 학년을 포함하여 전학년 학생을 위한 컴퓨팅 교육에서도 많이 활용되는데 컴퓨팅사고과 창의성 향상에 도움을 준다(강동완 외, 2018; 김승현, 2018; 윤영화, 2019). 또한 일반 SW 교육에 비해 마이크로비트 활용 SW 설계 교육은 비전공자 학생들의 프로그래밍에 대한 이해도 향상에 더 긍정적인 영향을 줄 수 있다(허경, 2019).

마이크로비트를 활용한 과학 융합수업은 과학교과에서 어려운 추상적 과학의 개념을 피지컬 컴퓨팅 도구를 활용하여 실제 적용하고 경험하게 해주며, 초보자에게도 편리한 블록코딩 프로그래밍을 활용하여 단계별 문제해결 과정으로 수행하도록 도와줄 수 있다. 다음은 마이크로비트를 활용한 과학-컴퓨팅 융합수업 사례이다. 이 수업은 중학교 1학년 과학의 '빛과 파동' 단원으로 빛의 합성에 대한 원리를 이해하고 이를 기반으로 문제해결을 경험하는 과정으로 구성되어 있다. 수업 주제는 '빛의 합성 원리를 이용한 마이크로비트 음악조명장치 만들기'로 학생들은 다양한 색의 표현과 빛의 합성에 관한 원리를 문제해결 과정을 통해 학습하게 된다. 먼저 빛의 3원색을 이해하고 다양한 색의 빛을 만드는 과정을 경험한 후, 빛의 합성 원리를 이해하고 적용하기 위해 마이크로비트를 활용한 블록 프로그래밍을 실습하고 알고리즘 설계를 구상하는 과정을 수행하여 이를 기반으로 음악조명 장치에 적용할 수 있도록 구성하였다. 이 활동은 과학교과뿐만 아니라 자유학기제(또는 자유학년제)과정의 주제 선택 활동과 연계할 수 있다.

2.3 과학-SW 융합교육 프로그램 설계

빛의 합성 원리를 이용한 '마이크로비트 음악조명장치' 프로그램은 과학적 개념이해와 SW 활용이라는 융합적 문제해결을 수행하는 단계별 학습이다. 수업과정은 문제해결을 위한 사고과정으로서의 컴퓨팅사고(CT)의 구성요소에 기반하여 전체를 3단계 학습활동으로 구성하였다([표 5.1] 참고). 컴퓨팅사고(CT)의 구성요소는 자료수집, 자료분석, 자료표현, 문제분해, 추상화, 알고리즘과 절차, 자동화, 시뮬레이션, 병렬화의 9단계로 이것을 문제해결 과정으로 나누어보면 ①문제인식(자료수집, 자료분석), ②문제정의(문제분해-추상화), ③문제해결 방법 설계(알고리즘 설계), ④문제해결 방법 수행(자동화-시뮬레이션), ⑤최종 문제해결 및 평가(일반화)로 이해할 수 있다. 수업의 흐름은 ①~⑤의 문제해결 과정을 적용하여 구성되어 있으며, 학교 현장의 수업시수와 시간을 고려하여 3단계로 나누어 전체 6차시 과정으로 진행할 수 있도록 제시하였다.

수업의 주제는 2015 개정 과학과 교육과정의 내용체계 '파동' 영역의 성취기준 [9과06-01]과 [9과06-02]를 적용한 과학-SW 융합 활동이며 성취기준은 다음과 같다.

> *[9과06-01]물체를 보는 과정을 빛의 경로를 이용하여 표현할 수 있다.*
> *[9과06-02]물체의 색이 빛의 삼원색으로 합성됨을 관찰하고, 영상장치에서 색이 표현되는 원리를 설명할 수 있다.*

1단계는 '음악에 따라 켜지는 조명장치 만들기'라는 문제를 인식하고 해결해야 할 문제를 정의하여 이를 단계별로 분해하는 과정이다. 과학적 개념인 빛의 삼원색과 여러 가지 색의 빛이 만들어지는 원리를 이해한 후 원리를 적용하여 주어진 문제를 해결하기 위해 단계별로 나누어보는 2차시 활동으로 구성되어 있다.

2단계는 문제해결에 필요한 마이크로비트의 기능을 익히고 프로그래밍 기초실습을 한 후, 알고리즘을 설계하는 과정이다. 빛의

[표 5.1] 과학-SW 융합교육 프로그램의 단계별 활동

<table>
<tr><th colspan="2">차시</th><th colspan="2">학습활동 단계 1</th></tr>
<tr><td colspan="2">단원(주제)</td><td colspan="2">파동(빛의 합성 원리를 이용한 micro:bit 음악조명장치)</td></tr>
<tr><td colspan="2">학습목표</td><td colspan="2">빛의 합성을 이해하고, 마이크로비트를 이용해 음악에 따라 켜지는 조명 장치를 만들어보자.</td></tr>
<tr><td rowspan="3">1~2차시</td><td>1. 문제 인식</td><td colspan="2">① 우리가 원하는 어떤 색의 빛을 만들기 위해 필요한 빛의 세 가지 색은 무엇인가요?
② 빛의 합성을 이용하는 것에는 무엇이 있을까요?
③ 두 가지 이상의 빛을 합하여 다른 색의 빛을 얻는 빛의 합성 원리는 무엇일까?</td></tr>
<tr><td>2. 문제 정의하기</td><td colspan="2">① 컴퓨터 모니터에서 여러 가지 색의 빛을 만드는 원리를 표현해보자.
② 빛의 합성원리를 적용한 빛 조명장치를 구현하자.</td></tr>
<tr><td>3. 문제 분해 및 추상화</td><td colspan="2">① 설계원리 구상, 순서도 작성 실습
② MICRO:BIT 조작하기
③ 알고리즘 설계하기</td></tr>
<tr><th colspan="2">차시</th><th colspan="2">학습활동 단계 2</th></tr>
<tr><td rowspan="2">3~4차시</td><td>3. 문제해결 방법 설계 하기</td><td>가. 마이크로비트의 특징과 구조 이해 및 프로그래밍 실습</td><td>① 마이크로비트의 특징과 구조 이해, 업로드, 실습
② 기본 블록 프로그래밍 실습
- 버튼, 빛센서, if블록 등 프로그래밍을 활용실습
- 변수 및 계산블록 프로그래밍과 실습
③ 마이크로비트와 확장보드 결합하여 만들기
확장보드에 RGB LED 장착하기
④ 조건에 따라 블록코딩으로 블록프로그래밍 실습
(빨강 버튼눌러 LED빨강불빛 켜기+ 문자열R 출력)</td></tr>
<tr><td>설계 하기</td><td>나. 알고리즘 설계</td><td>① 설계 원리 알고리즘으로 구현하기
② 순서도 작성하기</td></tr>
<tr><th colspan="2">차시</th><th colspan="2">학습활동 단계 3</th></tr>
<tr><td rowspan="2">5~6차시</td><td>4. 문제해결 방법 수행</td><td>가. 최종 프로그래밍 실행</td><td>① 주어진 악보의 음계에 따른 조명(불빛 색) 계획하기
② RGB함수 구성하기
③ 음악만들기</td></tr>
<tr><td colspan="3">5. 문제해결 및 평가 - 결과확인 및 평가</td></tr>
</table>

***출처:** 윤진아 외, 2020 p.81~82.

합성원리를 이해하고 적용해보기 위한 블록코딩 실습을 통해 알고리즘을 설계하고 CT요소를 이해하는 2차시 활동으로 진행되었다.

3단계는 2단계에서 구성한 알고리즘을 기반으로 프로그래밍을 실행하여 빛의 합성원리를 이해하고 이를 기반으로 음계에 따른 조명의 색변화 장치를 완성하게 되는 2차시 활동이다. CT기반의 문제해결 과정을 통해 과학적 개념과 원리를 적용하고 이해를 촉진할 수 있도록 구성되어 있다.

빛의 합성 원리를 이용한 '마이크로비트 음악조명장치' 프로그램을 중학교 1학년 124명의 학생에게 적용한 결과 다양한 긍정적 효과를 확인할 수 있었다(윤진아 외, 2020). 컴퓨팅사고 요소에 대한 인식증가와 함께 빛의 합성에 대한 과학적 개념 이해와 융합적 문제해결력에도 긍정적인 효과가 있었다. 이러한 결과는 과학 컴퓨팅 융합교육이 과학적 개념 이해뿐 아니라 문제해결력에도 긍정적인 영향을 줄 수 있음을 시사한다.

3. 컴퓨터 시뮬레이션 활용 교육

이 절에서는 컴퓨팅도구인 시뮬레이션을 활용한 과학 융합교육에 대해 알아보고자 한다. 과학에서 시뮬레이션을 융합하는 교육은 복잡한 자연현상이나 사회현상에서 특정한 변인이 발생했을 때 어떤 결과를 가져올 것인지에 대한 학습자의 예측과 확인을 통해 복잡한 자연현상에 대한 시스템적 이해를 높이는 데 매우 효율적인 교수방법이다. 학생들이 실제 생활에서 마주할 문제에 대한 바른 이해를 위해 복잡한 자연시스템에 대한 바른 이해가 요구된다. 시스템에 대한 이해는 생태환경과 지구 대기를 구성하는 요소로부터, 각 시스템 간의 다변인 상호작용, 시스템구조(피드백과 사이클), 그리고 시스템 상호작용의 시간과 공간적 범위까지 대상에 따라 그 목표수준을 달리한다. 하지만 대부분의 학습자는 이러한 복잡한 문제를 원인과 결과라는 매우 이원론적인 체제로 이해한다. 이 절에서는 먼저 시스템을 구성하는 요인 간의 상호작용을 이해하기 위해 자연계와 인간사회의 구성 요소 간 상호작용에 초점을 둔 행위자 기반 모형을 알아보고 다음으로 시간과 공간의 제약을 벗어나 자연계를 탐구할 수 있도록 개발된 도구를 알아 볼 것이다.

3.1 행위자 기반 모형(Agent-based model)에 근거한 교육용 시뮬레이션

행위자 기반 모형(Agent-based model, ABM)은 자연현상(예:생태계에서 포식자와 피식자 관계)이나 사회현상(예:소비자, 주식시장) 등 거시적이며 복잡한 현상을 미시적 단위인 행위자(Agent : 초목-양-늑대, 바이러스 감염자와 피감염자 등)의 상호작용으로 설명하기 위해 제안된 모형이다(김진영 외, 2011). 이러한 모형에 기반한 수업은 복잡한 시스템에 대한 이해를 높이고 시스템 안에서 상호작용에 대한 이해를 도울 수 있다. 행위자 기반 모형을 학습에 활용할 수 있도록 개발된 온라인 툴로 NetLogo, Agentsheet 등이 있다. 교육용으로 가장 많이 활용되고 있는 NetLogo를 중심으로 교육적 장점과 활용사례를 알아보자.

NetLogo는 자연 및 사회 현상을 시뮬레이션하기 위해 프로그래밍이 가능한 모델링 환경이다. 1999년 Uri Wilensky가 개발했으며 현재는 Northwestern 대학에서 개발 및 관리를 책임지고 있는 대표적인 행위자 기반 모형(ABM)의 도구이다. NetLogo는 시간이 지나면서 변화하는 복잡한 시스템을 모델링하는 데 적합하다. 시스템을 구축하기 위해 모두 독립적으로 작동하는 수백 또는 수천 명의 "행위자(Agent)"에게 규칙을 설정하여 시뮬레이션을 할 수있으며, 이를 통해 개인의 미시 수준의 행동과 각 개체 간의 상호 작용에서 나타나는 거시 수준의 유형 관계를 탐색할 수 있다(참고: 넷로고 홈페이지 (https://ccl.northwestern.edu/netlogo/).

NetLogo는 학생들이 직접 시뮬레이션을 통해 다양한 조건에서 행동을 탐색할 수 있다. 또한 학생, 교사 등 개발자가 자신의 모델을 만들 수 있는 제작 환경이기도 하다. 지난 20년간 NetLogo는 학생과 교사에게도 여러 분야의 연구자들에게 강력한 도구 역할을 할 만큼 충분히 발전했다. 현재 광범위한 학문과 교육 수준에 걸쳐 사용되고 있다(Wilensky, 1999).

일반적으로 모델링 및 시뮬레이션을 이용한 과학탐구 학습에서 NetLogo는 큰 역할을 차지하고 있다(김진영 외, 2011; 우정훈 외, 2014). 장희선(2013)은 NetLogo 프로그래밍 활용이 학습동기와 학습능력 향상에 긍정적인 영향을 미친다는 것을 확인하였다. 이외에도 NetLogo의 교육적 효과는 다양하다. 중등학생을 대상으로한 연구에서 NetLogo를 활용한 교육은 과학 실험 수업에서 과학적 탐구능력을 증진시키는 데도 긍정적인 효과가 있었다(우정훈 외, 2014). 또한, 중등 영재 학생을 대상으로 진행된 연구에서 NetLogo를 활용한 교육은 학생들의 창의성 및 컴퓨팅사고에 도움을 준 것으로 나타났다(전영국, 2015; 전영국과 윤지현, 2016). NetLogo를 활용한 교육컨텐츠 제작 교육은 예비교사들의 창의성 증진에도 도움을 주었다(김영진 외, 2011).

NetLogo를 활용한 교육은 교육과정에서 다루는 복잡한 계의 하나인 생태계 교육에 많이 활용되며, 그 교육적 효과도 다양하다. 생태계에 관한 내용은 학습자의 인지적 발달 정도와 교육과정의 내용 체계를 고려하면 초등 영재, 중학교 이상의 학생들을 대상으로 활용하는 것이 적합해 보인다. NetLogo에 내장된 라이브러리에는 생태 모델링 및 시뮬레이션도 상당히 많이 포함되어 있어 학생들의 개체 수 변동 모형에 대해 단순한 인과적 사고를 개선하고 생태계 평형에 대한 이해도를 향상시키기 위한 목적으로도 활용 가능하다. 중등 과학 영재학생을 대상으로 진행된 갯벌생태계 교육에서 학생들은 시뮬레이션을 통하여 포식자와 피식자의 관계에 대하여 구체적으로 살펴보게 되었다. 그리고 먹이사슬이 곧 생태계의 균형과 밀접하게 연결된다는 것과 많은 생물 종의 개체 수가 조절되어야 생태계의 균형이 유지된다는 것을 인지하게 되었다(박홍준과 전영국, 2018). Gkiolmas et al. (2013)은 그리스의 고등학생 10명에게 생태계적 사고를 학습시키기 위해 NetLogo 시뮬레이션의 먹이-포식자 모델을 도구로 사용하였는데 학습에 참여한 학생들은 생태계를 이루는 개체군 간의 상호작용에 대한 이해도가 높아졌고, 비교적 단순한 생태계의 개체군 간 상호작용 구조를 파악한 뒤 다른 비교적 단순한 생태계 내에서의 개체군 간 상호작용 구조를 유추하는 것으로 기존에 학습한 내용을 확장 적용하는 모습을 보였다. 초등학생을 대상으로 한 연구는 드물지만, Dickes et al.(2013)은 초등학교 4학년 학생 중 학업 성취도가 높은 학생 5명과 학업 성취도가 낮은 학생 5명을 대상으로 NetLogo를 이용하여 간단한 피식자-포식자 생태계에서의 자연선택의 일부 개념(종 분화 및 개체군 변화)에 대한 수업을 진행하였는데 한 종의 개체군 동태 및 시간 경과에 따른 변화에 대한 이해가 전체적으로 높아진 것을 확인할 수 있었다. 흥미로운 점은 학업 성취도가 우수한 학생뿐 아니라, 학업성취도가 낮은 학생들에게도 매우 긍정적인 학습효과가 나타났다.

다음 <예시>를 통해 넷로고 프로그램 실행 방법을 간략히 알아보자.

<예시>

넷로고 프로그램 실행 방법

1) 프로그램 설치 및 실행

download NetLogo → 해당 운영체제에 맞는 프로그램 다운로드 및 실행, 설치

2) 웹에서 실행

http://www.netlogoweb.org/

에 접속하여 NetLogo Web에 접속하면 아래 그림과 같이 웹에서 운용이 가능하다.

제작된 프로그램은 NetLogo 파일로 출력이 가능하며 운영체제의 프로그램에서 만든 파일도 불러와서 실행이 가능하다. 반드시 인터넷 접속이 가능해야 하며, 컴퓨터 성능에 따라 웹에서의 실행 속도가 다소 느릴 수 있다.

NetLogo에 내장된 라이브러리의 양-늑대 및 양-늑대-초목 포식자 먹이 개체군 동태를 이해하기위해 [그림 5.2], [그림 5.3]과 같이 시뮬레이션 활동을 할 수 있다.

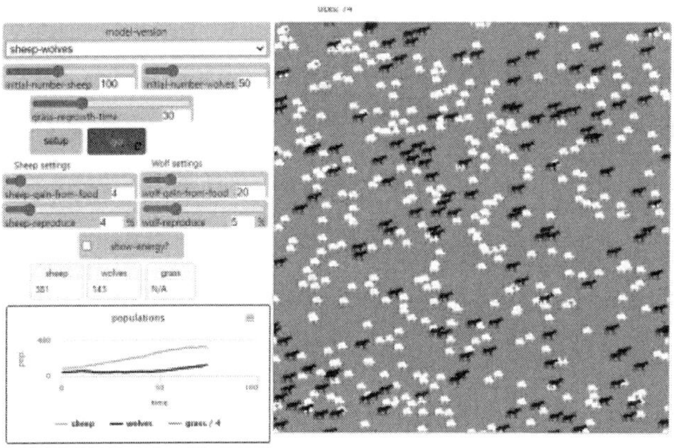

[그림 5.2] 양-늑대 개체군 동태 시뮬레이션

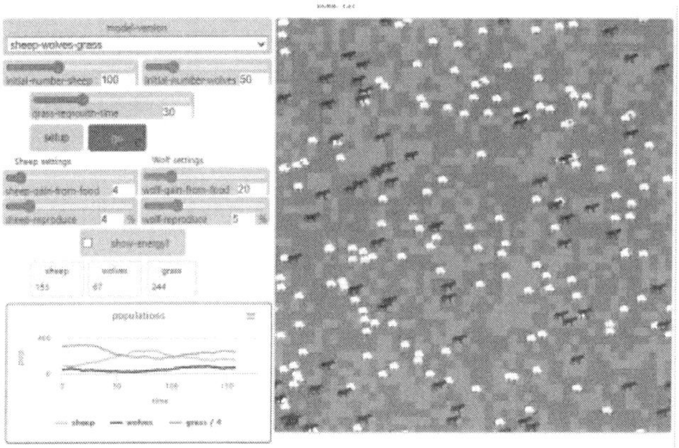

[그림 5.3] 양-늑대-초목 개체군 동태 시뮬레이션

화면의 오른쪽에서는 양과 늑대의 개체 수 진동을 애니메이션으로 관찰할 수 있고, 왼쪽 상단에서는 초기 양 개체 수, 초기 늑대 개체 수, 양의 에너지 효율, 늑대의 에너지 효율, 양 출산율, 늑대 출산율과 같은 변수 값들을 자유롭게 조정할 수 있다. 왼쪽 하단에는 사용자가 설정한 값에 따른 양-늑대-초목의 개체 수 진동이 그래프의 형태로 나타난다. 사용자가 초기값을 설정하고 시뮬레이션을 시작하면 화면 오른쪽의 애니메이션으로 양과 늑대가 무작위로 움직이고, 양과 늑대가 만나면 늑대가 양을 잡아먹고, 양은 초목(초록색 블록)을 만나면 초목을 먹는다. 시간이 지나면 초목은 다시 자라나고 양과 늑대는 새로 태어나는 개체와 자연사하는 개체가 발생하면서 개체 수가 유지된다. 학생들이 처음에는 변수들의 초기 값을 자유롭게 조정하며 시뮬레이션 사용법을 충분히 익히게 하고, 다음과 같은 간단한 과제를 통해 시뮬레이션 과정 중 피식자와 포식자의 개체 수 변동에 대해 이해하도록 도울 수 있다.

다음으로 NetLogo에서 제공되는 시스템 역동 모델러(Systems Dynamic Modeler, 이하 SDM)의 구조와 작성법을 간단히 살펴보자. 도구 메뉴에서 System Dynamics Modeler 항목을 선택하면 System Dynamics Modeler 창이 나타난다. 시스템 역동 다이어그램(Systems Dynamic Diagram)은 다음과 같이 개체군(Stock), 변수(Variable), 흐름(Flow) 및 연결(Link)의 네 가지 요소로 구성된다.

- '개체군(Stock)'은 물건 또는 개체의 집합체이다. 예를 들어, 양의 개체 수, 호수의 물 또는 공장의 위젯 수를 나타낼 수 있다.
- '흐름(Flow)'는 물건을 개체군으로 가져오거나 개체군에서 빼낸다. 수도꼭지가 파이프를 통과하는 물건의 양을 제어하기 때문에 흐름은 수도꼭지가 있는 파이프처럼 보인다.
- '변수(Variable)는 다이어그램에서 사용되는 값이다. 다른 변수에 의존하는 방정식이거나 상수일 수 있다.
- '연결(Link)'는 다이어그램의 한 부분에서 다른 부분에서 사용할 수 있는 값을 만든다. 링크는 변수나 개체군의 숫자를 개제 수나 흐름으로 전송한다.

<예시>

NetLogo 예시 문제

1. 양-늑대 개체군을 결정하는 변수의 값을 조정하여 양 - 늑대 개체군 그래프의 진동이 2번 나타나도록 해보자.
2. 변수를 변화시키는 각 회차마다 변수의 값, 변수의 값을 그렇게 설정한 이유와 결과를 기록해보자.

변수 \ 회차	0	변수 설정 이유
initial-number-sheep		
initial-number-wolves		
sheep-reproduce		
wolf-gain-from-food		
wolf-reproduce		
결과		

예를 들어 SDM은 계속된 추정을 통해 개체군(Stock)의 가치가 시간이 지남에 따라 어떻게 변하는지 알아낼 수 있다. 추정이 항상 완벽하지는 않지만 dt값을 변경하여 정확도에 영향을 줄 수 있다. dt가 감소함에 따라 모델을 더 자주 추정하므로 더 정확해진다. 그러나 dt를 줄이면 시뮬레이션 속도는 느려지게 된다. [그림 5.4]은 NetLogo에서 제공하는 시스템 역동 다이어그램(Systems Dynamic Diagram)화면이다. 시스템 역동 모델러(Systems Dynamic Modeler)를 활용하여 개체군 간 상호작용을 표현할 수 있다.

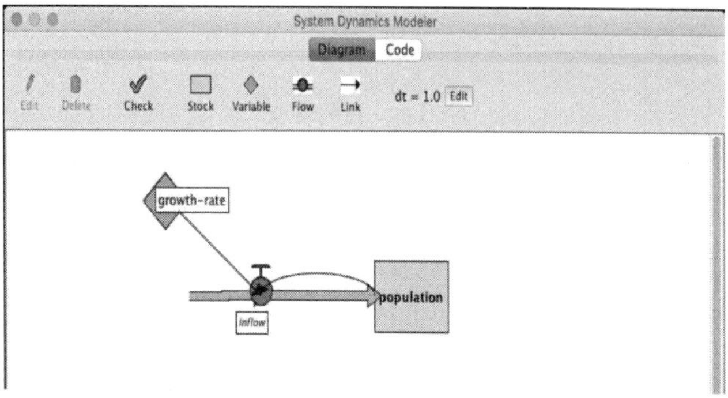

[그림 5.4] 시스템 역동 모델러(Systems Dynamic Modeler)와 시스템 역동 다이어그램(Systems Dynamic Diagram)

3.2 시뮬레이션을 활용한 시간과 공간적 제약을 벗어난 탐구

과학적 현상은 인간이 경험할 수 없는 시간과 공간의 범위에서 일어난다. 미생물과 양자역학, 지사학과 천문학의 대상은 인간이 다루고 있는 자연계에 대한 연구와 지식이 인간의 시간과 공간적 범위를 훨씬 뛰어 넘고 있다는 것을 보여준다. 특히 천문현상은 우리가 관찰하는 데 시공간적 한계를 가장 많이 느끼게 한다. 특히 이러한 자연 현상에 관한 탐구과 문제해결을 위해 다양한 컴퓨팅 기술이 활용되는데, 그중 대표적인 몇 가지 시뮬레이션 도구를 알아보자.

구글어스는 다양한 레이어를 통해 엄청난 양의 실제 데이터를 지구 표면에 시각화하여 보여주는 도구이다. 무료로 사용가능하며, 과학뿐 아니라 사회과학교육을 목적으로 사용 가능하다. 미항공우주국(National Aeronautics and Space Administration, NASA)에서도 다양한 데이터를 교육적으로 활용가능하도록 무료로 제공하고 있다. NASA에서 제공하는 Earth Observatory는 NASA 인공위성으로 촬영한 다양한 자연 현상을 지구표면에 보여 주는 서

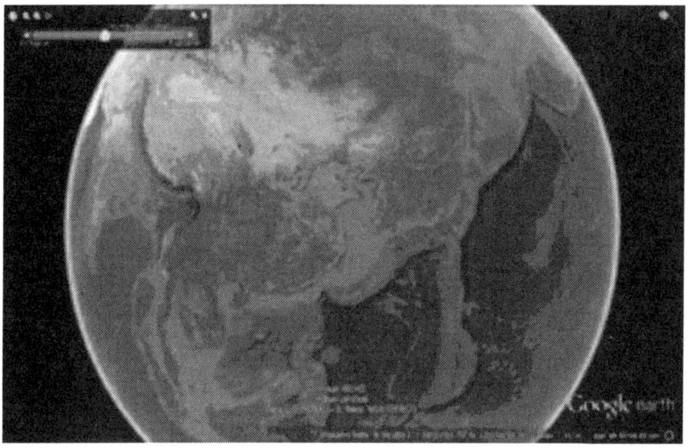

[그림 5.5] 구글어스(Google Earth)

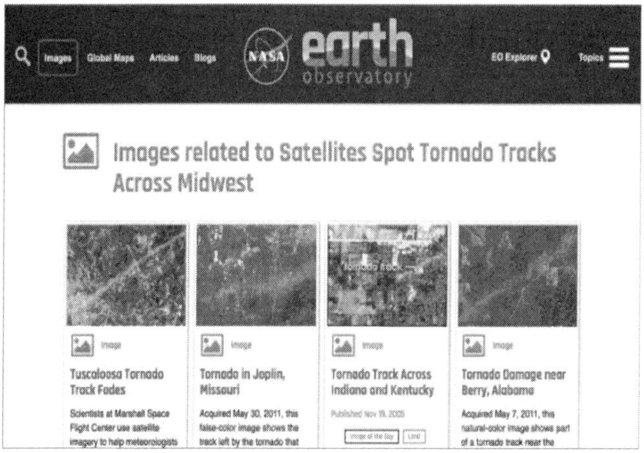

[그림 5.6] NASA의 Earth Observatory

비스이다. 태풍이나 가뭄, 빙하의 녹음과 같은 현상을 그 현장에서 직접 관찰할 수 있고, 이산화탄소량 변화나 대기 및 해양 온도 변화와 같은 데이터를 처리하여 지구상에 시각화해서 보여준다. 특히 학습자가 시간 범위를 선택하여 변화 양상을 관찰할 수 있도록 영상데이터를 제공하기 때문에 수업에 활용하기 매우 편리하다.

천문현상에 특화된 시뮬레이션 프로그램으로 NASA의 Eyes on Exoplanets와 스텔라리움(Stellarium)을 예로 들 수 있다. 이들은 컴퓨터에 설치할 수 있는 오픈소스 플라네타리움으로 맨눈이나 쌍안경, 망원경으로 본 실제 3D 밤하늘을 보여준다. 다양한 변수를 학습자가 스스로 조정하여 결과를 관찰할 수 있기 때문에 학습자의 흥미를 높일 뿐 아니라 우주 공간에서 일어나는 다양한 천문 현상에 대한 공간적 이해를 도울 수 있다.

4. AI 기반 수업

4차 산업혁명 시대의 대표적 기술인 AI는 전 세계에서 기술, 산업, 교육 전반에 걸친 사회 경제적 발전에 엄청난 영향을 미칠 것으로 전망된다. AI를 활용할 경우 교통 물류의 효율성이 33% 증가 하고 건강수명이 3세 증가, 제조생산성의 10%증가, 범죄검거율 90%가 증가할 것이며, 교통 혼잡도와 산림 파괴율이 10% 감소할 것이라 기대한다(관계부처합동, 2019). 한국을 비롯한 주요 선진국들 간 AI 발전에 따른 주도권 확보를 위한 경쟁이 가속화되고 있으며 국가적 차원에서 AI 교육을 위한 다양한 정책 제안이 이루어지고 있다. 한국은 2019년 12월 AI 국가 전략을 수립하여 AI 교육의 기회를 확대하고자 하였다. 한국의 경우 높은 교육수준과 신기술 수용성, 세계 최고의 ICT 인프라와 반도체, 제조기술 등 AI 강국으로 발전하는데 필요한 많은 강점을 보유하고 있다(관계부처 합동 2019). 관계부처합동(2019)에 따르면 미국의 경우 2019년 'AI 이니셔티브 행정명령'을 통해 연구 개발과 인력에 대한 정부의 장기적, 선제적 투자와 함께 민간의 자생적 경쟁력을 높이고 AI 투자에 우선 순위를 부여하도록 하였다. 중국도 2017년 '차세대 AI 발전계획'에 따라 정부 주도의 데이터 AI 분야 대규모투자 및 인력 양성을 추진하고 선도기업을 지정하여 산업별 특화 플랫폼을 육성하고 있다. 이 외에도 일본의 'AI 전략(2019)', 독일의 'AI 육성전략(2019)', 영국의 'Al Sector Deal (2018)', 프랑스의 'AI 권고안(2018)' 등은 전 세계 선진국 사이의 AI 주도권 경쟁이 얼마나 치열한지 보여준다.

하지만 현재 한국의 AI 인재 양성의 현 주소는 그리 긍정적이지 않다. 소프트웨어 활용도는 선진국의 1/3 수준으로 소프트웨어 산업 경쟁력이 OECD 19개국 중 14위다. 대학의 컴퓨터학과 수준은 QS 2019 세계대학 평가에서 38위, 45위가 최상위에 속하는 정도이다.(민경찬, 2019 p.123). 가장 큰 문제는 지금까지 한국의 컴퓨팅 교육이 프로그래머 양성에 초점이 맞추어져 있었으며, AI에 대한 국가적 차원의 비젼이 없이 유행을 따라 가는 듯한 정책을 5년마다 일관성 없이 내어 놓았다는 것이다(민경찬, 2019).

김용성(2019)에 따르면 미국은 AI 인재 양성을 위해 백악관 정상회의를 통해 AI 연구개발 및 교육 정책 등에 관한 '국민을 위한 AI 전략'을 발표하였다. 중국도 '차세대 AI 발전 계획'에 포함된 AI 전문인재 양성 계획에 따라 AI 전문가 양성뿐 아니라 초중등 AI 확산 방안을 제시하였다. 이에 그치지 않고 유초중등 AI 교과서를 개발 및 보급하여 300개 시범학교에서 30만 명의 학생을 대상으로 AI 교육을 시범운영하고 있다. 전세계의 AI 인재 양성 경쟁은 다양한 AI 교육 계획과 방향에 대한 교육과정틀을 만들어 내었는데 미국의 AI4K12 이니셔티브(ai4k12)에서 제시한 AI 교육과정들이 대표적이다. AI2K12는 그 이름에서 알 수 있듯이 K(유치원)부터 12학년까지 모든 학교급별 학생을 고려한 교육 체계틀로 인공지능연합회(Association for the Advancement of Artificial Intelligence: AAAI)와 컴퓨터과학교사연합회(Computer Science Teachers Association: CSTA)가 공동으로 추진하여 개발되었다.

한국에서도 차세대 SW 교육과정 표준모델에서 AI영역을 기존 SW교육 과정에 추가하여 개편하고 있다. 이은경(2020)은 한국, 미국, EU의 초중등 학교 학생들을 위한 인공지능 교육과정, 가이드라인, 코스 등을 종합적으로 AI 교육을 일곱 가지 영역(AI개념, 인식, 표현 및 추론, 머신러닝, 인공신경망, 자연스러운 상호작용, 사회적 영향)에 따라 비교 분석했다. 한국과 EU에 비해 미국은 각 영역에서 매우 세부적인 내용을 포함하고 있었는데 특히 인식, 자연스러운 상호작용, 사회적 영향 영역에서 한국과 EU가 구체적인 세부 내용을 제시하지 못한 데 비해 미국은 매우 구체인 내용을 제시하였다. 또한, 한국과 미국의 학교급별 교육 내용을 분석하여 제시하였는데 한국이 초등학교에서 AI활용사례와 개념에 집중하는 반면 미국은 K-5 단계에서 AI 관련 핵심주제 이해를 위한 다양한 경험과 탐색과정을 거친다. 미국은 K-12에서 인공신경망을 제외한 모든 영역을 학년군별로 다룬다. 중학교의 경우 한국은 표현 및 추론, 머신러닝의 기초를 다루며, 미국은 6-10학년에서 추론 모델계 및 간단한 머신러닝, 인공신경망 기초를 다룬다. 고등학교의 경우 한국은 머신러닝 심화와 인공신경망을 다루며, 미국은 머신러닝 및 인공신경망 실습 등 보다 복잡한 기술의 구현 및 설계를 다룬다. 이은경(2020)은 국내외 AI 교육과정 분석을 통해 한국 AI 교육과정 개선을 위해 세 가지 제안을 하였다; 1)AI

교육의 목적과 구체적인 목표에 대한 기초연구의 필요성; 2)AI 교육과정 개발을 위한 방향 및 단계의 구체적 설정; 3)AI의 핵심 내용 요소 및 원리를 토대로 각 학교급별 수준과 위계를 구분한 세부 요소의 구체화이다. 유초중등 AI 교육과정 수립을 위한 구체적인 제안도 중요하지만 학교급별 AI 교육과 함께 모든 국민을 위한 AI 교육의 발전을 위해 현재 AI 교육에 대한 거시적인 제안도 중요하다. 민경찬(2019)은 한국의 AI 교육 발전을 위해 다음과 같은 일곱 가지 개선 사항을 제안했다.

첫째, AI 교육의 개념과 목표를 명확히 정돈하고 공유해야 한다('AI를 이해하고 활용할 수 있게 하는 교육', 'AI 분야 전문 인력 양성 교육', 공통 요소로 '컴퓨팅사고').

둘째, AI 교육의 초점을 우선 어린이에게 맞춰야 한다(10년 후 예측 불가능한 미래를 대비하라).

셋째, 대학생을 비롯한 기성세대에게 AI 시대의 빠른 변화를 인식시켜야 한다.

넷째, AI 교육이 수학, 과학, 사회, 언어 등의 교과 수업과 연계하며 자연스럽게 공교육에서 이루어지게 해야 한다.

다섯째, AI 교육도 개인의 소양과 역량의 차원을 넘어, 집단적 차원에서 함양되도록 하여야 한다.

여섯째, AI 교육은 기능적인 접근을 넘어, 가치 중심적 사고를 하도록 해야 한다(인간과 기계의 공존이라는 새로운 문명사적 대전환 시대를 대비하라).

일곱째, AI 분야 전문 엘리트 육성 및 확보에 적극 나서야 한다.

초중등학교에서의 AI 교육에 관한 중요성에 대한 전세계적인 인식과 다양한 정책에도 불구하고 실제 교육 현장에서 AI를 활용한 교육은 아직 미흡한 실정이다. 대부분의 AI 관련 연구는 학생들의 AI 개념이해, 관심과 흥미 증진 및 학습동기 변화 등 정의적 영역에 대한 평가가 대부분이며 AI 문제해결 능력에 관한 연구는 거의 없다고 할 수 있다. 이러한 상황에서 과학교육에서 AI 융합 방향에 대한 정부 차원의 연구와 교사교육, 학습 자료의 개발과 보급이 시급한 문제이다. 특히 과학교육에서 AI 융합교육에 대한 수업 모형과 학습전략에 대한 적극적인 연구를 통해 현장에서 활용 가능한 과학 AI 융합교육 자료의 개발과 보급이 이루어져야 한다.

최근 AI를 활용한 과학수업 예시가 많이 등장하고 있다. 하지만 구체적인 수업 모형이나 문제해결력 향상을 위한 전략이 제시되지는 않고 있다. 지금까지 과학 융합교육에서 제안된 다양하고 효율적인 교수-학습 전략을 고려하여 과학 AI 융합수업 개발을 위해 활용 가능한 교수 전략을 제시하면 다음과 같다.

1. 과학적 탐구/컴퓨팅사고/수학적 문제해결/공학 설계 등 문제해결의 일반적 과정을 따른다.

2. MEA 모형과 같이 문제해결이 필요한 이유를 상황과 편지로 제시한다.

3. Unplugged 활동을 통해 인공지능을 활용한 문제해결 과정에 대한 이해를 돕는다.

가. 학습자가 분석 가능한 소량의 데이터(인위적/자연적)를 제시하여 학습자 나름의 문제해결 흐름도를 만들어 보

도록 한다.

나. Plugged(컴퓨터를 이용한)수업에서 다루게 될 인공지능 알고리즘의 기본 원리를 이해하도록 돕는다. 특히 데이터 수집과 분석에 대한 사고력 향상에 초점을 둔다.

4. Unplugged 문제에서 다룬 데이터를 확장하여 AI프로그램을 통한 문제해결을 경험하도록 한다.

5. 교사가 미리 전처리(cleaning)한 데이터 제공을 통해 불필요한 데이터 처리 시간을 줄인다.

가. 문제해결에 핵심적인 변인과 그렇지 않은 변인을 동시에 제공하여 학습자가 문제해결에 필요한 변인을 선택할 수 있는 기회를 제공한다.

나. 다양한 변인간의 관계를 파악할 수 있는 기회를 제공한다.

6. 데이터, 정보의 가시화(visualization)을 통해 문제인식을 유도한다.

7. 데이터 전처리(cleaning), 데이터 분석 과정에서 다양한 AI 알고리즘을 활용한다.

가. 탐색(무정보 탐색, 정보기반탐색)

나. 지식표현

다. Clustering 방법

라. 선형회귀

8. 주어진 문제해결을 위한 머신러닝 알고리즘 대한 이해도를 높인다.

가. 지도학습

나. 비지도학습

다. 강화학습

9. 결과가 가지는 의미를 합리적으로 해석하는 능력을 기른다.
   가. 결과를 통해 경험적으로 알고리즘을 이해하도록 돕는다.
   나. 중간과정의 오류를 역으로 추정하게 한다.
   다. AI가 만든 결과가 모두 의미 있고 진실이라는 잘못된 인식을 갖지 않도록 한다.
   라. 결과 해석을 통해 또 다른 문제로 초대한다(순환적 탐구).
10. 문제해결에서 이해한 AI 알고리즘을 다른 문제상황에 적용할 수 있도록 한다.

AI를 활용한 과학적 융합수업은 대부분의 경우 많은 양의 데이터를 다루기 때문에 가능한 모든 과정에서 데이터(정보, 지식)의 가시화를 툴을 활용하는 것이 탐구의 효율을 높이는 데 유용하다. 데이터 가시화는 Python 보다는 R 프로그램이 더 효과적이지만 데이터 관점에서만 아니라 전체적인 활용의 용이성을 생각한다면 Python은 과학 분야 라이브러리가 풍부하여 R보다는 유연성과 확장성이 높다. 최근에는 프로그래밍 능력이 없어도 활용가능한 다양한 데이터 분석 및 가시화 도구가 개발되어 학교 현장에서 활용되고 있다(예: Orange, https://orangedatamining.com/).

제 6 장

과학 융합교육의 과제

4차 산업혁명 시대를 대비한 융합인재교육은 한국를 비롯한 많은 선진국에서 과학교육의 주요 방향이자 목적이다. 하지만 한국의 융합교육에 대한 국가적 기대와 달리 학생들의 STEM 분야에 인식과 흥미는 긍정적이지 않다. 한국 학생들의 STEM 분야에 대한 부정적인 인식과 낮은 흥미, 더 나아가 STEM 분야 직업 기피 현상이 지속적으로 보고되고 있다. 더욱이 STEM 분야 진로 선택에서 남학생보다 여학생의 선택 비율이 낮은 것은 한국뿐 아니라 대부분의 선진국에서 나타나는 현상이다. 따라서 한국의 과학 융합수업이 가장 시급한 과제는 학습자의 성별을 고려하여 STEM 분야에 대한 흥미와 진로선택에 어떻게 긍정적인 영향을 줄 것인가다.

다음으로 미래 시민 양성이라는 과학 융합교육의 목표를 고려해 볼 때 인간 사회가 당면한 가장 중요한 과제인 환경과 지속 가능한 발전에 과학 융합교육이 어떻게 기여할 수 있는가에 대한 문제이다. 환경교육과 STEM 교육은 학습의 내용과 방법적 측면에서 서로 상호 보완적이기 때문에 과학 융합교육을 통해 미래 세대인 학생들에게 환경에 관한 올바른 지식과 친환경적 가치관을 갖도록 도울 수 있다.

또한, 급변하고 있는 학교 비대면 교육상황을 고려해 볼 때 비대면 과학 융합교육을 위해 고민해야할 여러 가지 문제가 있다. 과학 융합수업을 위해 교사가 갖추어야 할 온라인 수역량은 무엇일까? 첨단 에듀테크 활용을 위한 지능형 과학실 보급에 발맞추어 과학 탐구를 위한 에듀테크는 어떤 방향으로 개발 되어야 할까? 온라인에서 학습자 상호작용을 위해 개발된 다양한 어플리케이션들은 어떻게 활용되어야 할까?

이 장에서는 먼저 과학 융합교육의 효과가 학생들의 STEM에 대한 인식에 어떤 영향을 미칠 수 있으며, 과학 융합교육에서 성별적 특성을 고려해야하는 이유에 대해 알아보고자 한다. 다음으로 지속가능한 발전을 위한 과학 융합교육의 방향과 중요성을 알아보기 위해 환경교육과 과학교육의 주제와 방향을 비교하고, 지속가능한 발전을 위한 과학 융합교육의 가능성을 탐색해보고자 한다. 마지막으로 첨단기술을 활용한 과학 융합교육을 위해 필요한 교사 역량과 에듀테크의 활용 방안을 살펴 볼 것이다.

1. 모든 학생을 위한 과학 융합수업

한국를 비롯한 많은 선진국에서 미래사회를 대비한 융합 인재 양성을 위해 STEM(Science, Technology, Engineering & Mathematics) 교육을 비롯한 다양한 융합교육을 시도하고 있다. 하지만 학생들의 STEM 분야에 대한 부정적인 인식과 낮은 흥미, 더 나아가 STEM 분야 직업 기피 현상이 지속적으로 보고되고 있으며, 한국의 경우 특히 여러 국제 비교연구에서 학생들의 높은 과학 학업성취에도 불구하고 과학 흥미와 자존감이 매우 낮게 나타난다. 과학 융합수업은 학생들에게 과학에 대한 흥미와 자신감을 심어 줄 수 있으며, 무엇보다 STEM 분야 진로에 관심을 가지게 할 수 있다. 또한 STEM 분야 진로 선택에서 남학생보다 여학생의 선택 비율이 낮은 것과 과학 융합수업의 팀 활동에서 남학생들과 여학생들의 상호작용 양상이 다른 것을 고려해 볼 때 여학생에게 더 적합한 과학 융합교육 프로그램 개발을 위한 연구와 노력이 필요하다. 이 절에서는 공학 융합수업이 학생들의 공학과 공학자에 대한 인식에 미치는 긍정적인 영향을 알아보고 여학생들을 위한 과학 융합 프로그램 개발을 위해 고려해야 할 점들을 살펴보고자 한다.

1.1 공학과 공학자에 대한 인식

학생들이 가진 과학(자)과 공학(자)에 대한 인식은 STEM 교육에 대한 학습동기와 결과에 영향을 주며 궁극적으로 학습자의 진로 선택에 중요한 영향을 미친다. 다시 말해, 학생들이 공학과 공학자에 대해 잘못된 인식을 가지게 되면 STEM 분야에 대한 낮은 흥미를 갖게 될 뿐 아니라(김현영 등, 2012), STEM 분야 진로선택에도 부정적인 영향을 미친다(손은정과 우애자, 2003). 하지만 안타깝게도 한국 초등학생들은 과학과 공학기술에 관한 책, 프로그램, 행사 등에 관심이 적고 장래에 공학기술과 관련된 직업을 갖는 것에 대해서도 부정적인 견해를 가지고 있는 것으로 나타났다(정진현, 2011). 특히 여학생들은 과학에 대해 부정적인 시각으로 인해 과학에 대한 진로선택을 꺼려하고 있다(임희준, 2014). 성인들이 갖는 과학이나 수학에 대한 태도는 대부분 초등학생 때 형성되기 때문에(Thompson & Lyons, 2005), 초등학생 때부터 올바른 인식과 함께 긍정적인 태도를 함양할 수 있어야 한다. STEM 교육의 목적을 달성하기 위해서는 학생들이 과학-공학에 대해 바르게 인식하고, 나아가 과학자와 공학 및 기술자에 대한 바람직한 인식을 갖도록 돕는 것이 중요하다.

최근 STEM 교육에 관한 연구는 STEM 융합교육 프로그램을 적용하고 이에 대한 긍정적인 효과를 알아보는 연구에 집중되어 있다(노태희와 최용남, 1996). 드물게 STEM 융합교육 프로그램의 효과로 학생들의 공학에 대한 흥미를 알아보는 연구(문대영, 2009), 공학에 대한 인식 변화(Nam et al., 2016), 그리고 과학 관련 직업에 대한 긍정적인 인식 변화 연구(이영은과 이효녕, 2014)가 있다.

학생들이 가진 과학자에 대한 인식연구는 Mead & Metraux (1957)가 고등학생을 대상으로 과학자에 대한 그림 그리기를 통해 조사되기 시작하였다(Fralick et al., 2009). 이후 Chambers (1983)의 연구에서 과학자에 대한 그림 그리기, 또는 'Draw a Scientist Test (DAST)'라는 명칭의 도구를 사용하면서 계속 발전하였다. 학생들이 가진 공학과 공학자에 대한 인식 연구는 DAST와 유사한 Draw an Engineering Test (DAET)를 사용하여 측정되었다(Knight & Cunningham, 2004; Thompson & Lyons, 2005). 또한 최근 과학교육에서 공학 교육의 융합 또는 STEM 교육의 중요성이 대두되면서 과학자와 공학자, 또는 기술자의 모습을 함께 그리게 하여 학생들이 가지는 인식의 차이를 알아보는 연구가 진행되기도 하였다(김현영 외, 2012; 박경숙과 이효녕, 2010; Fralick et al., 2009).

학생들의 인식에 대해 더 자세하게 알아보기 위하여 그림 그리기 도구뿐만 아니라 그림에 관한 몇 가지의 문항에 보조적으로 기술하는 형식이 함께 사용되기도 하였으며(예: 박경숙과 이효녕, 2010; Fralick et al., 2009; Hirsch et al., 2011; Knight and Cunningham, 2004), 더불어 대부분의 연구에서 개인 인터뷰와 체크리스트가 함께 활용되었다(김현영 등, 2012; 박경숙과 이효녕, 2010; Karatas et al., 2011; Oware et al., 2007). Fralick et al. (2009)이 개발한 그림 그리기 인식연구용 체크리스트는 크게 과학자 및 공학자의 외형, 장소, 행동의 추론, 대상 또는 물체라는 4개의 범주로 나뉘며 각각 최소 7개에서 37개의 세부적인 항목으로 나뉘어있다. '과학자 및 공학자의 외형'은 사람으로 표시/사람 아님/사람 없음, 성별, 피부색, 머리스타일이나 입은 옷 등으로 세부 구분된다. '장소'는 실내, 실외, 우주, 지하, 물속, 말할 수 없음으로 구분된다. '행동의 추론'은 손으로 하는 일, 기계작동, 제품 설계/발명/생산, 실험, 설명, 관찰, 아무 것도 안 함, 기타 등으로 구분되며, '대상 또는 물체'는 사람 또는 사물 등 여러 가지로 구분되어 있다.

안타깝게도 이러한 연구들의 결과는 학생들이 실제 공학과 공학자가 하는 일에 대해 잘 이해하지 못하고 있음을 보여준다. 공학자(Engineer)라는 단어에 'Engine'이 포함되어 있기 때문에 학생들은 공학자를 주로 자동차, 기계, 건물 등과 연관하여(Knight & Cunningham, 2004) 생각하고 있으며 일하는 장소도 실내보다 주로 야외에서 일하는 사람으로 인식하고 있다(박경숙과 이효녕, 2010). 또한 공학자는 기계, 연장 및 각종 도구를 사용하는 사람으로 생각하여 작업현장에서 일하는 노동자, 인부로 생각하고(Fralick et al., 2009) 있으며, 일부 학생들은 공학자를 지저분한 직업으로 생각하는 등 공학에 대해 잘못된 인식을 갖고 있다(Karatas et al., 2011). 학생들은 주로 공학자에 대해 떠올릴 때 '로봇'을 가장 많이 떠올렸으며(박경숙과 이효녕, 2010), 남학생들은 주로 설계를 하고, 여학생들은 기계나 공구를 다루는 사람으로 표현하였다(김현영 등, 2012). 일부 학생들은 무언가를 설계하고 계획하는 공학자의 모습을 묘사하였는데, 이는 공학에 대해 더 많은 노출이나 경험이 있었던 학생들이 주로 공학에 대한 개인적인 경험과 함께 설계하는 공학자의 모습을 그리는 경우가 많았다(Oware et al., 2007). 그리고 흥미롭게도 학생들이 인식하는 공학자는 대부분 남성이었다(김현영 등, 2012; 박경숙과 이효녕, 2010; Fralick et al., 2009; Karatas et al., 2011; Knight & Cunningham, 2004).

한누리와 남윤경(2018)의 연구는 초등 과학영재학생을 대상으로 과학-공학 융합교육이 학생들의 공학과 공학자에 대한 바른 인식에 긍정적인 영향을 준다는 것을 보여준다. 총 24차시의 과학-공학 융합수업을 통해 초등 과학영재학생들은 공학적 문제해결 기간이 단기간에서 장기적인 활동이라는 것을 인식하게 되었으며, 공학적 문제해결은 선형적이고 비가역적 활동이 아니라 반복적인 수정과정을 거치는 순환적 과정이라는 것을 인식하였다. 또한 공학 활동이 혼자서 하는 활동이 아니라 전문가들이 함께 하는 사회적 활동이라는 인식과 함께 공감능력, 의사소통 능력 등을 중요한 역량이라고 이해하게 되었다. 다음으로 공학과 사회에 관한 인식도 변화하게 되었는데 공학이 단순히 우리 삶을 편안하게 해주는 기술 그 자체이기보다는 환경 보전이나 생명존중과 같이 우리가 추구하는 가치를 위해 사용되어야 한다는 것을 인식하게 되었다. 예를 들어 [그림 6.1]은 공학 설계수업 전과 후에 학생들의 공학과 공학자에 대한 생각을 그림으로 나타낸 것이다.

G학생은 사전과 사후검사 모두 로봇과 관련된 공학자를 그렸다. 그러나 공학자에게 필요한 지식이나 능력에 대한 응답은 사전과 사후검사에서 차이를 보였다. 사전에서는 로봇에 관한 기술적인 부분만 생각했다면 사후에서는 생활 속에서 사람들이 불편함을 갖는 문제를 이해하고 파악하는 공학자의 역할과 능력을

"(공학자의 전문성은) 로봇이 망가진 부품에 대해 잘 알고 빨리 고쳐줄 수 있는 능력(이에요)." -G학생(남)(사전검사 中)	*"(공학자는 기본적으로)기술이 필요할 거고 사람들이 불편한 걸 공감할 수 있는 능력, 포기하면 많이 만들 수가 없으니까 끈기랑 인내가 필요(해요)." -G학생(남)(사후검사 中)*

[그림 6.1] G학생의 사전(왼쪽), 사후(오른쪽)검사 그림
***출처**: 한누리와 남윤경 2018. p.288.

언급하였다. 이러한 결과는 과학수업에서 공학·수학·컴퓨팅 기술을 융합하는 것이 단순히 학생들의 지식과 기능적인 측면에 도움을 줄 뿐 아니라 그 학문 분야에 대한 학생들의 긍정적 인식과, 과학 기술인에 대한 인식, 그리고 그 학문 분야가 사회에 미치는 영향과 역할에 대한 인식에도 긍정적 영향을 준다는 것을 보여준다.

1.2 과학 융합수업에서 성별차

지난 10여 년간 STEM (Science, Technology, Engineering and Mathematics) 융합교육은 선진국을 중심으로 4차 산업혁명 시대를 살아갈 미래 세대를 위한 과학교육의 핵심주제로 다루어져 왔다. 특히 STEM 교육은 한국 2015 개정 교육과정에 직접적인 영향을 주면서 과학교육에서 공학, 수학, 컴퓨팅의 융합을 시도한 다양한 교수-학습전략이 개발되고 시도되었다. 하지만 이러한 교수법들이 남학생과 여학생에게 모두 공평하게 긍정적인 영향을 주었는지는 의문이다.

PISA(2015)의 결과에 의하면 참여국의 60%에서 여학생의 과학적 능력은 남학생과 크게 다르지 않다. 오히려 STEM 분야를 전공하는 여학생들은 Technology and Engineering Literacy (TEL)의 내용(지식) 측면과 역량에서 남학생에 비해 우수하다는 연구결과도 있다(National Center for Education Statistics, 2014). 지난 20년간 과학적 성취에서 성별차이는 지속적으로 감소하여 한국를 포함한 대부분의 선진국에서 남녀 학생 간 유의미한 차이가 나타나지 않는다(한국교육과정평가원, 2016). 다시 말해 과학지식과 과학적 사고력에서 남·녀 학생 간 성별차이는 거의 없다고 할 수 있다. 하지만 안타깝게도 STEM 활동에서 여학생들은 남학생들에 비해 여전히 소극적인 태도로 임하며, 문제해결을 위한 핵심적인 결정권을 갖지 못하는 것으로 나타났다(Wieselmann, 2020).

미국을 비롯한 선진국(노르웨이, 핀란드 등)에서 STEM 분야 여학생 비율은 20% 정도이다(Pinker, 2018). 미국의 경우 STEM 분야 여학생 비율은 30%이며(Economics and Statistics Administration, 2017), 이중 공학 관련 직업 종사자의 12%가 여학생(Corbett & Hill, 2015)이다. 영국의 경우, 전체 STEM 종사자 중 13% 여성이며, 기술과 수학 관련 종사자 중 50%가 컴퓨터공학과 순수 수학을 전공한다(STEM Graduate, 2019). 미국에서는 STEM 교육이 활발하게 이루어지고 있지만 여학생들의 이공계 진학률은 여전히 저조하다는 연구결과가 있다(Hango, 2013). 이는 단순히 특정 성별이 과학 및 공학에 대한 학업 성취도가 낮다는 것이 아니라 두 성별이 가지고 있는 일반적이면서 고유한 성향이 모여 시너지 효과를 낼 수 있음을 의미한다. 일반적으로 남학생은 여학생보다 물리 및 공학 분야에서 더 큰 자신감을 보였지만(Besterfield-Sacre et al., 2001), 여학생들은 과학-공학 융합수업에 참여시 모둠 구성원들과 긍정적인 관계 구축을 중요시하여 협동, 대화와 같은 상호 작용이 높은 비율로 나타났다(Fenwick & Neal, 2001).

호주의 경우 STEM에 대한 남학생과 여학생의 인식 비교에 관심이 많고 다양한 연구가 이루어지고 있다. 성별과 관련된 통계자료에 따르면 학사를 보유한 전체 여학생 중 STEM 코스를 수료한 비율은 29%이며, 석·박사의 경우 9%에 불과했다. 여학생들이 대학교 졸업 후 STEM 관련 분야 중 ICT에 종사하는 비율은 전체 여학생의 13%, 공학에 종사하는 비율은 14%, 물리에 종사하는 비율은 22%, 수학에 종사하는 비율은 35%로 나타났다. 호주 12세 청소년들의 학습 습관을 분석한 결과 남학생은 여학생에 비해 물리와 수학 분야에서 월등히 높은 성적을 나타냈으며 여학생은 생명과학 분야에서만 남학생들보다 성적이 높았다. 과학-공학 융합수업에서 성별에 따른 성향을 고려하여 팀 구성과 주제선택에 적극적으로 반영한다면 남녀 학생 모두에게 더욱 효과적인 과학 융합수업 경험을 제공할 수 있을 것이다.

1.3 공학 융합수업에서 창의성 자기 인식의 성별차

복잡한 문제해결 활동인 STEM 활동에서 창의성은 매우 중요한 문제해결 역량이다. 문제해결을 위해 다양하고 독창적인 아이디어를 제시하고 그것을 구체화 하여 정교한 답안을 만들어내는 모든 과정에 창의성이 발현된다.

과학적 사고능력 중 창의성은 문제를 이해하고 해결해 나가는 과정에서 나타나는 새롭고 적절한 해결방안을 창출하는 능력을 말한다(Lubart, 1994; Woolfolk, 1995). 문제해결의 과정적 측면에서 창의성은 문제를 해결하기 위한 일련의 과정에서 나타나는 다양한 능력 즉, 문제에 질에 대한 인식, 해결 가능한 문제를 정의하고 이것을 해결하기 위해 다양한 방법으로 접근하는 능력으로 정의된다. 특히 문제를 단순히 해결한다는 차원을 넘어서 기존 이론에 대한 의심과 해결할 수 있는 문제의 정의 및 새로운 문제해결 방식의 제안하는 능력이다(Sternberg, 2006).

Cropley & Urban (2000)은 선행연구를 고찰하여 창의성을 기르기 위한 교사의 교수 방법적 요소를 여섯 가지로 제시하였다: 확산적 사고(Divergent thinking), 일반적 지식과 사고의 기반(General knowledge and thinking base), 특정 지식과 특정 기술(Specific knowledge base and specific skills), 집중과 과제 수행(Focusing and task commitment), 동기와 동기화(Motives and motivation), 모호함에 대한 개방과 관용(Openness and tolerance of ambiguity). 이러한 요소들은 학습자의 창의성을 기르기 위해서 학습자의 확산적 사고를 격려하고 다양한지식과 여러 가지 사고방식에 대해 수용적이며, 문제해결을 위한 특정지식과 기술을 지원하고 학습자가 충분한 시간을 가지고 과제에 집중해서 해결할 수 있는 환경을 제공해야하며 학습자의 학습동기 증진 및 학습자의 과제 해결과정에 대해 관용적이고 개방적 태도를 취해야 한다는 것이다.

과학 융합수업은 문제해결에 초점을 맞추고 있기 때문에 학생들의 창의성을 향상시키는 데 아주 효과적인 교수 전략이다. 하지만 과학 융합적 문제해결 과정에서 학생들이 문제해결을 위해 실제적으로 발휘하는 창의성과 학생들 스스로 본인이 창의적이었다고 인식하는 창의성 인식은 다를 수 있다. 예를 들어 학생들은 문제해결의 과정에서 전형적으로 여성적인 특성(예: 정교성, 협동심)이라고 인식되는 성향보다는 남성적 특성(예: 도전이나 자립심)이라고 인식되는 성향이 나타날 때 창의적이라고 인식하는 경향이 있다(Proudfoot et al., 2015). 또한 학생들의 창의성 인식은 물리적 결과물의 완성도에 의존적이기 때문에(Lee & Nam, 2021), 본인의 실제 창의성과 상관없이 도구나 공구를 다루는데 익숙지 않은 여학생들은 본인이 창의적이지 않다고 인식

할 가능성이 있다.

STEM활동은 복잡한 문제해결의 과정이기 때문에 창의성은 다양한 형태의 능력과 기술로 발현되어 문제해결의 세부과정에 기여하게 된다. 창의성은 도전적이거나 자립적인 특성뿐 아니라 정교하고 유연한 사고도 요구하는 복잡한 요인으로 구성된 능력이다. 하지만 문제해결 과정에서 도전적인 남학생들에 비해 협력인 여학생들이 자신의 창의성을 과소 평가할 수 있다. 이러한 성별에 대한 자기 인식의 차이는 STEM에 대한 흥미나 관련 진로의 선택에 유의미한 영향을 미칠 수 있으며, 나아가 미래 시민으로서 중요한 의사결정과정에서 자신감과 주도성에 영향을 미칠 수 있다. 학생들의 실제 능력과 자기 인식의 간격은 한 가지 원인이 아니라 사회·문화적으로 다양한 요인이 복합적으로 작용한 결과로 나타나기 때문에(Martin, et al., 2016) 설문 문항이나 간단한 인터뷰로 그 원인을 찾아내기 힘들다.

지금까지 창의성의 구인과 창의적 사고의 측정, 문제해결에서 창의성 발현에 관한 많은 연구가 진행되었다. 그중 창의성 발현에서 나타나는 성별차에 관한 연구들이 있지만 연구 상황이 가지는 다양한 변인을 고려해 볼 때 명확하게 성별차의 존재 유무를 주장하기는 힘들다. 더욱이 창의성에 대한 자기 인식에 대한 연구는 상대적으로 매우 적으며, 이러한 창의성 인식에서 나타나는 성별차이에 대한 원인을 깊게 연구한 사례는 거의 없다.

창의성에 대한 자기 인식은 문제해결의 과정뿐 아니라 문제해결의 결과에 영향을 미칠 수 있으며, 나아가 일상생활에서 마주할 다양한 문제해결에 대한 자신감과 감당할 역할에 대한 자기인식에 영향을 미치게 된다. 따라서 남녀 학생이 가지는 창의성에 대한 자기 인식 차이는 미래세대가 마주할 4차 산업혁명 시대에서 여러 문제상황, 의사결정 상황 등에 작용하는 주도성과 자신감에 영향을 주게 될 것이다. 과학·공학·기술자 등 STEM 종사자에 대한 학생들의 인식은 창의성 발현에 대한 자기인식에 영향을 줄 것이라 기대되는데, STEM 종사자에 대한 개인적 경험, 가족관계, 문제해결 상황에 대한 주변인의 기대와 반응 등에 대한 다양한 연구가 필요하다.

2. 지속가능한 발전을 위한 과학 융합수업

과학기술의 발달은 삶의 편리함뿐 아니라 기후변화와 생물다양성 감소, 생태계 파괴 등 우리사회가 직면한 수많은 문제를 초래하였고 동시에 이를 해결할 과제를 제공하고 있다. 환경문제는 과학기술의 발달뿐 아니라 정치, 경제, 사회 전반과 관련되어 있는 간학문적(interdisciplinary) 특성으로 인해 여러 교과와 직·간접적으로 연결되어 있다. 특히 자연현상에 대한 원리를 알아가는 과학교육과의 연관성이 절대적이라고 볼 수 있다. 2015 개정 교육과정과 과학교육의 STS적 관점은 사회적 쟁점을 다루고 책임있는 시민을 양성하기 위한 과학적 소양을 강조하며 환경교육과 맥락을 함께하고 있다.

한국은 국민 1인당 연간플라스틱 소비량(100kg)이 세계에서 가장 많은 국가 중 하나이다. 플라스틱을 포함한 유해쓰레기로 인해 심각한 생태계 파괴와 수질 오염, 미세먼지, 이상기온을 경험하는 것은 우리의 일상이 되었다. 깨끗한 환경은 개인의 삶뿐 아니라 한국의 경제·사회적 발전을 지속가능하게 하는 가장 근원적인 힘이다. 하지만 한국의 교육과정에서 환경교육이 차지하는 비중은 미미하다. 환경교육이 필수 교과인 대만을 비롯하여, 일본, 유럽(독일), 미국 등 선진국에 비해 한국의 초등교육과정에는 환경교과가 없으며, 전체 고등학교 5.9%(중학교 포함 10%미만)에서만 개설되는 선택과목이다. 한국의 학교 환경교육은 전체 환경 교사의 10%(29명)만 환경을 전공한 교사일 정도로 교사의 비전문성 문제가 심각하며, 체험과 실천 보다는 지식 위주의 교육으로 미래 환경문제에 능동적으로 대처할 환경적 소양 시민 양성에 적합하지 않다는 문제점이 계속해서 지적되어 왔다. 지금까지 한국의 환경교육은 학교 환경교육보다는 지역 환경문제에 대해 민감하게 반응하는 민간 환경단체와 찾아가는 비형식 교육 프로그램에 의존해왔다고 해도 과언이 아니다.

하지만 이러한 학교 밖 환경교육은 교육의 체계성과 접근성, 지속성 측면에서 여러 가지 한계가 있었다. (1)실제 환경지수 데이터를 체계적으로 다루고 분석할 수 있는 연구 장비와 시설의 부족, (2)문제해결 능력보다는 문제의 심각성에 초점을 맞춘 생태적 감수성 중심 교육, (3)교육 효과에 대한 체계적 분석 부족으로 인한 교육의 타당성 검증 문제 등이 그것이다. 복합적 원인에 의해 발생하는 미래 환경문제를 시스템적으로 이해하고, 융합적 해결 방안을 모색할 수 있는 미래 시민 양성은 대한민국의 지속가능한 발전을 위해 무엇보다 중요한 일이다. 이를 위해서는 적은 예산으로 누구나 손쉽게 사용 가능한 주요 환경지수분석 도구를 보급해야 하고, 학문적으로 효과가 검증된 체계적인 교육자료의 보급, 그리고 환경교사 재교육과 환경교육사들의 전문성 신장이 중요하다고 하겠다.

환경이 한국에서 국가교육과정 내 교과 영역 신설된 것은 1992년 제 6차 교육과정부터다(서은정, 2016). 1970년대 초부터 경제개발로 인한 생태계 파괴와 환경오염이 심각하게 발생하였고, 이러한 문제를 해결하기 위해서 시민들 사이에 환경교육의 필요성이 강하게 제기되면서 독립 교과로서의 환경이 신설되었다(서은정, 2016). 하지만 6차 교육과정 이전 보통 교과(실업계 교과 외)로서 환경의 뿌리는 과학과의 '환경 과학'이다. 환경문제의 과학적 해결에 초점을 맞춘 6차 교육과정에서 학습자 개인의 자아실현과 행복한 삶의 실현과 사회 통합적 접근을 강조한 2015 개정 교육과정에 이르기까지 환경교육의 목적은 계속 변화해왔다(권영락 외, 2016). 현재 환경 교과는 중고등학교 선택교과의 하나로 학교교육에서의 환경교육은 미미한 실정이다. 하지만 과학과 영역에서는 통합과학교육의 주제로 환경 주제를 꾸준히 다루어왔다. 최지연 외(2019)에 따르면 통합과학에서 생명 다양성 보존, 환경오염, 지속가능한 개발 등을 주제로 한 사회과학적 쟁점(Socio-Scientific Issue, SSI)이 빈번하게 제시되며 SSI소재를 제시하는 관점으로 보면, 환경적 관점에서 다룬 SSI소재가 전체의 80%이상 압도적인 것으로 조사되었다.

환경은 간학문적, 다학문적 성격이 강하지만 자연 현상과 생물의 생태학적 연관성을 다루는 과학의 한 분야이다(문성채 외, 2015). 환경은 그 연구대상과 탐구의 과정이 과학적 방법과 사고에 근거하고 있으며 두 교과 사이에 간학문적 이론과 접근에 깊은 유사성이 있다고 할 수 있다(문성채 외, 2015). 이와 같이 과학과 환경교육과정의 내용과 목표의 유사성은 한국의 환경교육

문제를 과학교육을 통해 어느 정도 보완할 수 있다는 점을 시사한다. 환경문제는 환경교과만의 영역이 아니라 사람과 자연이 더불어 살아가기 위한 지속가능한 미래과제임을 인식하고 과학교육 내에서 환경교육의 현황과 바람직한 방향이 무엇인지 교육과정을 조명해 볼 필요가 있다.

이 절에서는 먼저 한국 과학과 환경교육과정이 추구하는 핵심역량과 교육목표를 알아보고, 과학 융합교육에서 다룰 수 있는 환경교육의 내용과 범위를 파악하기 위해 교육과정의 내용체계를 비교하고자 한다. 다음으로 생태와 기후변화를 주제로 과학 융합교육의 교수전략인 공학 설계를 적용한 수업 예시를 제공하고자 한다.

2.1 과학과 환경교육과정의 핵심역량 및 교육목표 비교

교육의 질적 제고를 위해 세계 각국이 역량중심 교육과정으로 개편되면서 한국는 2015 개정 교육과정으로 핵심역량 중심 교육과정을 제시하였다(MOE, 2015). 핵심역량은 사회 공동체 구성원으로의 역할을 성공적으로 수행하기 위해 학습자에게 요구되는 지식, 기능, 태도의 총체를 의미한다(KICE, 2014). 범교과적으로 길러져야 할 핵심역량은 교과별 특수하게 길러져야 할 교과역량으로 이어지며, 교과의 성취수준과의 개념적 연계성을 가지고 있어 각 교과의 교수방법은 핵심역량의 개발을 촉진할 수 있는 실천적 수업으로 이어진다(KICE, 2014, 송진웅과 나지연, 2015). 각 교과에서 제시한 교과역량의 선택 과정과 이유에 관해 기술한 논문들(송진웅과 나지연, 2015; 권영락 외, 2016; 서은정, 2017)을 바탕으로 총론이 제시하는 핵심역량과 과학과 및 환경과 교육과정의 교과역량 및 하위요소를 비교하면 [표 6.1]과 같다.

먼저, 환경교육에서 교과역량은 미래지속가능한 발전을 위한 개인과 사회의 가치 지향적 성격으로, 실제 문제상황에서 무엇을 할 수 있는가를 지향하는 학습자의 총체적 행위능력을 의미한다

[표 6.1] 2015 개정 교육과정의 환경과와 과학과의 핵심역량 비교

<table>
<tr><th>총론
핵심역량</th><th>환경과
핵심역량</th><th>하위 요소</th><th>과학과
핵심역량</th><th>하위요소</th></tr>
<tr><td>자기
관리 역량</td><td>성찰·통찰
능력</td><td>• 자율성,
• 자기성찰
• 환경(자연 및 타자)에 대한 성찰
• 반성적 사고력
• 통합적 사고력</td><td rowspan="2">과학적
참여와
평생학습
능력</td><td rowspan="2">• 환경에 대한 책무성
• 과학기술의 사회성
• 과학연구의 윤리성
• 협업 능력
• 안전 의식
• 최신 과학기술 정보습득
• 과학 관련 진로 개발</td></tr>
<tr><td>자기
관리 역량</td><td>환경 공동체
의식</td><td>• 환경의식
• 환경관
• 참여와 책임의식
• 환경윤리, 배려, 협동</td></tr>
<tr><td>지식정보
처리 역량</td><td>환경정보
활용 능력</td><td>• 문제인식
• 정보와 자료수집
• 분석·평가
• 선택하는 능력
• 도구(매체) 활용 능력</td><td>과학적
탐구능력</td><td>• 문제 인식 및 가설설정
• 탐구 설계 및 수행
• 자료 분석 및 해석
• 결론 도출 및 일반화
• 과학적 모델 사용
• 수학과 컴퓨터의 활용</td></tr>
<tr><td>창의적</td><td rowspan="2">창의적
문제
해결력</td><td rowspan="2">• 창의력
• 비판적 사고력
• 실천적 추론
• 해결 방안의 실행 및 평가</td><td>과학적
문제
해결력</td><td>• 문제 발견 및 인식
• 정보 수집 및 선택
• 정보 분석 및 평가
• 다양한 해결 방안 제시
• 반성적 사고
• 합리적 의사결정</td></tr>
<tr><td>사고 역량</td><td>과학적
사고력</td><td>• 논리적 사고
• 비판적 사고
• 창의적 사고
• 융합적 사고력</td></tr>
<tr><td>의사소통
역량</td><td>의사소통
및 갈등해결
능력</td><td>• 언어 및 비언어적 표현 능력
• 의사결정력</td><td>과학적
의사소통 능력</td><td>• 과학 이슈의 이해
• 과학적 용어의 사용
• 과학적 도해의 사용
• 과학적 논증의 사용
• ICT 활용</td></tr>
<tr><td>심미적
감성 역량</td><td>환경
감수성</td><td>• 자연에 대한 심미적감상 능력,
• 타자에 대한 정서적 유대감,
• 자연 및 타자에 대한 공감능력</td><td></td><td></td></tr>
</table>

***출처:** 윤진아와 남윤경, 2020, p.7.

(서은정, 2017). 또한 총론의 여섯 가지 핵심역량에 발맞추어 개발되었기 때문에 동일한 요소를 환경교과의 용어로 제시하면서 실생활중심의 통합교과적인 환경교육의 본질을 추구하도록 설정되었다. 환경과 교육목표([표6.2] 참고)에서도 책임 있는 시민으로서 지속가능한 사회 체계를 추구하기 위해 필요한 의지와 역량을 갖추도록 하는 데 있음을 강조하며 환경과 상호작용, 지속가능에 대한 이해를 포함하는 인지영역, 태도와 가치관에 대한 태도를 포함하는 정의영역, 의사소통과 갈등해결 등의 기능적 영역과 함께 의지와 실천을 강조하는 참여와 실천 영역으로 구분하여 제시하고 있다(권영락 외, 2016).

[표 6.2] 2015 개정 교육과정에 제시된 환경과 교육목표

영역		중학교	고등학교
총괄 목표		중학교 '환경' 과목의 목표는 학습자가 자신의 주변과 지역 환경에 대한 탐구를 통하여 인간과 환경의 관계를 이해하고, 다른 사람들과 더불어 지구 생태계 내에서 조화로운 삶을 살아가는 데 요구되는 의지와 역량을 갖추어 지속가능한 사회를 만들도록 참여하게 하는 데 있다.	고등학교 '환경' 과목의 목표는 학습자가 행복과 자아실현을 추구하는 개인으로서 환경과 타인을 배려하는 범위 안에서 지속가능한 방식의 삶을 살아가는 동시에 책임 있는 시민으로서 환경적, 경제적, 사회적으로 지속가능한 사회체계를 이해하고 이를 추구하는 데 필요한 의지와 역량을 갖추도록 하는 데 있다.
세부 목표	인지	가. 인간과 환경의 상호작용 및 지속가능한 사회와 삶의 양식에 대한 이해를 증진한다.	가. 환경 사건과 쟁점에 대한 탐구를 통해 인간과 환경 간의 상호의존적 관계를 파악하고, 환경적, 경제적, 사회적 지속가능성이 서로 밀접하게 연관되어 있음을 이해한다.
	정의	나. 환경에 대한 다양한 경험을 통해 환경 감수성과 환경 친화적 태도를 기른다.	나. 환경에 대한 다양한 경험과 성찰을 통해 환경 감수성과 환경 친화적인 가치관을 기른다.
	기능	다. 환경을 탐구하고 환경 문제의 통합적 해결책을 찾는 데 필요한 창의적 문제해결력과 의사소통 및 의사결정 능력을 함양한다.	다. 환경문제를 인문사회적 측면과 자연과학적 측면을 연계하여 통합적으로 탐구하고, 해결책을 실행하는데 필요한 창의력, 문제해결력, 의사소통 능력, 갈등해결 능력 등을 함양한다.
	참여와 실천	라. 우리와 미래 세대를 위해 건강하고 쾌적한 환경을 보전하는 활동에 참여할 의지와 역량을 기른다.	라. 우리와 미래 세대, 환경을 모두 고려하는 지속가능한 삶을 실천하는 활동에 적극적으로 참여한다.

반면, 과학교육은 [표 6.1]에서와 같이 핵심역량과 교과역량의 하위요소가 '의사소통 능력'과 '과학적 의사소통 능력'과 같이 유사하거나 공통되는 점도 있지만, 그렇지 않은 부분도 있어 과학 교과만의 특징적 역량을 제시한다. 과학교육은 전통적으로 과학탐구능력을 강조해왔는데 과학탐구능력은 문제해결력과 과학적사고력, 의사소통 능력이 동시에 요구되므로(송진웅과 나지연, 2015) 과학적 탐구능력의 범주는 매우 포괄적으로 해석된다. 따라서 환경교과의 '환경정보 활용능력'과 '창의적 문제해결력'에 포괄적으로 적용될 수 있다([표 6.1]). 이처럼 총론이 제시하는 인간상을 고스란히 반영한 환경교육과 과학교육의 교과역량은 온전히 동일한 범주로 제시하기는 어렵다. 총론의 심미적 감성역량이 환경교육에서 환경감수성으로 이어지고 있지만 과학교과에는 찾아볼 수 없지만 과학교육의 교과역량 가운데 '과학적 참여와 평생학습능력'은 과학교육목표와 함께 평생학습과 민주시민으로서 과학적 소양함양을 강조하는 특징이 있다. 동시에 과학교과는 [표 6.3]과 같이 총론의 교육목표에서 흥미와 호기심을 첫 번째 목표로 제시하면서 정의적 영역을 강조하는 특징을 보여준다(송진웅과 나지연, 2015).

[표 6.3] 2015 개정 교육과정에 제시된 과학과 교육목표

핵심 요소	중학교 고등학교 공통
총괄 목표	자연현상과 사물에 대하여 흥미와 호기심을 가지고, 과학의 핵심 개념에 대한 이해와 탐구 능력의 함양을 통하여, 개인과 사회의 문제를 과학적이고 창의적으로 해결하기 위한 과학적 소양을 기른다.
세부 목표	가. 자연 현상에 대한 흥미와 호기심을 갖고, 문제를 과학적으로 해결하려는 태도를 기른다. 나. 자연 현상 및 일상생활의 문제를 과학적으로 탐구하는 능력을 기른다. 다. 자연 현상을 탐구하여 과학의 핵심 개념을 이해한다. 라. 과학과 기술 및 사회의 상호 관계를 인식하고, 이를 바탕으로 민주 시민으로서의 소양을 기른다. 마. 과학 학습의 즐거움과 과학의 유용성을 인식하여 평생 학습 능력을 기른다.

2.2 지식과 탐구 영역에서 환경과 과학의 내용체계 비교

다음으로 과학과 및 환경과 교육과정에서 제시된 내용체계는 각각의 교육과정이 추구하는 방향에 따라 서로 다른 관점에서 설계되었다. 과학과의 경우 내용 '영역'이 전통적인 교과 영역인 물리학, 화학, 생명과학, 지구과학 개념과 지식에 따라 구분되어 있다. 이러한 구분에 대해 송진웅과 나지연(2015)은 과학과의 핵심개념과 그에 따른 내용요소가 과학과의 전통적인 교과영역에 근거하여 구분되어 있기 때문에 내용적 측면의 체계성을 강조할 수 있으나 흥미·태도 등의 정의적 측면이나 과학의 탐구적 측면에 상대적으로 적은 관심이 주어질 수 있으며 또한 '통합(과학)'의 지향과도 차이가 있을 수 있다고 지적하였다. 그러나 환경교육과정은 환경주제나 쟁점에 대한 탐구를 중심으로 인문, 사회와 자연과학 영역을 통합하여 제시된다(권영락 외, 2016). 따라서 중학교와 고등학교 교육과정 모두 통합적 주제인 '환경과 인간', '환경체계', '지역환경과 지구환경(중학교)' 또는 '환경탐구(고등학교)', 그리고 '지속가능한 사회'의 네 가지 대영역으로 구분되어 있다(권영락 외, 2016). 이러한 차이 때문에 두 교육과정의 내용을 내용체계표로 비교하는 것이 쉽지 않다. 문성채 외(2015)는 환경 교과서 내용 분석을 위해 과학적 소양의 네 가지 요소에 근거하여 환경 소양의 네 가지 요소를 제안하였으며, 환경과 교육과정의 교육목표에서는 인지적·정의적·기능적 영역을 강조한 목표와 함께 참여와 실천을 강조한 목표를 제시하고 있다(권영락 외, 2016). 본 절에서는 인지적·기능적 영역에서 과학과 환경의 교육과정 내용체계를 비교해 봄으로써 과학 융합교육에서 다룰 수 있는 환경적 주제의 내용과 범위를 알아보고자 한다. 인지적 영역은 개념과 지식체계를 다루며, 기능적 영역은 탐구 기능적 측면에서 이야기하고자 한다.

환경 교과와 직접적으로 관련된 과학과 핵심개념과 내용지식은 물리의 에너지, 지구과학의 지구계 및 대기와 해양, 생물의 생태계와 관련된 주제이다. 두 교과 간의 지식의 연계성을 분석한 결과 환경 교과의 에너지, 기후변화, 생태계 관련 주제들에서 다루는 과학적 개념이 같은 학년군의 과학 교과 내용의 지식수준과 맞지 않는 것으로 나타났다(윤진아와 남윤경, 2020). 중학교 환경에서 다루는 에너지와 기후 변화 내용은 고등학교 과학 수준의 내용 지식을 요구하며, 중학교 환경의 주요 핵심개념이 생태계는 중학교 과학에서 다루지 않는다.

다음으로 기후변화는 환경교과 뿐 아니라 과학 교과에서도 중요하게 다루어지는 주제임에도 불구하고 교과 간의 연계성에 심각한 문제가 있다. 중학교 환경 교과에서는 기후 변화에 관한 내용이 환경 탐구를 위한 주요 주제, 즉 '핵심 개념'으로 다루어진다. '기후변화의 원인과 영향', '기후 변화 대응을 위한 노력' 이 주요 내용 요소로 환경과 성취기준 [9환03-10], [9환03-11], [9환03-12]에서 기후변화 현상의 원인 구분하기, 갈등 해결하기, 기후변화가 지역사회에 미치는 영향(강수량, 기온, 개화시기 등)의 자료 분석과 기후변화의 대응방안 등을 구체적으로 다루고 있다.

중학교 환경 교과에서 기후변화가 구체적인 탐구 주제로 다루어지는데 비해 중학교 과학 교과에서는 기후 변화의 과학적 개념을 직접적으로 배울 기회가 없으며 기후 변화를 이해하기 위한 필요한 매우 기본적 과학 개념을 다루는데 초점을 두고 있다. 기후 변화와 관련된 기본 개념을 다루는 단원은 중학교 과학의 '(18)기권과 날씨'이다. 이 단원은 날씨 변화의 원리와 과정을 이해하는 데 초점을 두고 있다. 이 단원에서 다루는 성취기준 중 하나에서 기권의 층상구조, 온실효과, 지구온난화, 복사 평형의 개념을 다룬다(과학과 성취기준[9과18-01]). 이와 관련된 탐구활동 또한 '복사 평형 실험하기'와 '구름 발생 실험하기'와 같이 과학적 개념인 복사 평형을 실험으로 확인하는 데 주요 목적이 있다. 중학교 환경 교과에서 다루는 기후변화와 관련된 성취기준에서 요구하는 지식수준은 고등학교 통합과학에서도 다루지 않는다. 이 내용 지식은 지구과학I의 수준에 더욱 부합해 보인다.

결국 환경교육에서 가장 중요한 주제 중 하나인 '기후 변화'에 대해 같은 중학교 환경에서 다루는 지식이 고등학교 지구과학I과 같다는 지식 연계성 문제는 환경교육의 효과성 측면에서 매우 중요하게 다루어야 하는 쟁점이다.

마지막으로 생태계와 관련된 내용은 초등학교 과학과 중학교 환경에서 다루는 개념이 체계적으로 잘 연결되어 있었다. 하지만 생태계 구성요소와 상호작용에 집중하고 있는 중학교 환경 교과에 비해, 중학교 과학은 생물다양성 중심의 종의 개념과 다양성 보전(과학과 성취기준[9과03-01], [9과03-02], [9과03-03])에 초점을 두고 있어 그 연계성이 약하다고 할 수 있다. 따라서 과학 교과에서는 초등학교에서 생태계 구성요소와 생태계 평형을 다룬 이후, 고등학교 통합과학에서 생태계 전반과 지구환경을 포괄적으로 배우게 되고, 중학교의 생물다양성은 생명과학1에서 생물다양성의 의미와 보전개념으로 확장하여 다루게 된다([12생과105-06]).

즉, 중학교 환경 교과에서 생태계와 상호작용에 관한 전반적인 내용이 다루어지는데 비해 중학교 과학 교과에서는 생태계 전반에 대한 과학적 개념을 직접적으로 배울 기회가 없다. 초등학교 생태계와 연계성을 갖는 중학교 환경의 생태계는 생태계 구성요소와 상호작용 전반을 다루면서, 지구시스템에 대한 과학적 체계적 이해가 필요한 단원이지만, 환경교과는 그 상호작용과 소중함을 표현하고 인식하는데 초점을 두고 있어 환경교육의 효과성 측면에서 중학교 과학교육에서 개념교육의 중요성이 강조된다.

또한 고등학교 환경교과는 생태계와 사회적 상호작용을 다루는데, 환경문제 사례와 실행방안 중심으로 지역과 공동체의 지속가능발전에 초점을 두고 있어 통합교과적인 환경교육의 성격을 잘 드러내는 한편, 물의 특성과 토양, 대기, 생태계 등의 특성과 활용을 기반으로 사회 경제적 문제전반을 다루는 활동으로 이어진다. 효율적인 고등학교 환경교육을 위해 통합과학은 물론 생명과학과 지구과학 전반에서 다루어지는 주요한 과학적 개념에 대한 이해를 필요로 하므로 환경교육의 효과를 높이기 위해 과학교육에서 관련된 개념의 이해를 돕는 교육이 병행되어야 한다.

다음으로 탐구적 측면에서 환경과와 과학과를 비교하여 살펴보자. 내용 체계적 측면에서 환경교과는 '환경 탐구'를 대영역으로 구분하여 제시한다. 중학교 환경 교과에서는 '지역 환경과 지구환경' 영역 중 핵심개념인 '환경 탐구'에서 탐구를 집중적으로 다루며, 고등학교 환경 교과에서는 '환경 탐구' 영역 모든 핵심개념('환경 사례 심층 탐구', '생활 주제 환경 탐구', '환경 프로젝트')에서 환경 탐구를 구체적으로 다룬다. 중학교과 고등학교 모두 환경 탐구에서 다루는 내용 지식은 과학과 교과 간의 경계를 넘나드는 간학문적 내용이다. 예를 들어 중학교에서는 지역 환경과 지구환경과 관련된 자유로운 주제로 탐구를 진행하도록 하며, 고등학교에서는 물, 토양, 대기뿐 아니라 생태계와 관련된 자유로운 주제로 환경사례 심층 탐구와 자유주제로 환경 탐구 프로젝트를 진행하도록 한다. 반면, 과학 교과에서는 탐구를 교과 내용의 영역이나 핵심주제로 제시하지 않고 모든 교과 영역에서 다양한 내용과 형태로 다루도록 하고 있다. 다시 말해 내용체계표로 과학과 환경 교과의 탐구 내용을 비교하기 힘들다.

환경 탐구 영역에서 제시된 성취기준에 직접적으로 부합하는 과학과 성취기준은 대부분 고등학교 과학탐구실험에서 제시된다. 그 이유는 과학과 교육과정에서는 과학탐구를 모든 영역에서 관련된 성취기준과 함께 교과서에서 필수적으로 다루어야 하는 '탐구활동'으로 따로 제시하기 때문이다([표 6.4]). 중학교 과학교육과정에서 필수 탐구로 제시된 탐구활동은 24개 단원에서 64개이며 대부분의 탐구 내용이 과학 개념의 학습과 직접 관련되어 있다. 이중 약 10.7%인 6개의 탐구가 환경과목에서 다루는 주제와 관련되어 있다. 고등학교 통합과학의 경우, 과학 탐구실험 교과가 따로 존재함에도 불구하고 교과서에서 제시된 전체 학생 활동의 20%가량이 탐구 활동이다(박장훈, 2019). 또한 통합과학교육과정에서 필수 탐구로 제시된 탐구활동 40개 중 14개가 환경과 관련된 주제들이다.

탐구 기능의 경우에도 환경 교과는 내용 요소와 직접 관련된 구체적인 탐구 기능을 영역별로 다르게 제시하는 것에 비해, 과학 교과에서는 8개의 핵심 탐구 기능은 모든 영역에서 공통으로 제시하고 있기 때문에 환경교육과정에서 제시하는 탐구의 용어 및 범위를 비교하는 것이 쉽지 않다. 하지만 환경과 관련된 주제

[표 6.4] 2015 개정 과학과 교육과정 통합과학에서 다루는 환경 주제

핵심 요소	단원	단원별 제시된 탐구활동
중학교 과학	생물의 다양성	• 생물다양성 보전을 위한 활동 방법 찾아보기
	수권과 해수의순환	• 수자원과 관련된 자료 조사하여 발표하기
	재해·재난과 안전	• 재해 재난 사례 조사하기
		• 재해 재난 피해를 줄이기 위한 대처 방안 토의하기
	과학기술과 인류 문명	• 과학기술이 인류 문명의 발달에 영향을 미친 사례 조사하기
		• 과학 원리를 이용하여 우리 생활에 필요한 산출물 설계하기
고등학교 통합과학	물질의 규칙성과 결합	• 겨울철 제설에 사용하는 염화칼슘을 대체할 수 있는 친환경적 물질을 찾아 그 유용성 토의하기
	자연의 구성 물질	• 물리적 성질을 이용한 신소재 개발 사례를 조사하고 자연을 모방하여 만드는 신소재의 종류와 양태를 조사하고 토론하기
	지구 시스템	• 지구시스템을 구성하는 여러 권들 사이의 상호 작용에 대해 조사하고, 각 권이 생명 유지에 기여하는 원리 토론하기 • 화산 분출로 인한 환경적, 사회적, 경제적 피해의 종류를 조사하고, 지구와 생명 시스템 측면에서 피해를 줄이기 위한 대책 수립의 필요성 논의하기 • 지구 시스템 내의 상호 작용과 순환 과정에 대한 이해를 바탕으로, 화산 폭발이나 환경오염이 확산되는 양상을 예측하고 이에 대한 대응책 토론하기
	생명 시스템	• 생활 속 생체 촉매 이용 사례를 조사하고, 생명 현상에서 촉매의 역할 토론하기
	화학변화	• 지구와 생명의 역사에 혁신적 변화를 가져온 여러 가지 화학 반응 조사하기 • 산성화된 토양, 호수 등을 효과적으로 중화시키기 위해 석회 가루를 정밀하게 살포할 수 있는 방법을 고안하고, 지속가능 발전의 측면에서 토양과 호수 산성화를 방지하기 위한 대책 토의하기 • 이산화탄소 농도 조절과 같이 지구와 우주의 환경에 영향을 주는 산, 염기의 사례 조사하기
	생물다양성과 유지	• 생물다양성 보전을 위한 실천 방안을 탐구하고, 생태계 측면에서 생물다양성 보전의 필요성 토의하기
	생태계와 환경	• 관측 자료를 활용하여 한반도의 기후 변화 경향성을 파악하고, 지구 전체의 경향성과 비교하기 • 지구의 기후가 어떤 변화를 거쳐 왔는지를 알아내는 방법을 조사하고, 기후 변화의 원인을 설명하는 다양한 가설을 주제로 과학적 논쟁하기 • 기후 변화로 인한 지구 미래 시나리오를 작성하고, 예측되는 지구 환경 변화를 극복하기 위한 방안 토의하기 • 에너지 제로하우스를 구상하여 발표하고, 에너지 제로하우스가 미래형 주거 형태에 주는시사점 토의하기
고등학교 과학탐구 실험	생활 속의 과학 탐구	• 우리 주변에서 천연 항생 물질 찾기 • 관측 자료를 활용하여 한반도의 기후 변화 경향성 파악하기 • 산성화된 토양, 호수 등을 중화시키는 방법 고안하기
	첨단 과학 탐구	• 태양광 발전을 이용한 장치 고안하기 • 신소재 개발 사례 조사하기 • 지속가능한 친환경 에너지 도시 설계하기 • 적정 기술을 적용한 장치 고안하기

***출처**: 윤진아와 남윤경, 2020, p.16.

를 다루는 탐구활동에서는 주로 논쟁, 논의, 토론, 토의 활동이 전체 활동의 58%를 차지하는 것으로 나타났다(윤진아와 남윤경, 2020). 환경과 관련된 탐구 활동은 주로 관련된 주제에 대한 내용 분석과 자료 수집에 근거한 의사소통과 의사결정에 초점을 두고 있는 것으로 해석된다.

과학과 교육과정은 지속가능한 발전을 위한 기술 개발과 개선 방안 제시, 환경문제에 대한 대처 방안 세우기, 지속 가능한 과학기술 개발에 대한 흥미와 의사결정 능력을 기르도록 하는 데 초점을 두고 있음을 알 수 있다. 과학과 성취기준과 함께 제시되는 탐구활동의 대부분의 내용이 지속가능한 과학 기술에 대해 다루고 있으며 특히 고등학교 통합과학의 과학탐구실험에서 제시된 대부분의 탐구활동이 지속가능한 발전에 대해 다루고 있음을 알 수 있다. 하지만 박장훈(2019)에서 제시한 바와 같이 추론을 위한 증거 수집과 해석, 과학적 기능을 요구하는 과학 탐구 활동에 비해 사회 기술의 사회적 문제를 제시하거나 학생의 실천적 참여를 요구하는 활동이 매우 낮다.

이 절에서는 한국 과학교육에서 통합교육의 주제로 다루어지는 환경문제와 관련하여 환경교육의 현황과 교육과정을 비교분석하고 두 교과 간의 상호 보완점을 밝힘으로써 과학교육을 통한 환경교육 효과에 대한 가능성을 알아보고자 하였다. 먼저 핵심역량과 목표 비교를 비교한 결과 총론을 기반으로 제시되는 각 교과역량은 유사점도 있지만 환경과 교육과정이 학습자가 처한 삶의 맥락에서의 환경문제와 참여에 목적에 둔다면 과학과 교육과정은 교과 특수적 역량을 제시하며 탐구능력과 과학적 소양함양을 강조하는 특징을 가진다(송진웅과 나지연, 2015). 따라서 과학교육에서는 보다 실천적 측면을, 환경교육에서는 과학적 탐구능력에 대한 의미 있는 상호보완이 고려될 필요가 있다.

다음으로 두 교과는 교과역량과 목표, 내용 지식뿐 아니라 탐구 주제와 방법 등 내용체계에서도 상당히 많은 부분에서 유사점이 있었다. 하지만 특히 교과 지식간의 연계성에 심각한 문제가 드러났다. '탐구요소'에서 과학과는 개념학습 관련 탐구활동이 중심으로 환경 주제를 다룰 때는 논쟁, 토론, 토의 등 의사소통과 의사결정에 초점을 두지만 환경과는 내용 지식에서 과학과 교과 간의 경계를 넘나드는 간학문적 내용을 다루고 있었다. 지식요소에서는 내용지식의 체계를 중요시하는 과학과에 비해, 환경과는 학년 간 경계가 거의 없이 기후변화와 생태계, 에너지 주제들을 중학교와 고등학교에서 반복적으로 다루고 있다는 것을 알 수 있다. 하지만 중학교 과학과 교육과정에서는 이러한 환경 주제들을 충분히 이해하기 위해 필요한 기본적인 과학적 지식을 다루지 않는다. 결국 환경을 선택과목으로 선택한 중학교 학생들은 관련 지식이 없는 상태로 환경 주제를 접하게 된다.

이러한 사항은 지속가능한 발전을 위한 과학 융합교육에서 다루어야 할 환경관련 주제에 대해 몇 가지 중요한 시사점을 제공한다. 먼저 환경과 과학 교과간에 지식의 연계성 문제를 고려하여 과학 융합교육에서 환경 주제를 다룰 때 환경 지식의 수준과 내용체계를 충분히 고려할 필요가 있다. 한국 교육과정은 교과 간 지식연계에 대한 충분한 정보를 제공하지 않는다. 미국의 경우 2013년 발표된 차세대 과학교육과정에서 모든 성취기준(Performance expectation)에 대해 연계정보(Connections)를 제공한다. 이 정보는 (1)같은 학년에서 다른 과학 교과와의 연계, (2)

관련 교과 내용의 다른 학년간 연계, (3)그리고 과학과 직접적인 관련이 없는 기본 핵심 교육과정(수학과 국어)과 연계된 정보로 구성되어 있다(NGSS Lead States, 2013). 과학과 환경교육과정의 지식 연계성은 여러 가지 측면에서 매우 중요한 정보이다. 먼저 한국 학생 가운데 학교 밖 환경교육을 이수하는 학생은 전체의 15%가량 된다. 또한 중고등학교에서 만들어지는 동아리의 약 30%(중학교(28%), 고등학교(29%))가 환경 관련 동아리이다. 특히 학교 밖 환경교육 단체에서 제공하는 환경교육은 지역적 특성에 따라 매우 다양한 주제를 다룬다. 이러한 학교 밖 환경교육이 효율적으로 이루어지기 위해서는 환경교육의 주제와 관련된 학습자의 선행과학지식에 대한 이해가 필요하며, 국가 교육과정에서 교과 간 내용 지식 연계성에 대한 충분한 정보를 제공할 필요가 있다.

다음으로 체계적인 지속가능 발전 교육을 위해 과학과 환경과 교육과정이 상호보완 될 필요가 있다. 지속가능 발전 교육(Education for Sustainable Development, ESD)은 현 세대와 미래 세대의 필요를 모두 충족시키기 위해 지향하는 발전 방향으로 환경 문제와 함께 그 중요성이 강조되고 있다(UNESCO, 2009). 첨단 기술과 과학적 발전이 지속가능 발전의 중요한 부분임에도 불구하고 한국의 지속가능 발전교육은 환경교육을 중심으로 이루어지고 있다(신영준, 2017). 이러한 현상은 중학교 과학의 경우 더욱 심각하다. 교육과정의 내용체계를 분석한 결과 통합과학과 탐구실험의 성취기준에서 명확하게 드러나지 않았지만 관련 '탐구 활동'에서 지속가능 발전과 관련된 주제를 다루고 있는 경우가 많았다. 하지만 중학교 과학의 경우 지속 가능 발전 교육과 관련된 주제를 다루는 경우가 매우 드물었다.

김지현 외(2015)에 의하면 5종 출판사의 통합과학 교과서를 분석한 결과, 전체의 16%만 지속가능 발전교육과 관련 내용이 포함되어 있으며 이러한 내용은 'Ⅳ. 환경과 에너지' 단원에 집중되어 있는 것으로 나타났다. 교과서에서 더욱 많은 단원에서 지속가능 발전교육 내용을 포함할 수 있도록 하기 위해서 교육과정 성취기준과 탐구활동 주제 선택에 더욱 세심한 주의를 기울일 필요가 있다. 지속가능 발전교육과 과학교육을 통합했을 때 기대되는 효과에 대해 과학교사들은 초중등 학교급과 관계없이 학생들의 문제해결력이 증가할 것이라고 응답했다(지덕영 외, 2019). 또한 통합과학교육에 대한 이해가 높은 교사일수록 '가치' 측면에 가장 좋은 효과가 있을 것이라고 기대했다(지덕영 외, 2019). 더욱 효율적이고 체계적인 지속가능발전 교육을 위해 과학교육과정에서 탐구활동의 주제를 더욱 다양하고 통합적인 주제로 다룰 필요가 있다. 이러한 변화는 현재 과학적 사고력과 과학적 탐구 중심의 통합 교과서를 좀 더 과학적 문제해결과 평생학습과 참여 역량을 강조하는 교과서로 바꿀 수 있는 기반을 제공할 것이며(박장훈, 2019), 나아가 미래 시민이 반드시 갖추어야할 역량인 문제해결력과 의사소통, 의사결정, 비판적 사고력을 기를 수 있는 교육으로 과학교육의 질을 높이는데 기여할 것이다.

다음은 과학 융합교육이 지속가능한 발전을 위한 교수 전략으로 활용된 예를 살펴보고, 과학 융합교육의 미래시민양성 교육으로서의 중요성과 가능성을 살펴보고자 한다.

2.3 지속가능한 발전을 위한 과학-공학 융합교육

초중등 교육에서 과학-공학 융합교육의 주제로 활용될 수 있는 주제는 일상생활에서 중요하게 다루어지는 문제이면서 학생 수준에서 개발 및 평가가 가능한 것이어야 한다. 초중등 과학에서 다루는 과학 개념을 적용하여 학생들이 의미 있는 공학 산출물을 만들어낼 수 있는 주제 중 가장 많이 활용되는 것이 환경과 관련되는 주제이다. 지속가능 발전을 위한 신재생에너지, 기상이변으로 인한 자연재해, 대기와 물의 오염등과 같은 주제는 우리의 생활과 밀접하게 관련되어 있을 뿐 아니라, 문제해결의 필요성에 대한 정당성을 확보하기 쉽기 때문에 과학-공학 융합교육의 주제로 많이 활용된다. 지속가능 발전을 위한 과학-공학 융합 수업의 사례를 살펴봄으로써 미래 주요 핵심 쟁점인생태계와 환경 보존을 위한 과학 융합수업에 대해 알아보자.

2.3.1 초중등 환경교육을 위한 과학-공학 융합수업 사례

먼저 '어항 정수 시스템 설계' 활동을 예시로 초중등 학생을 대상으로 적용 가능한 수업예시를 살펴보자. '어항 정수 시스템 설계' 활동은 EngrTEAMS(2017)에서 제시된 공학 설계의 단계를 따라 이동영(2022)에 의해 개발되었다. EngrTEAMS는 미국 미네소타 대학과 퍼듀대학의 공동연구로 진행된 공학 설계 기반 STEM 프로젝트이다. EngrTEAMS는 프로젝트의 일환으로 4~8학년의 교육과정 수정을 제안하였고(Moore et al., 2014), 이후 다양한 STEM 프로그램의 개발 및 적용을 통해 그 효과성을 꾸준히 검증하고 있다(Roehrig et al., 2017). 또한 교사 연수를 통한 전문성 향상 프로그램을 진행할 뿐 아니라(Ring-Whalen,

2017), 비대면 공학 설계 STEM 프로그램을 시행하는 등(Sivaraj et al., 2020), 미국 공학 설계 기반 STEM 수업에 많은 긍정적 영향을 미치고 있다. [표 6.5]와 같이 EngrTEAMS는 기본적으로 공학 설계 기반 과학수업의 단계를 6단계로 제시하였다. 각 단계는 문제 정의(Define), 문제에 대한 학습(Learn), 해결책 설계(Plan), 해결 방안 시도(Try), 해결 방안 평가(Test), 해결책 선

[표 6.5] 공학 설계 단계와 EngrTEAMS의 공학 설계 단계

공학 설계단계	EngrTEAMS 단계	특징 및 주요 이슈
문제 정의 및 제한 조건의 확인	문제 정의 (Define the Problem)	누가 무엇을, 왜 필요로 하는가? - 고객(Client)은 누구인가? - 고객이 필요로 하는 것은 무엇인가? - 고객은 왜 이것을 필요로 하는가? - 최종 사용자는 누구인가? - 최종 사용자는 이것을 왜 필요로 하는가? - 제약조건과 기준은 무엇인가?
배경지식 및 정보 수집	문제에 대한 학습 (Learn about the Problem)	문제를 해결하기 위해 무엇을 알아야 하는가? - 어떤 배경 지식이 필요한가? - 어떤 재료들이 필요한가? - 어떤 것들이 문제해결을 위해 시행되어 있는가? - 성공과 개선을 어떻게 측정할 수 있을까?
해결책 설계	해결책 설계 (Plan a Solution)	문제해결을 위한 해결책 설계 - 가능한 해결책에 대한 아이디어 생성 - 제약 조건, 기준 및 절충안 고려 - 해결책 선정 - 해결책 설계
최적화	해결 방안 시도 (Try a Solution)	해결 방안 시도하기 - 실행해 보기(제작해 보기) - 위험을 고려한 최적화 작업 - 계획에서 나타난 제약 조건, 기준 및 절충안을 활용하여 초기모델(Prototype) 제작하기
	해결 방안 평가 (Test a Solution)	해결 방안 실행 및 평가하기 - 실험 가능한 질문이나 가설 고려하기 - 실험이나 평가표(Rubric)를 통해 해결책이 처음 고려하였던 제약 조건, 기준, 필요를 충족하는지 확인하기. - 데이터를 수집하고 분석하기
	해결책 선정 (Decide on a Solution)	(반복)실험 후 해결책 선정하기 - 사용하는 문제해결을 위해 이 디자인을 활용할 수 있는가? - 문제해결을 위한 제약조건과 기준을 충족하는가? - 디자인은 평가 결과의 피드백에 의해 어떻게 개선되었는가?

***출처**: EngrTEAMS(2017)에서 번역·보완됨

정(Decide)으로 구성된다. 이러한 단계는 NGSS(2013)가 제시하는 공학 설계의 3요소(1. 문제 정의 및 배경지식 탐색, 2. 해결책 설계 및 적용, 3. 해결책 및 디자인 평가)를 모두 포함하고 있으며, 3장에서 제시한 공학 설계 단계로도 이해가 가능하다.

[표 6.6]과 같이 '어항 정수 시스템 설계' 수업은 총 6개의 단계(Stage)로 이루어 져있다. 실제 제작으로 인해 시간이 오래 걸리는 해결 방안 시도(Try) 단계를 제외하고 각 단계는 2시간 정도의 수업시간이 소요된다.

[표 6.6] EngrTEAMS 공학 설계 단계가 적용된 과학 융합수업의 개요

<table>
<tr><th colspan="2">활동주제</th><th colspan="2">어항 생태계 유지를 위한 수질 정화 시스템 개발</th></tr>
<tr><th>EngrTEAMS
단계</th><th>모듈
단계</th><th>주요 활동</th><th>공학 설계단계</th></tr>
<tr><td>문제 정의</td><td>1단계</td><td>- 어항 생태계의 구성 요소 알아보기
- 어항의 수질오염 원인 알아보기
- 어항 정수 시스템 설계를 위해 해결 가능한 문제 정의하기</td><td>문제 정의 및 제한 조건의 확인</td></tr>
<tr><td>문제에 대한 학습</td><td>2단계</td><td>- 지속 가능한 어항 생태계 결정요인 알아보기
- 수질 정화 방법 알아보기
- 수질 정화 시스템 성공요인 결정하기
- 활용 가능한 재료 탐색하기
- 재료의 효과 실험해보기
- 재료의 효과 정리</td><td>배경지식 및 정보 수집</td></tr>
<tr><td>해결책 설계</td><td>3단계</td><td>- 정수 시스템 설계해보기
- 정수 시스템 디자인 확정하기
- 정수 시스템 디자인 효과 예상 해보기
- 정수 시스템 제작 비용 산출하기
- 정수 시스템 제작하기</td><td>해결책 설계</td></tr>
<tr><td>해결 방안 시도</td><td>4단계</td><td>- 정수 시스템 효과 실험하기
- 결과 분석 및 개선점 찾기
- 예산 절감 방법 찾기
- 정수 시스템 재설계(Redesign) 하기</td><td rowspan="3">최적화</td></tr>
<tr><td>해결 방안 평가</td><td>5단계</td><td>- 정수 시스템 디자인 효과 예상 해보기
- 정수 시스템 재제작 비용 산출하기
- 정수 시스템 제작하기</td></tr>
<tr><td>해결책 선정</td><td>6단계</td><td>- 정수 시스템 효과 실험하기
- 결과 분석하기
- 최종 보고 디자인 선정하기
- 최종 보고서 작성하기</td></tr>
</table>

***출처**: 이동영(2022)에서 수정·보완됨.

1단계에서 학습자들은 어항 생태계의 붕괴로 인해 피해를 입은 고객(client)의 사례를 접하고, 해결해야 할 문제에 대해 구체적으로 정의한다.

2단계에서 문제해결을 위해 어항 생태계와 어항생물의 생존을 위한 수질의 조건, 어항의 수질 측정과 관련된 배경지식(Background knowledge)을 학습한다. 또한 일반적인 수질 정화의 방법을 알아보고, 어항 생태계 유지를 위해 정화된 수질의 기준을 정리한다. 학습자들은 주어진 아홉 가지의 재료를 개별적으로 탐색해 보고, 실험을 통해 재료의 효과에 대해 정리한 내용을 공유한다.

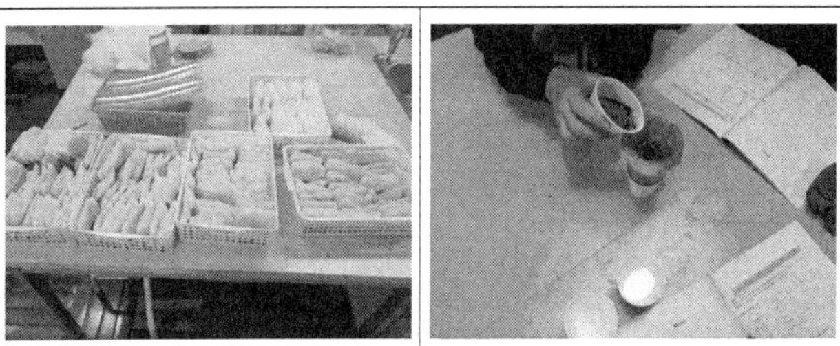

(a) 재료 (b) 재료 성능실험

[그림 6.2] 활용 가능한 재료 및 재료 성능 실험 과정
***출처**: 이동영(2022)에서 발췌됨.

3단계에서 수질 정화를 위한 필터의 구조를 설계해본다. 학습자들은 초기모델(prototype)의 설계를 완성하고, 2단계에서 확인한 개별 재료의 효과를 토대로 필터의 효과를 예상하여 본다. 또한 정수 시스템을 구축하는 데 들어간 비용을 산출한다.

이후, 정수 시스템을 제작한다. 이 단계는 EngrTEAMS가 제안한 해결 방안 시도 단계에 해당한다.

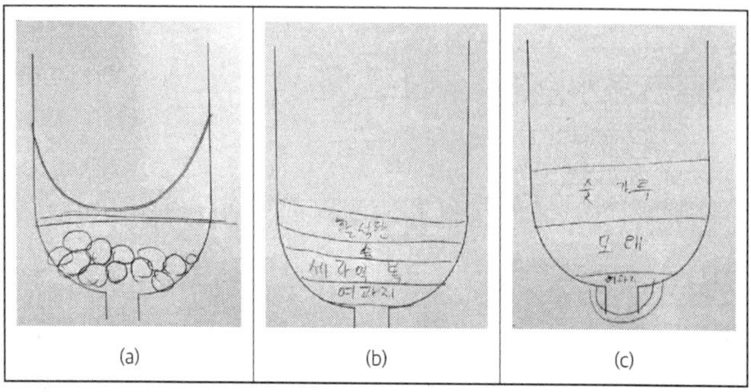

[그림 6.3] 정수 시스템 설계해보기 초기모델 설계도 예시
***출처**: 이동영(2022)에서 발췌됨.

해결 방안을 시도하는 4단계부터 해결 방안을 평가하고(5단계) 선정하는 6단계까지는 최적화 단계이다. 4~5단계에서 학습자들은 정수 시스템의 효과를 실험하고, 결과를 분석하여 초기목표에 도달하지 못한 경우, 필터의 개선점을 탐색한다. 필터의 재료와 구조를 변경할 수 있도록 논의하여 재설계 과정을 준비한다. 만일 초기모델로 문제해결에 성공하였다면, 학습자들은 예산을 절감하여 효율성을 높일수 있는 방안을 탐색한다. 두 가지 관점에서 탐색이 완료되면 학습자들은 초기모델의 개선을 통한 재설계(Redesign) 과정을 진행한다. 이 단계는 EngrTEAMS가 제안한 해결방안 시도와 평가 단계에 해당한다. 4~5단계가 반복되는 최적화(Optimization)과정은 순환적으로 반복된다.

특히 해결 방안을 평가하는 5단계에서 학습자들은 재설계를 거친 정수 시스템의 효과를 예상해 보고, 재제작 비용을 산출하고, 해결책을 재제작해 본다.

해결책을 선정하는 6단계는 재설계한 정수 시스템의 효과를 실험하고 분석된 결과를 바탕으로 최종 보고에 활용한 모델을

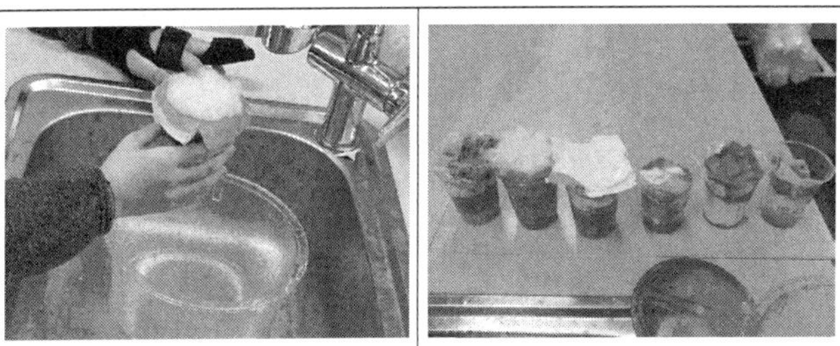

(a) 제작과정 (b) 시제품

[그림 6.4] 1차 시제품 제작 과정 및 시제품
*출처: 이동영(2022)에서 발췌됨.

[그림 6.5] 초기모델 실험 결과 예시
*출처: 이동영(2022)에서 발췌됨.

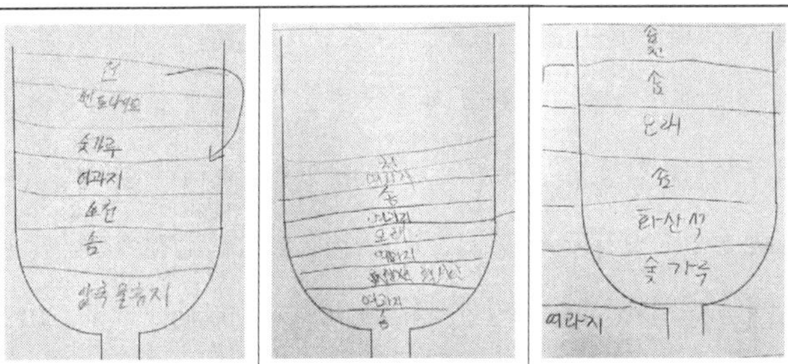

(a) (b) (c)

[그림 6.6] 재설계모델 설계도
*출처: 이동영(2022)에서 발췌됨.

선정하고, 모델을 소개하는 보고서를 작성한다. 작성된 보고서는 고객에게 전달된다는 가정과 함께, 학습자 전체의 상호 평가 과정을 거쳐서 정리한다.

Lee & Nam (2021)이 제시한 활동을 참고하면, 정수 시스템을 구성하는 몸통(Body)은 기본 제공하였으며, 시스템 내부의 재료는 총 아홉 가지 재료(세라믹볼, 모레, 숯가루, 활성탄, 화산석, 여과지, 솜, 천, 압축 물휴지)를 제시할 수 있는데, 학교 사정에 따라 몇 가지를 제외하거나 추가할 수 있다. 공학설계 활동 중 발생할 수 있는 다양한 변수를 줄이기 위해 교사가 미리 실험을 한 후 학생들에게 적합한 재료를 선택하는 것이 좋다. 예를 들어 활성탄 가루를 사용할 경우 정수하는 시간이 길어 질 수 있다. 세라믹볼은 종류에 따라 자체적으로 색이 빠지는 경우가 있기 때문에 미리 확인해야 한다. 재료는 학생들이 개별 모둠의 설계에 따라 자유롭게 선택 및 배치할 수 있도록 하되 무분별한 재료의 사용을 방지하고 재료에 대한 학습효과를 위해 각 재료별로 가격을 설정하고 팀별로 예산을 부여하여 운영하도록 한다. 예산의 운영은 실제 공학자들이 효율적인 연구와 개발을 위해 꼭 필요한 역량이기 때문에 학생들이 미리 경험해 봄으로써 공학적 사고를 향상시킬 수 있다. 이 수업을 초등학교 6학년 164명에게 적용해 본 결과 성별에 상관없이 융합적 문제해결력의 향상에 유의미한 효과가 있었다(t 검정, p=.000)(Lee & Nam, 2021). 이러한 결과는 과학공학 융합수업이 가지는 긍정적 효과 중 융합적 문제해결력과 융합적 사고력에 미치는 영향에 관한 선행연구(Glancy et al., 2017; Moore et al., 2014; Roehrig et al., 2017)의 결과와도 일치한다(Lee & Nam, 2021). 공학 설계는 학습자들이 다양한 재료들과 과학적인 원리, 그리고 수학적 개념들을 함께 활용하여 문제를 해결하면서 창의성 향상과 시행착오를 통해 비판적 사고력, 분석적 사고력을 향상시킬 수 있다.

2.3.1 고등 환경교육을 위한 과학-공학 융합수업 사례

다음으로 고등학교 학생을 대상으로 개발된 환경관련 주제 과학 융합교육 사례를 제시하고자 한다. 이 수업은 김주희(2022)에 의해 개발되었으며, 고등학교 동아리 활동에서 생태계와 기후변화 교육을 위해 보드게임 만들기 활동에 공학 설계를 적용한 것이다. 보드게임은 다양한 연령층이 즐길 수 있도록 실제 우리의 삶과 비슷한 상황을 제공함으로써 전인격적인 발달에 도움을 주며, 청소년기의 학생들에게 협동 능력, 문제해결력, 상대방을 배려하는 능력 등 게임을 통해 자연스럽게 사회적인 특성을 발달시킬 수 있다(한국콘텐츠진흥원, 2011). 대부분의 보드게임은 교육적인 목표보다는 단순히 재미를 위해 제작된 것이 많지만, 최근 교육적 효과를 위해 보드게임을 활용하는 사례가 늘고 있다. 실제로 사회 환경교육활동에서도 학습자의 참여를 유도하기 위해 다양한 보드게임을 개발하여 사용하고 있다.

시중에 판매되는 보드게임도 환경관련 주제를 다루고 있는 것이 많이 있다. 이러한 보드게임을 활용하여 환경교육을 한 사례들이 많이 있으며, 그 교육적 효과도 환경에 대한 인식과 지식 증가 등 다양하다. 다음 [그림 6.7]은 환경교육용 보드게임의 예를 정리한 것이다. 이러한 보드게임들은 공통적으로 게임을 통해 쉽고 자연스럽게 환경교육에 접근할 수 있도록 하는 장점이 있다. 다만 게임에서 다루고 있는 환경 지식의 범위가 한정적이라

(a)북극곰을 부탁해 (b)플라스틱 플래닛 (c)포레스트
(d)아이스 앤 더 스카이 (e)포렛 (f)아크: 멸종위기종 보드게임

[그림 6.7] 환경교육용 보드게임
***출처**: 김주희 (2022)에서 수정·보완됨.

교과 수업에 활용하기 한계가 있다.

다음은 기후변화와 생태계 평형에 대한 교육을 목적으로 과학-공학 융합교육의 교수전략을 활용하여 학생들이 보드게임을 직접 디자인하는 활동의 예시이다. [표 6.7]은 공학 설계의 단계를 따라 구성된 차시별 활동 내용이다.

1~2차시는 문제의 정의 및 제한조건 확인 단계로 학생들이 환경교육용 보드게임 개발의 필요성을 인식하고 자신들이 개발할 환경교육용 보드게임의 주제를 선택한다. 이때 기후 변화와 생태계 파괴에 대해 알아보고 그 심각성을 파악한다. 팀원끼리 의논하여 <지구 온난화>와 <생태계 파괴> 중 탐구하고 싶은 하나의 주제를 선택한다. 전체 활동 후 팀별 보드게임을 평가하여 우수작을 선정하기 위해 학생들 사이에 잘 만들어진 보드게임의 평가 기준이 어느 정도 합의가 되어야 하는데, 학생들이 보드게임을 디자인하기 전과 후의 보드게임 평가에 대한 생각 변화를 알

[표 6.7] 환경 보드게임 만들기 차시별 활동 내용

<table>
<tr><th colspan="2">공학 설계단계</th><th>활동 내용</th></tr>
<tr><td>문제의 정의 및 제한조건 확인</td><td>1~2 차시</td><td>- 환경 주제 보드게임 개발의 필요성 인식
- 환경 파괴의 심각성에 대한 인식
- 보드 게임 개발을 위한 환경 주제(지구온난화, 생태계 파괴 중 택 1) 선택
- 보드게임의 평가기준 정하기</td></tr>
<tr><td>배경 지식 및 정보 수집</td><td>3~4차시</td><td>- 시중에 판매되는 인기 있는 보드게임 체험하기
- 주어진 환경 관련 자료와 새로운 자료를 탐색하고 분석하기
- 보드게임의 종류 정하기</td></tr>
<tr><td>해결책 설계</td><td>5~6 차시</td><td>- 모둠별 아이디어 회의를 통한 스토리 보드 제작하기
- 보드게임 디자인 재료를 선택하고 모둠별 환경교육용 보드게임 디자인하기</td></tr>
<tr><td rowspan="2">최적화</td><td>7~8 차시</td><td>- 중간 점검 : 모둠별로 만든 보드게임을 소개하고 동료평가 받기
- 동료에게 받은 피드백을 바탕으로 보드게임 보완하기</td></tr>
<tr><td>9~10 차시</td><td>- 최종 발표하기 : 모둠별로 완성된 보드게임을 소개하고 발표하기
- 보드게임 체험과 우수작 선정 : 모둠별 보드게임을 직접 체험해보고 학생들의 평가를 통해 우수작 선정하기</td></tr>
</table>

***출처**: 김주희 (2022)에서 수정·보완됨.

아보기 위해, 활동을 하기 전 개인이 생각하는 보드게임의 평가기준을 작성하도록 한다. 대부분의 학생들이 '재미가 있어야 한다.', '규칙이 간단하고 이해하기 쉬워야 한다.', '다양한 연령이 즐길 수 있어야 한다.', '디자인이 예뻐야 한다.' 라는 의견 등을 내놓았다(김주희, 2022). 이렇게 개개인이 작성한 자신만의 평가기준을 팀원들과 공유하여 토의를 거쳐 우리 팀만의 평가 기준을 제안한다.

3~4차시는 배경 지식 및 정보수집 단계로 보드게임 디자인 활동을 본격적으로 실시하기 전에 학생들은 시중에 판매되는 인기 있는 보드게임을 체험하는 시간을 가진다. 보드게임을 체험하기 전에 보드게임의 목표, 디자인, 등장인물, 스토리, 규칙 등을 살펴보면서 게임을 진행할 것을 안내한다. 학생들은 보드게임

의 종류에 대해서도 탐색하는데 보드게임의 종류는 여러 가지가 있다. 그중 학생들에게 친근하고 다루기 쉬운 보드게임의 종류로 일반형과 일방향형이 있다. 일반형은 흔히 윷놀이나 부루마블과 같이 게임판을 한 방향으로 돌면서 진행하는 유형이고, 일방향형은 흔히 뱀주사위게임 형태로 위에서 아래로, 또는 아래에서 위로 한 방향으로만 직진해서 도착점에 도달해야 하는 유형이다. 학생들은 여러 가지 보드게임을 직접 경험하고 각 팀에서 만들 보드 게임의 종류를 선택한다.

5~6차시는 해결책 설계 단계로 본격적으로 보드게임에 적용할 스토리 보드를 만든다. 스토리 보드는 스토리 설계, 보드 및 명령카드 개발로 나누어진다. 첫 번째 스토리 설계는 인물과 사건, 그리고 사건 배경을 구성할 수 있도록 제작한다. 학생들은 모둠원끼리 토의를 통하여 어떤 배경을 중심으로, 어떤 인물을 등장시켜, 어떤 사건을 해결할 것인지를 고민하는 창의 공학적인 사고를 통해 협업 능력을 기른다. 두 번째 보드 및 명령 카드 개발은 보드의 배경을 좀 더 자세하게 서술하여 구체화하고, 게임에서 사용할 명령 카드의 앞면과 뒷면의 디자인 초안을 잡는 활동이다. 학생들은 보드게임을 디자인하기 전에 초안을 먼저 작성하면서 디자인 구성을 시각화한다.

다음으로 작성한 스토리보드를 기반으로 실제 보드게임을 디자인한다. 보드게임 만들기 키트를 관찰하며 스토리보드의 내용을 어떤 형태로 구체화할 수 있는지에 대해 토의한다. 보드게임 만들기 키트는 시중에 판매되는 것중 교사가 선택해서 준비한다. 보통 보드게임 만들기 키트의 구성은 보드게임판, 게임 종, 게임 말 4개, 여러 장의 명령카드, 주사위 등이다. 게임판은 양면으로

되어 있는데 한쪽 면은 일방향형, 다른 면은 일반형으로 기본 틀이 갖추어져 있어 학생들이 보드게임을 디자인하는 데에 집중할 수 있다.

모둠의 주제에 맞게 학생들은 사이언스타임즈(https://www.sciencetimes.co.kr/)에서 최신 환경뉴스와 스마트폰이나 스마트탭을 이용하여 스스로 자료를 탐색하게 할 수 있다. 보드게임에 어떤 내용을 넣을지, 스토리보드의 내용을 어떻게 디자인할지에 대해 어느 정도 정해지고 나면 학생들은 디자인 활동에 필요한 재료들을 선택한다. 보드게임 키트와 생태계와 관련된 여러 동식물의 스티커, 보드게임을 꾸미기에 적당한 색지, 색연필, 가위, 풀 등이 재료로 사용된다.

7~~8차시는 최적화 단계이다. 이 단계는 학생들이 만든 보드게임 시제품을 다른 팀에게 평가 받는 시간이다. 같은 주제를 선택한 팀끼리 짝지어 서로의 보드게임을 보고 동료평가를 하는 활동이다. 각 팀별로 보드게임을 설명해줄 발표자를 선정한다. 발표준비가 끝나면 동료팀이 발표할 팀으로 찾아와 보드게임 설명을 경청하고 피드백을 한다. 이때 발표팀의 기분이 상하지 않도록 칭찬할 점과 개선할 점을 하나씩 피드백하도록 하는것이 바람직하다. 피드백이 끝나면 역할을 바꾸어 평가한 팀이 발표 팀이 되어 발표를 시작한다. 발표 팀은 피드백 내용을 기록해두었다가 동료평가가 끝나면 팀원끼리 토의를 거쳐 이를 보드게임에 반영한다.

9~10차시에는 피드백에 근거하여 보드게임 디자인을 수정하고 최적화하며, 전체 학생을 대상으로 최종산출물을 발표하는 시간으로 진행된다. 팀별로 완성된 보드게임을 발표하고, 모든 팀의 발표가 끝나면 보드게임과 규칙에 대한 간략한 설명과 함께

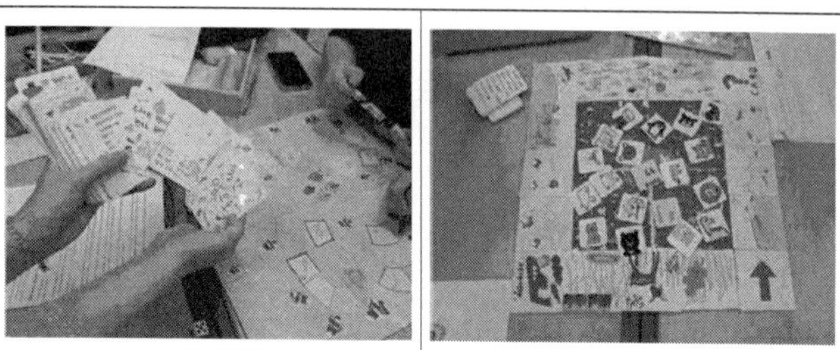

(a) 일방향형　(b) 일반형

[그림 6.8] 완성된 보드게임 예시
***출처**: 김주희 (2022)에서 발췌됨.

보드게임을 전시해둔다. 학생들은 다른 팀의 게임을 직접해보고, 규칙을 확인해보면서 최종 평가 시간을 가진다.

최종 평가를 위해서는 공통된 평가 기준을 정해야 하는데, 1~2차시에 작성한 모둠별 평가기준을 활용할 수 있지만 학생들이 보드게임 디자인 활동을 하기 전과 후에 평가 기준이 달라질 수 있기에 팀별로 토론을 거쳐 최종 평가 기준을 합의하는 것이 좋다. 보드게임을 평가하는 기준으로 ①명령카드 내용의 정확성, ②가독성, ③게임 재미 여부, ④디자인, ⑤게임을 통한 유익함 여부, ⑥정해진 주제(지구온난화 또는 생태계 파괴)를 벗어나지 않았는지 등이 될 수 있다.

보드게임 활동을 고등학교 동아리 활동에 적용해본 결과 학생들의 창의공학적 문제해결 성향이 유의미하게 높아지는 것을 확인할 수 있었으며, 환경과 생태에 관한 지식 및 환경 소양도 증가하는 것을 확인할 수 있었다(김주희, 2021). 환경소양을 측정할 수 있는 고등학교 학생용 환경소양측정검사지(남윤경 외, 2021)를 제시하면 다음 예시와 같다.

<예시>

환경소양 설문 검사지

1~5점 척도: 매우 그렇다(5)-그렇다(4)-보통이다(3)-그렇지 않다(2)-전혀 그렇지 않다(1)

1. 생물 종 다양성은 생태계 평형을 유지하기 위한 중요한 역할을 하고 있다.
2. 기후 변화가 생물의 서식지 환경에 영향을 미치고 있다.
3. 기후 변화가 생물 종의 급격한 감소에 영향을 미치고 있다.
4. 산업혁명 이후로 화석연료 사용이 증가하면서 지구의 평균 기온이 상승했다.
5. 기후 변화가 농수산물의 생산량과 가격변동에 영향을 미친다.
6. 기후 변화가 태풍, 홍수 등의 악기상의 강도와 빈도를 증가시킨다.
7. 농토의 황폐화, 지하수 오염으로 인한 토양오염은 인간의 건강과 토양생물에 악영향을 미친다.
8. 깨끗한 물은 인류의 건강과 생존, 지속가능한발전을 위한 중요한 자원이다.
9. 사회적, 경제적 발전과 과학기술의 발전, 환경 보존은 서로 영향을 미친다.
10. 과학기술의 발전은 때때로 예측하지 못한 환경 문제를 일으킬 수 있다.
11. 나의 개인행동이 생산자와 소비자로서의 환경과 사회에 미치는 영향에 대해 책임감을 느낀다.
12. 인류는 미래 세대의 생태계와 환경에 대한 도덕적 의무를 지고 있다.
13. 나는 아름다운 경치나 환경을 보면 자연에 대한 경외심과 신비로움을 느낀다.
14. 나는 인류가 지금과 같은 생활 방식을 유지하면 환경이 점점 더 파괴될까봐 두렵다.
15. 나는 미세플라스틱, 쓰레기 섬과 같은 환경 문제가 생태계에 나쁜 영향을 미치는 것이 안타깝다.
16. 나는 일회용품을 쓰거나 쓰레기 분리배출을 하지 않으면 마음이 불편하다.
17. 나는 환경 문제를 해결하기 위해 다양한 아이디어를 생각할 수 있다.
18. 나는 문제상황에서 내가 해결할 수 있는 부분을 구체적으로 찾아낼 수 있다.
19. 나는 환경 문제해결을 위한 구체적인 방법을 계획(설계)할 수 있다.
20. 나는 복잡한 환경 문제에 영향을 미치는 요인을 찾고 분류할 수 있다.
21. 나는 문제해결 과정에서 기록된 자료를 다양한 방법으로 표현하고 해석할 수 있다.
22. 나는 환경 문제 탐구 결과에 따라 문제해결 방법의 부족한 점을 찾아내고 보완할 수 있다.
23. 나는 환경 문제에 관한 논쟁에서 과학적 증거에 근거하여 주장을 펼칠 수 있다.
24. 나는 에너지를 절약하는(조명 끄기, 냉/난방 온도조절, 대중교통 이용 등) 행동을 실천하고 있다.
25. 나는 생태계를 보호하는 소비 활동(가죽제품 입지 않기, 일회용품 줄이기 등)을 실천하고 있다.
26. 나는 환경을 보호하기 위해 다회용품(텀블러, 실리콘 빨대, 장바구니 등) 사용을 실천하고 있다.
27. 나는 일상생활에서 물을 절약하기 위한 행동(샤워 시간 줄이기, 수도꼭지 잠그기 등)을 실천하고 있다.
28. 나는 환경에 관한 공공의 의사결정 과정에 적극적으로 참여할 의사가 있다.
29. 기업이나 정부의 결정이 환경에 미치는 영향에 대해 나의 의견을 표현(SNS 등)하겠다.
30. 나는 환경 및 생태계에 대하여 학습할 의향이 있다.
31. 나는 환경 및 생태계를 보호하기 위한 새로운 방법을 배우는 것에 관심이 있다.

3. 과학 융합교육과 에듀테크

우리는 코로나로 인해 역사상 그 어느 때보다 첨단기술을 활용한 과학교육 혁신의 필요성을 실감했다. 화상수업을 통해 진행된 과학수업으로 인해 교육과정에서 제시된 필수 탐구가 동영상으로 대체되었고 사회적 거리두기로 인해 교실 수업에서도 동료 학생들과의 토론이나 상호작용이 제한적일 수밖에 없었다. 이러한 급격한 학습 환경 변화는 그 대응 능력에 따라 학업성취도의 격차로 이어졌다. 미래세대를 위한 과학교육은 비단 코로나와 같은 상황을 넘어서 첨단 에듀테크 기술을 통해 언제 어디서나 체험 가능한 교육 서비스에 기반해야 한다. 이러한 사회적 요구에 발맞추어 교육부는 지난 2020년 5월 24일 과학-수학·정보·융합교육 종합계획(20~24)을 발표하였다. 교육부는 이번 종합계획을 통해 인공지능(AI), 가상·증강 현실(VR·AR) 등 최첨단 에듀테크 기술을 교육 현장에 본격적으로 도입하기 위해 2024년까지 모든 학교에 지능형 과학실을 구축하여, 학생들이 직접 체험하며 발전하는 첨단 과학을 학습할 수 있도록 추진하고 있다.

이 절에서는 먼저 코로나로 인해 급격하게 변화한 온라인 과학수업 상황에서 교사가 갖추어야 할 역량이 무엇인지 생각해 보고자 한다. 다음으로 과학 융합교육에서 활용가능한 에듀테크 기술을 과학 융합교육에서 문제해결 및 탐구를 고려하여 어떻게 개발하고 활용해야 할지 VR을 예로 들어 살펴보고자 한다. VR 또는 AR 컨텐츠는 학교현장에서 교사가 필요에 의해 손쉽게 개발 가능한 교육 컨텐츠가 아니라 주로 외부 기관에서 만들어지는 교육컨텐츠를 사용하는 대표적인 에듀테크이다. 따라서 과학교육 상황과 학습자의 능력을 고려하여 긍정적인 교육적 효과를 기대한다면 VR 컨텐츠 개발에서 어떤 점을 고려해야 하는지 바람직한 개발 방향에 대해 생각해보아야 한다. 마지막으로 교육 현장에서 교사가 간단한 조작으로 수업에 활용 가능한 다양한 에듀테크 기술에 대해 간단히 다루고자 한다.

3.1 에듀테크의 교육적 활용을 위한 과학 융합수역량

코로나 사태를 겪으면서 교육현장은 너무나 갑작스러운 수업 상황의 변화를 겪게 되었다. 온라인과 실시간 화상회의 툴을 도입하면서 교사들은 익숙하지 않은 기술을 활용하여 수업을 진행해야 했고, 수업 시간의 단축과 온/오프라인 병행 수업 진행으로 많은 어려움을 겪고 있다. 이러한 사회기술적 변화에 따라 교사의 에듀테크 수역량이 수업의 수준과 학습자의 학습효과에 직접적인 영향을 미치게 되었다.

에듀테크는 수업의 편이와 효율성을 위한 도구적 측면도 가지고 있지만, 학문의 발전에 직간접적 영향을 미친다는 점과 학문의 특성을 잘 표현할 수 있는 특성을 고려할 때, 학습자의 학습에 직접적인 영향을 미칠 수 있다는 것을 알 수 있다. Shulman (1986)의 연구에서 제시된 교수내용지식(PCK)에 근거한 Koehler & Mishra (2009)의 연구는 테크놀로지가 교수-학습에 미치는 영향을 고려하여, 교사 지식을 에듀테크와 연결하는 새로운 교사 지식으로 테크놀로지 교수내용지식(TPACK)을 제안하였다. [그림 6.9]는 TPACK와 교사지식의 관련성을 보여준다.

TPACK 모형은 교사가 갖추어야 할 전문 지식으로 학생들을 가르치는 교수 지식(Pedagogical knowledge)과 교과 내용 지

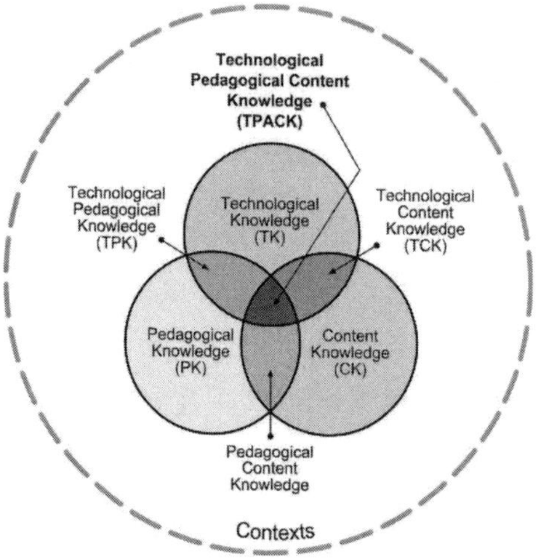

[그림 6.9] The TPACK Framework and Its Knowledge Components
***출처**: Koehler & Mishra, 2009, p.63.

식에 해당하는 내용 지식(Content knowledge), 그리고 테크놀로지 지식(Technological knowledge)을 제시하고, 이 세 개의 지식이 각각 서로 교집합을 이루어 새로운 형태로 지식으로 통합되어 테크놀로지 교수지식(TPK), 테크놀로지 내용지식(TCK), 교수내용지식(PCK), 테크놀로지 교수내용지식(TPACK)으로 나타날 수 있다고 주장하였다(Koehler & Mishra, 2009). 이 중에서도 테크놀로지 교수내용지식(TPACK)은 테크놀로지 지식, 교수지식, 내용 지식이 모두 통합되어 표출되는 지식으로 교사가 가지고 있는 가장 전문적인 지식이라 할 수 있다. 최현종과 이태욱(2015)이 Koehler & Mishra (2009)에서 제시된 내용을 번역하여 각각의 교수지식과 관련성을 설명한 내용은 다음과 같다.

- 교수 지식(PK): 교수-학습에 관한 과정과 방법, 전략에 관한 교사의 지식이다. 교육의 목적과 가치, 목표를 포함하는

것으로 학생들이 학습을 실행할 때 나타나는 과정과 현상, 평가, 학급 경영과 관리 등의 제반 지식을 포함한다. 학습의 과정에서 학습자의 수준에 따라 교사는 즉각적으로 대처하기 때문에 대단히 수준 높은 지식과 경험이 필요하다.

- 내용 지식(CK): 교과에 관한 지식을 의미한다. 이는 교과 지식의 핵심 내용, 개념, 절차 등을 포함할 뿐만 아니라, 지식을 설명하거나 지식에 접근하는 방법까지도 포함한다.
- 테크놀로지 지식(TK): 기본적인 학습 도구인 연필, 공책부터 최신 테크놀로지인 컴퓨터와 각종 소프트웨어, 인터넷을 교수-학습에 활용할 수 있는 지식을 의미한다. 이 지식은 교수 지식과 내용 지식보다 조금 더 복잡한 개념적 정의가 필요한데, 테크놀로지를 활용하여 일을 수행하거나, 테크놀로지로 교수자나 학습자의 사고를 확장시킬 수 있는 능력까지 포함한다. 즉 단순하게는 다양한 테크놀로지 기기들을 활용하여 교수-학습을 진행하는 것으로 해석할 수 있지만, 테크놀로지를 활용한 지식의 확장으로 확대 해석하는 접근이 필요하다.
- 테크놀로지 내용지식(TCK): 교수 내용을 전달하기 위해 다양한 테크놀로지를 활용할 수 있는 지식을 말한다.
- 테크놀로지 교수지식(TPK): 테크놀로지 지식과 교수지식이 통합되어 나타나는 지식으로 교수-학습의 과정이나 설계, 평가 시에 다양한 테크놀로지를 활용할 수 있는 지식을 말한다.
- 교수내용지식(PCK): 교수 내용을 적절하게 가르치기 위해 교수를 계획하고, 실행하는 것과 관련된 지식이다.

Shulman (1986)이 언급한 교육에 관한 지식과 맥락을 같이 하는 지식이라고 할 수 있는데, Shulman은 교사가 가르칠 내용을 체득하고, 이를 전달할 다양한 방법을 강구하여 교육 활동에 적용하는 행위인 교수 활동과 관련된 지식이라고 설명하고 있다.

- 테크놀로지 교수내용지식(TPACK): 테크놀로지 지식, 교수 지식, 내용 지식을 아우르는 핵심 요소로 이 세가지 지식의 상호작용으로 나타난 지식이다. 즉 테크놀로지에 대한 개념과 활용 방법 등을 이해하여 학습 내용을 숙지하고, 이를 활용하여 교수-학습에서 학습자에게 전달하는 교수 방법과 전략 등을 포함한 총제적인 전문 지식이다.

윤진아와 남윤경(2021)은 중등 과학 예비교사들의 온라인 수업을 분석하여 온라인 과학 융합수업을 위해 교사가 갖추어야할 수업역량을 TPACK에 따라 분류하여 제시하였다([표 6.8] 참고).

[표 6.8]에 제시된 내용은 선행연구에서 제시된 변인을 근거로 하여 예비교사들의 자기 성찰과 동료평가 내용에 나타난 내용을 분석함으로서 귀납적-질적 연구 방법에 의해 제안된 새로운 온라인 수업역량 변인이다. 이 변인은 온라인과 수업 상황과 상관없이 예비교사들이 가지고 있는 일반적 수역량과 온라인 수업으로 인해 나타나게 되는 수역량을 구분하여 제시하고 있다. 다시 말해 TPACK의 관점에서 바라본 온라인 수업역량은 교수 지식(PK)와 내용 지식(CK), 그리고 이 두 지식의 공통 부분으로 나타나는 학습자를 고려한 교수-학습 방법의 선정과 실행능력(PCK), 그리고 테크놀로지를 교수-학습에 적절히 사용하기위해 요구되는 테

[표 6.8] 과학교사의 온라인 수업역량

수업역량	요인	구성요인	설명	교사지식
일반적 수업 역량	수업 준비 및 설계	요구분석	학습자 수준(사전 지식/경험)에 대한 이해 및 목표 설정	PCK
			동기 유발 전략	PK
		내용 분석	학습량에 대한 이해	PCK
			내용에 대한 정확한 지식 확인	PK
			질문내용의 적절성/수준/발문의 양	PCK
			수업내용의 계열화 조직화(전개 순서)	PCK
일반적 수업 역량	수업 준비 및 설계	내용 분석	과학 실험 안전에 대한 인식	PCK
			교수-학습 전략 선정	PCK
		수업매체 선정	온라인 내용전달에 적절한 다양한 자료 선택 및 준비	TRACK
	수업 실행 능력	내용전달	학습내용 및 언어/비언어적 전달 능력(말의 빠르기) 온라인 수업진행능력(발문속도, 참여촉진)	PC
			전달할 내용의 구체화 (발문 내용의 구체화/명시화), 구체적 지시 (관찰할 내용을 정확하게 표현 하는것 등)	PCK
		학습촉진	교사 피드백 (사고 촉진), 자기주도적 학습 격려, 학습자 스스로 충분히 생각할 기회(시간)제공	PCK
			학습자가 (다양한 방식으로) 자신의 생각을 표현할 기회제공	PCK
			학습자의 이해 수준에 따른 학습량및 시간의 조절	PCK
		학습자간 상호작용	학습자간 의사소통(의견 교환), (짝토의, 전체 학급 대상 발표) 모둠활동 안내, 실행 및 대처	PK
		위기 대응 능력	실험 실패나 질문에 대한 적합단 답을 모를 경우 대응하는 능력	PCK
	평가 계획 및 실행		학습자의 현재 (학습/이해)상태 파악에 대한 필요성을 인식하지 못함 (형성평가)	PCK
			학습자 수준별, 상황별 발문 능력, 학습자의 수업 참여 및 학습 활동 결과에 대한 피드백 제공,	PCK
			평가 시간 관리-(waiting time)	
온라인 수업 역량	온라인 수업 도구와 자료 활용 능력		온라인 수업툴의 기능이해 및 활용	TK
			수업자료개발에 필요한 각종 하드웨어 소프트웨서 활용 능력(동영상 편집, 발췌)	TCK
	온라인 수업 실행능력	비대면 수업전달	학습내용 및 언어/비언어적 전달 능력(말의 빠르기) 온라인 수업진행능력(발문속도, 참여촉진)	TPK
			수업시간 운영 (비대면에 따른 수업시간 증가)	TPK
			컴퓨터 화면의 활용(이 칠판을 대신하고 있다, 아이들이 보는 내용의 전부이므로)매우 중요한 내용 전달 매체임을 인식 -포인트, 강조	TCK
		비대면 학습 촉진	개별 피드백(교사-학생간) 자기주도적 학습 격려 자기주도적 수업 참여 유도를 위한 알림 및 격려 제공, 집중 유도 전략 온라인 수업활동의 적절한 배치와 운영(모둠활동 및 학습지 시간등)	TRACK
		비대면 학습자의 상호작용	학생 간 의사소통 촉진, 모둠활동 안내, 실행 및 대처 능력.	TPK
	온라인 평가/실행		학습자의 현재 (학습/이해)상태 파악	TPK
			평가 시간관리(waiting-time)	TPK

크놀로지 지식(TK), 교수 내용을 전달하기 위해 다양한 테크놀로지를 활용할 수 있는 테크놀로지 내용지식(TCK), 테크놀로지 지식과 교수지식이 통합되어 나타나는 테크놀로지 교수지식(TPK), 그리고 이 모든 지식의 공통 분모인 테크놀로지 교수내용지식(TPACK) 지식으로 설명할 수 있다.

3.2 과학 학습효과를 위한 VR의 컨텐츠 개발의 방향

첨단 에듀테크 중 가상현실(Virtual Reality; 이하 VR) 기술은 증강현실(Augmented Reality, AR)에 비해 컨텐츠 개발이 비교적 용이하며, 저렴한 디바이스 보급이 가능하기 때문에 교육서비스 전문 기관뿐 아니라 게임 개발 업체에서도 앞다투어 개발에 참여하고 있다. 이러한 경험은 기존 과학수업에서 제공하지 못하던 경험을 가능하게 함으로써 학생들의 창의적 설계능력과 비판적 사고력, 시스템 사고력과 같은 고차원적 사고와 문제해결력, 의사소통 능력 등 과학 핵심역량을 증가시킬 수 있을 것으로 기대한다(교육부, 2020; Dickey, 2005; Yildirim, Yildirm & Celik, 2018).

하지만 안타깝게도 현재 상용화되어 사용되는 대부분의 과학교육용 VR 컨텐츠들은 주로 학습자가 단순히 주어지는 현상(예 화산폭발)을 수동적으로 관찰하는 관람형(예: EBS VR, 사이언스 레벨업, ClassVR)이거나 주어진 절차에 따라 대상을 조작하는 수동적 게임형(예: LBA KID, Labstar)이다. 이러한 VR 컨텐츠는 실제에 가깝게 구현된 가상현실을 체험 가능하게 한다는 측면에서 학습자의 흥미를 높일 수 있지만(Parong & Mayer, 2018), 학습자가 가상현실의 대상과 상호작용하는 수준이 매우 낮기 때문에 학습자주도적으로 이루어져야 하는 과학적 탐구나 문제해결, 가치 판단 등의 기회를 제공하지 못한다(Balamuralithara & Woods, 2009). 교육부에서도 지나치게 정제된 VR이 학생들에게 폭넓은 탐구경험을 제공하지 못할 수 있다는 점을 우려한다(교육부, 2020).

VR을 활용한 과학 학습효과는 VR 시스템이 제공 가능한 기술적 측면과 구성된 과학 학습의 맥락, 제공되는 시나리오 등 내용적인 측면에 따라 달라진다(유승범과 류지헌, 2017). 먼저, 기술적 측면에서 VR 내에서 학습 경험은 가상학습 공간이 얼마나 실제에 가깝게 구현되었는지에 해당하는 실감구현도(Fidelity)와 학습자가 가상현실과 상호작용하도록 허용하는 유효행동(Valid action) 수로 설명할 수 있다. 실감구현도가 높고 허용되는 상호작용 수가 많을수록 학습자가 느끼는 실재감(presence)이 높아진다(Slater, 2009). 하지만 실재감이 높다고 해서 과학 학습효과가 반드시 높은 것은 아니다. 과학 학습을 위해 재구성된 활동에서는 그 목적에 따라 때론 단순하고 추상적인, 때론 현상 그대로의 모습이 구현되어야 하며(실감구현도의 정도)(Lindgren & Schwartz, 2009), 대상과의 상호작용의 정도(유효행동 수)도 적절히 제한되어야 한다.

[그림 6.10]와 같이 VR 시스템의 실감구현도와 상호작용의 구현 정도는 VR 컨텐츠의 막대한 개발 비용(평균 수천만원)과 직결된다. 뿐만 아니라 과학탐구 VR 컨텐츠의 효율적 활용을 위해 과학탐구 주제가 학년군(초/중/고등)에 따라 반복되는 것을 고려한다면 반복되는 탐구주제에 대한 학습전략과 효과를 분석하여 학년군별로 유연하게 사용 가능한 확장형 VR 컨텐츠를 구성할 필요가 있다. 주제별 하나의 VR 컨텐츠에서 환경설정 파라

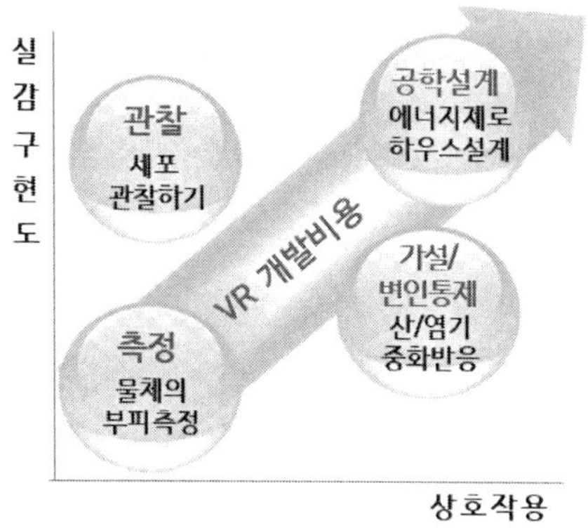

[그림 6.10] 과학 학습 맥락에서 예상되는 VR 실재감 요구도 차이

미터의 변화로 목표로 하는 실감구현도, 상호작용 대상/양 등을 조절할 수 있는 확장형 VR 프레임워크를 개발하고 활용할 경우 VR 컨텐츠 개발에 소요되는 막대한 시간과 비용을 크게 절감할 수 있다. 교육부가 지능형 과학실 구축과 함께 VR 컨텐츠 개발을 가속화하면서 과학 학습 맥락에 따라 학습효과를 극대화할 수 있는 VR 시스템의 실감구현도와 상호작용, 확장가능성에 대한 연구가 절실하지만(교육부, 2020) 현재까지 실제로 진행된 연구는 거의 없다.

다음으로 VR이 기술적 측면에서 비슷한 수준의 실재감(실감구현도와 상호작용)을 제공한다고 할지라도, 내용적 측면에서 제공하는 VR 시나리오는 과학 학습 맥락(과목, 탐구의 방법, 조사/토론, 논쟁, 공학 설계등)과 대상(학년군), 목표 행동에 따라 달라질 수 있다. 과학적 탐구 역량을 목표로 할 경우, 학습자의 주도성에 따른 시나리오는 학습효과를 결정하는 매우 중요한 요인이 된다. VR에서 교사(아바타)또는 제시문의 지시에 따라 탐구를 수행할지(교사/VR주도) 아니면 탐구의 목표를 인지한 후 학생 주도적으로 탐구를 수행할지는 탐구주제와 목표 행동에 따라 달라지게 된다. 뿐만 아니라 VR 기술은 시간과 공간의 제약으로 제한되었던 학습 활동의 범위를 확장 가능하게 함으로써, 교육과정에서 제시된 필수탐구의 학습적 효과를 극대화할 수 있다. 예를 들어 통합과학의 에너지 제로하우스를 구상하여 발표하는 탐구 활동을 VR에서 구현할 경우 학습자가 재료 선택하여 직접 에너지 제로 하우스를 디자인하고, 디자인 산출물의 효율을 평가하여 공학 설계의 핵심과정인 반복적 설계와 최적화 과정을 경험할 수 있을 뿐 아니라, 가상공간에서 동료들의 산출물을 공유함으로써 창의적 설계능력과 의사소통 능력과 같은 고차원적 사고와 융합적 문제해결력을 증가시킬 수 있다.

이제 곧 모든 학생들이 접하게 될 첨단 에듀테크인 VR 교육환경에서 과학탐구 학습효과를 극대화하기 위해 기술적 측면과 과학탐구 학습맥락을 고려한 확장형 VR 컨텐츠 개발 가이드라인을 제시하는 것은 학습자에게 얼마나 의미 있는 과학탐구 경험을 제공할 것인가에 대한 문제뿐 아니라 VR 컨텐츠 개발의 효율과 비용 절감 측면에서 매우 중요한 문제이다.

VR 시스템은 지금까지 우리가 경험하지 못한 새로운 차원의 학습 공간을 제공한다. 설계된 가상학습 공간은 학생과 탐구 대상, 동료와 교사의 상호작용에 영향을 주어 학습의 효과를 변화시킨다. 따라서 효과적인 VR 컨텐츠 구성은 기술적 측면에서 제공되는 학습상황과 효과적인 학습전략의 전략적 조합이어야 한다. 또한 VR 컨텐츠 활용의 효과로 가장 빈번히 언급되는 것이 학습자의 관심과 흥미이다. 과학탐구 VR 컨텐츠의 내용과 시나리오의 구성은 흥미로워야 할 뿐 아니라 과학탐구 맥락에 따라 학습자에게 인지적으로 충분히 도전적이어서 과학 핵심역량 증진에 효과적이어야 한다. 교육부에서 막대한 비용을 투자하며 설치될 지능형 과학실이 단순한 VR 체험 공간이 아니라 학생들에게 의미 있는 과학수업을 통해 문제해결력과 미래역량을 증진시키는 학습의 터전이 되기를 기대해본다.

3.3 과학수업에 활용 가능한 다양한 에듀테크

에듀테크(Edutech)는 교육(Education)과 기술(Technology)의 합성어이다. 에듀테크와 유사한 개념으로 인터넷과 컴퓨터에 교육을 접목한 '이러닝', 스마트기기(스마트폰, 태블릿 PC, E-book 단말기 등)를 활용한 '스마트러닝'이 있다. 에듀테크는 데이터와 소프트웨어에 더 중점을 두고 교육에 ICT 기술을 접목해 기존 교육 서비스를 개선하여 새로운 기술을 제공하는 것을 말한다(한국교육학술정보원, 2020a). 또한, 에듀테크는 교육에 활용 가능한 스마트 디바이스와 소프트웨어의 개념을 넘어 다양한 교육방법에 이러한 기술을 접목하여 교육의 효율을 높일 수 있는 기술을 의미한다.

다시 말해 에듀테크는 온라인을 통한 교육의 시공간을 극복하는 차원을 넘어 학습자의 개별 특성과 필요에 따라 맞춤형 교육환경 제공을 통한 학습 효율의 증진에 목적을 두고 있다. 예를 들어 AI를 활용한 지속적인 교육 수준 평가와 맞춤형 교육자료 제시, 교사와 학습자 간, 학습자와 학습자 간 의사소통과 상호작용의 효율성 증진, 디지털 상황의 장점을 극대화한 다양한 툴의 활용은 미래 과학교육이 시공간을 초월한 상황에서 전개될 수 있음을 예고한다.

한국교육학술정보원(2021)은 에듀테크 현장 적용 방안 연구를 통해 에듀테크의 활용을 통한 학습효과 극대화를 위해서는 무선인터넷 환경 및 학생 개별 스마트기기 활용가능성이 전제되어야 하며 현재 개발되고 있는 막대한 분량의 콘텐츠와 수업 보조자료들이 가치있게 활용되기 위해 교육과정(학교급/학년/교과)의 연계를 위한 작업이 우선되어야 한다고 주장했다. 또한 학교 현장에서 교사와 학생 모두 디지털 기술에 대한 사용 능력이 다양하기 때문에 이에 대한 극복과 함께 누구나 쉽게 사용할 수 있는 사용의 편의성이 보장된 기술이어야 한다고 제안하였다. 이 절에서는 먼저 과학 온라인 수업상황에서 편리하게 사용가능한 시뮬레이션 및 데이터 분석 도구를 살펴보고 다음으로 과학 교과뿐 아니라 모든 교과에서 활용 가능한 디스플레이 및 평가 도구를 간략히 살펴보고자 한다.

먼저 온라인 수업 상황에서 오히려 더 과학 학습효과를 기대할 수 있는 도구로 컴퓨터 시뮬레이션이 있다. 컴퓨터 시뮬레이션은 개별 학습자가 온라인상에서 자유롭게 다양한 변인을 조작하고 탐구을 진행할 수 있는 환경을 제공하기 때문에 과학적 개념 습득과 문제해결력 향상에 효율적인 에듀테크이다. 온라인 시뮬레이션 도구를 활용하여 실제 현상에서 통제 불가능한 변인을 통제하고 복잡한 실험과정을 간략화하며, 학습자가 자유롭게 다양한 변인을 추가하게 함으로써 다변인 사고의 증진과 과학적 탐구능력을 향상시킬 수 있다. 이러한 온라인 시뮬레이션 도구 중 가장 많은 시뮬레이션을 포함하며, 널리 활용되고 있는 것으로 콜로라도 대학에서 개발한 PhET Interactive Simulations가 있다. 이 도구는 온라인 상에서 학습자가 쉽게 다양한 변인을 통제

[그림 6.11] PhET Interactive Simulations 홈페이지와 과목별 시뮬레이션 브라우즈
*출처: https://phet.colorado.edu/ko/

하면서 과학적 현상을 이해하도록 돕고 있으며, 한국 과학과 교육과정에서 다루는 물리, 지구과학, 생물, 화학의 개념에 따라 구분하여 시뮬레이션을 제시하고 있기 때문에 교사가 수업의 목적과 내용에 따라 원하는 과학 개념을 선택하여 사용할 수 있다는 장점이 있다. 또한 대부분의 내용이 한글로 번역되어 있기 때문에 온라인 상황에서 교사와 의사소통이 원활하지 않거나 학습자 주도적인 학습 상황에서도 학습자가 쉽게 사용할 수 있다.

시뮬레이션과 함께 과학적 문제해결에 꼭 필요한 에듀테크 기술이 온라인 데이터 분석과 시각화이다. 온라인 데이터 분석 및 시각화 도구 중 현재 전세계 70여 개국의 300여 개의 교육기관에서 사용되고 있는 도구로 Orange (https://orangedatamining.com/) 가 있다. Orange는 오픈소스 머신러닝(ML)을 이용한 데이터 분석과 시각화 도구이다([그림 6.12]).

Orange는 코딩을 하지 못하는 초중등 학생들도 간단한 데이터 분석 아이콘을 연결하는 것으로 쉽게 데이터 분석과정을 설계 할 수 있도록 구성되어 있으며, 데이터 시각화와 평가가 가능하다. 이러한 온라인 데이터 분석 및 시각화 도구는 과학적 문제해결 과정에서 학습자를 문제해결을 위한 전략과 알고리즘 구성

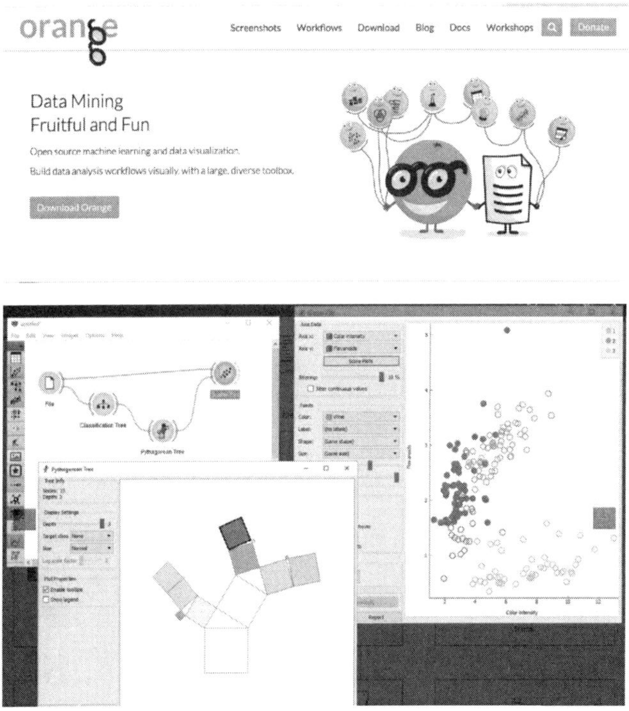

[그림 6.12] Orange 홈페이지와 데이터 분석 및 시각화 예시
*출처: https://orangedatamining.com/

에 집중하게 함으로써 문제해결의 효율을 높일 수 있을 뿐 아니라 학습자에게 문제해결의 각 과정을 효율적으로 평가하고 점검하게 함으로써 분석적, 비판적 사고 향상에 도움을 줄 수 있다.

다음으로 모든 과목의 수업에서 보편적으로 활용 가능한 에듀테크 예들을 간단히 살펴보자. 한국교육학술정보원(2020b)은 공교육에서 활용가능한 에듀테크 서비스맵을 다음과 같이 수업자료, 평가 및 퀴즈, 수업도구, 저작도구, 교구, 학교/학급관리 측면에서 분류하여 다음 [그림 6.13]과 같이 제시하였다.

이 외에도 온라인 학습환경에서 상호작용이 가능한 다양한 스마트 디스플레이 툴들이 지속적으로 개발/사용되고 있다. 스마트 디스플레이 툴들은 실시간 피드백이 가능하며, 효율적인 의견 교환과 학습 점검 등이 가능한 장점을 가지고 있다. 디지털 디스플레이 툴은 매우 다양한데 디지털 화이트보드로 활용되는 구글 잼보드(Google Jamboard), 지테보드(Ziteboard), 화이트보드닷파이(Whiteboard.fi)등이 있다([그림 6.14]). 이 중 구글잼보드는 포스트잇 기능이 가능하여, 개인의 생각을 실제 포스트잇처럼 제시하

[그림 6.13] 공교육 활용 에듀테크 서비스맵
*출처:한국교육학술정보원(2020b), p. 14

(a) Jamboard (b) Ziteboard (c)Whiteboard.fi

[그림 6.14] 디지털 화이트보드

여 학습자의 흥미를 높일 수 있으며, 특히 화이트보드닷파이는 참여하는 학생별로 개인 화이트보드에 작업하는 것이 가능하여 교사가 전체 학생의 활동을 관찰하고 개별 피드백이 가능하다. 디지털 화이트보드는 교사와 학생 간 상호작용뿐 아니라 학생과 학생 간 상호작용이 가능하여, 대면 수업상황 보다 더 효율적으로 학생과 학생 간, 팀과 팀 간 상호작용이 가능하여, 대면 수업상황에서도 비판적 문제해결력과 협업을 통한 창의적 문제해결력을 증진시킬 수 있다.

이외에도 현재 온라인 수업에서 학생들의 의견 수렴과 형성평가에 많이 사용할 수 있는 도구로 멘티미터(mentimeter), 카훗(Kahoot), 소크라티브(Socrative), 패들랫(Padlet) 등이 있다([그림 6.15]). 디지털 의견수렴과 평가 도구 중 멘티미터는 교사가 수업에 활용할 수 있는 프리젠테이션 기능도 함께 갖추고 있으며, 패들랫은 학생별, 팀별 의견을 한 화면에 동시에 제시하여, 동료 학생/팀들의 의견과 아이디어 교환을 통한 학습이 가능하다. 소크

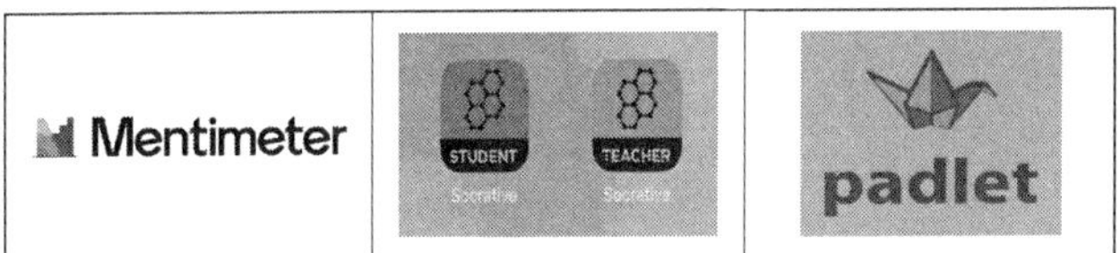

(a) 멘티미터 (b) 소크라티브 (c) 패들렛

[그림 6.15] 디지털 의견수렴 및 평가 툴

라티브는 교사가 만들어 놓은 교실번호를 통해 학습자가 해당온라인 교실로 접속하여 퀴즈나 질문에 답하도록 설계되어 있다.

이외에 구글에서 제공하는 다양한 툴(구글렌즈, 구글 아트앤컬쳐, 구글 드라이브 등)을 통해 온라인 학습환경 및 대면학습에 문제해결 학습의 효과를 높일 수 있다. 가트너(Gartner, Inc) 보고서(Williams, 2021)에서 제시한 것처럼 코로나 팬데믹 시대를 지나면서 유초중등교육에서 일어난 교육공학 및 기술적 변화 추세는 코로나 이후에도 계속 발전할 것이다. 이처럼 다양한 기술을 통해 학생들의 문제해결 능력을 향상시킬 수 있도록 교사의 지속적인 노력과 국가적 지원이 절실히 요구된다.

참고문헌

강동완, 김승현, 김종훈, 김용민, 홍현미 (2018). 마이크로비트를 활용한 알고리즘 기반 sw 교육이 초등학생 창의성에 미치는 효과. 정보교육학회논문지, 22(2), 285-295.

강승희, 윤소정 (2015). 공학 창의성 검사 도구 개발 및 타당화. 사고개발, 11(1), 19-44.

강정하, 최인수 (2006). 창의적 문제해결력 프로그램이 대학생의 창의적 문제해결 성향과 수행능력에 미치는 효과. 교육심리연구, 20(3), 679-701.

강주원 (2017). 영재 학생들의 공학 설계 기반 통합적 STEM 연구 활동이 창의적 공학문제해결 성향 및 공학에 대한 태도에 미치는 영향. 부산대학교 석사학위논문.

강주원, 남윤경 (2016). 융합인재교육 (STEAM) 을 위한 창의적 공학문제해결 성향 검사 도구 개발. 대한지구과학교육학회지, 9(3), 276-291.

강주원, 남윤경 (2017). 영재 학생들의 공학 설계 기반 통합적 STEM 연구 활동이 창의적 공학문제해결 성향 및 공학에 대한 태도에 미치는 영향. 한국과학교육학회지, 37(4), 719-730.

관계부처합동 (2019). 인공지능 국가전략.

교육과학기술부 (2010). 대통령 보고서.

교육과학기술부 (2010). 창의와 배려의 조화를 통한 인재 육성-창의 인성 교육 기본 방향. 서울: 교육과학기술부.

교육과학기술부, 한국과학창의재단 (2012). 손에 잡히는 STEAM 교육. 서울: 교육과학기술부.

교육부 (2012). 한국 STEAM 교육의 준거틀.

교육부 (2015a). 과학과 교육과정, 교육부 고시 제2015-74호 [별책 9].

교육부 (2015b). 수학과 교육과정, 교육부 고시 제2015-74호 [별책 8].

교육부 (2015c). 정보과 교육과정, 교육부 고시 제2015-74호 [별책 10].

교육부 (2016). 지능정보사회에 대응한 중장기 교육정책의 방향과 전략(시안). 교육부 보고서.
교육부 (2017a). 과학-수학·정보교육 진흥법 [법률 제14903호].
교육부 (2017b). 한국 STEAM 교육의 준거틀.
교육부 (2020a). 과학-수학·정보·융합교육 종합계획(안)[2020년~2024년].
교육부 (2020b). 수학 과학 성취도 추이 변화 국제비교 연구 TIMSS 2019 결과 발표 [교육부 보도자료] 2020.12.08.
교육통계연구센터 (2017). 교육통계 서비스. http://kess.kedi.re.kr/index
구덕회, 우석준 (2018). 마이크로비트 기반의 창의 컴퓨팅 교육 프로그램 개발. 정보교육학회논문지, 22(2), 231-238.
권문호, 박종석 (2020). 2015 개정 과학과 교육과정의 '기능'에 대한 비판적 검토. 한국과학교육학회지, 40(2), 151-161.
권영락, 이재영, 김찬국, 안재정, 서은정, 남윤희, ... & 안유민. (2016). 2015 개정 환경교육과정의 개정 방향과 주요 내용. 환경교육, 29(4), 363-383.
김방희, 김진수 (2014). 네트워크 텍스트 분석법을 활용한 STEAM 교육의 연구 논문 분석. 초등과학교육, 33(4), 674-682.
김성열 (2020). 마이크로비트(MicroBit)를 활용한 IoT 코딩 교육 효과성에 대한 연구. 한국전자통신학회 논문지, 15, 363-369.
김성준 (2002). 학교 대수 도입과 관련된 논의. 학교수학, 4(1), 29-47.
김승현 (2018). 마이크로비트 활용 초등학생 대상 알고리즘 교육 프로그램 개발 및 적용. 석사학위 논문, 제주대학교 교육대학원.
김영민, 강정하, 허남영 (2015). 과학 영재 학생들의 공학에 대한 이미지와 인식 분석. 영재교육연구, 25(1), 95-117.
김영민, 김현정, 허혜연, 이창훈, 김기수 (2013). 초、중등교육에서의 공학교육 프로그램 개발: 중학교 건설공학분야를 중심으로. 한국기술교육학회지, 13(2), 21-41.
김영민, 서혜애, 박종석 (2013). 잘 알려진 창의적 과학자들의 과학적 문제 발견 패턴 분석. 한국과학교육학회지, 33(7), 1285-1299.
김영정 (2002). 창의성과 비판적 사고. 인지과학, 13(4), 81-90.
김영채 (1999). 창의적 문제해결: 창의력의 이론, 개발과 수업. 서울: 교육과학사.
김용성 (2019). 인공지능(AI) 시대 주요국의 인재양성정책 동향. 소프트웨어정책연구소.
김지현, 박연경, 지덕영, 배경석, 강세라, 손연아 (2019). 2015 개정 교육과정에 따른 고등학교 [통합과학] ‘Ⅳ. 환경과 에너지’단원에 포함된 SDGs 세부목표 분석. 한국환경교육학회 학술대회 자료집, 169-176.

김현영, 박수경, 김영민 (2012), 과학자, 기술자, 공학자에 대한 중학생들의 이미지와 인식 비교. 한국과학교육학회지, 32(1), 64-81.

김주희 (2021). 환경교육용 보드게임 디자인 활동 수업이 고등학생의 환경적 소양과 창의공학적 사고에 미치는 영향. 석사학위 논문. 부산대학교.

김진영, 박홍준, 전영국. (2011). PBL 기반의 NetLogo 를 이용한 교육용 콘텐츠 저작이 예비중등교사의 창의성에 미치는 효과. 공학교육연구, 14(4), 29-38.

김현석, 최선영 (2019). 초등과학수업에서 절차적 사고과정을 활용한 학습전략이 컴퓨팅사고과 창의적 문제해결력에 미치는 효과. 과학교육연구지, 43(3), 329-341.

김혜란, 최선영 (2019). 초등과학수업에서 언플러그드 컴퓨팅을 활용한 SW 융합교육프로그램의 개발과 적용-우리 몸의 구조와 기능 단원을 중심으로. 생물교육, 47(2), 213-222.

남윤경, 윤진아, 한금주, 정주훈 (2019). Sem-ct: 과학 (s), 공학 (e), 수학 (m) 적 문제해결 과정과 컴퓨팅사고 (ct). 컴퓨터교육학회 논문지, 22(3), 37-54.

남윤경, 이동영, 강서영, 윤진아 (2021). 중등학생을 위한 환경소양 검사 도구의 개발. 환경교육, 34(3), 319-337.

남윤경, 이용섭, 김순식 (2020). 과학-공학 융합수업 준거틀 및 공학 설계 수준 제안. 대한지구과학교육학회지, 13(1), 121-133.

노태희, 최용남 (1996), 성역할의 관점에서 조사한 과학자와 자신에 대한 이미지의 격차 및 과학 관련 태도와의 관계성 조사. 한국과학교육학회지, 16(3), 286-294.

문대영 (2008). STEM 통합 접근의 사전 공학교육 프로그램 모형 개발. 공학교육연구, 11(2), 90-101.

문대영 (2009). 초등학생의 공학에 대한 태도 및 공학 문제해결에 대한 사례연구: STEM 통합 접근 교육 프로그램 적용을 통해. 한국실과교육학회지, 22(4), 51-66.

문성채, 이영희, 손연아 (2015). 과학적 소양을 바탕으로 해석한 환경소양 요소에 의한 중학교 ‘환경과 녹색성장’교과서 분석. 환경교육, 28(1), 1-14.

민경찬 (2019). AI 교육 발전을 위한 제언. 2019 AI 융합교육정책자료집 (p. 123-128). 서울: 한국과학창의재단.

박경숙, 이효녕 (2010), 초등학생이 생각하는 과학자와 공학자에 대한 이미지. 실과교육연구, 16(4), 61-82.

박경숙, 이효녕, 전재돈 (2015). 국가 경쟁력 강화를 위한 중학교 영재 학생들의 과학, 수학, 기술 및 공학에 대한 인식 조사. 영재교육연구, 25(3), 363-380.

박기문, 이규녀 (2016). 학교교육에서 융합인재교육의 BARS 기반 핵심역량 평가도구 개발. 한국기술교육학회지, 16(1), 196-217.

박미진 (2016). 과학개념 융합을 통한 문제발견및 문제해결 과정에서 나타나는 과학영재의 창의적 사고의 특성. 박사학위논문, 부산대학교.

박성빈, 안성진 (2016). 컴퓨팅사고의 역량 탐색 연구: 소프트웨어개발자를 중심으로. 컴퓨터교육학회 논문지, 19(5), 41-53.

박윤성, 한병래 (2009). 초등학교 컴퓨터교육에서 언플러그드 학습 방법을 활용한 정보표현 영역 교수-학습에 관한 연구. 정보교육학회논문지, 13(4), 479-487.

박장훈 (2019). 2015 개정 과학과 교육과정의 공통과목 과학 교과서의 학생 활동에 포함된 과학과 핵심역량 분석. 한국교원대학교 석사학위논문.

박종원 (2004). 과학적 창의성 모델의 제안-인지적 측면을 중심으로. 한국과학교육학회지, 24(2), 375-386.

박준형 (2018). 열 현상에 대한 초등학생의 문제해결 활동에서 나타나는 직관적 사고의 특징. 박사학위 논문, 서울대학교 대학원.

박현주, 김영민, 노석구, 이주연, 정진수, 최유현, ... & 백윤수 (2012). STEAM 교육의 구성 요소와 수업 설계를 위한 준거 틀의 개발. 학습자중심교과교육연구, 12, 533-557.

박현주 (2014). STEAM 프로그램 효과성 제고 및 현장 활용도 향상 기본연구. [공공저작물 연계] 한국과학창의재단 발간자료, 연구보고서 BD15030009.

박홍준, 전영국 (2018). 과학영재반 학생 대상 NetLogo 기반 모델링 콘텐츠 개발 및 적용 사례. 과학영재교육, 10(1), 1-17.

백윤수, 박현주, 김영민, 노석구, 박종윤, 이주연, ... & 한혜숙 (2011). 한국 STEAM 교육의 방향. 학습자중심교과교육연구, 11, 149-171.

백윤수, 박현주, 김영민, 노석구, 이주연, 정진수, 최유현, 한혜숙, 최종현 (2012). 융합인재교육 (STEAM) 실행방향 정립을 위한 기초연구. 한국과학창의재단 연구보고서, 12.

서은정 (2016). 중등학교 환경교과 선택 및 교사 임용율을 둘러싼 환경교육과정 운영 실태에 대한 연구. 환경교육, 29(3), 251-262.

서은정 (2017). 2015 개정 환경교육과정에서의 역량 탐색. 환경교육, 30(3), 237-250.

성의석, 나승일 (2012). 통합적 STEM 교육이 일반고등학교 학생의 과학 및 기술교과 자기효능감과 공학 태도에 미치는 효과. 한국기술교육학회지, 12(1), 255-274.

성진숙 (2003). 과학에서의 창의적 문제해결력에 영향을 미치는 제 변수 분석: 확산적 사고, 과학지식, 내. 외적 동기, 성격 특성 및 가정 환경. 열린교육연구, 11(1), 219-237.

손은정, 우애자 (2003). 중등학생들의 과학과 관련된 진로 선택에 영향을 주는 요인 분석. 교과교육학연구, 7, 113-123.

송진웅, 나지연 (2015). 2015 과학과 교육과정 개정의 주요 방향 및 쟁점 그리고 과학교실문화. 현장과학교육, 9(2), 72-84.

송해덕 (2007). 창의적 문제해결력의 구성요인과 교수설계원리의 탐색. 열린교육연구, 15(3), 55-73.

신문승 (2010). 초등학생용 창의적 성향 검사의 개발 및 타당화. 초등교육연구, 23(3), 267-291.

심재호, 이양락, 김현경 (2015). STEM, STEAM 교육과 한국 융합인재교육의 이해와 해결 과제. 한국과학교육학회지, *35*(4), 709-723.

심재호, 박현주, 백윤수, 변수용 (2017). 초·중등학교 학생의 STEAM 문제해결력 평가 도구의 개발. 교사교육연구, 56(2), 181-201.

오찬숙 (2015). 중등학교에서 융합교육 실행의 쟁점과 과제, 교육학연구, 53(3), 229-264.

우정훈, 전영국 (2014). NetLogo 기반의 과학탐구용 시뮬레이션 콘텐츠 개발 및 형성평가. 컴퓨터교육학회 논문지, 17(2), 65-76.

유규선, 전오성 (2011). 고교생을 대상으로 한 STEM 교육의 적용 사례 연구. *공학교육연구*, 14(6), 48-50.

유승범, 류지헌 (2017). 예비교사를 위한 HMD 기반의 수업 시뮬레이션의 개발: 시나리오 유용성 및 가상실재감 지각의 차이. 교사교육연구, 56(3), 309-323.

유중현, 김종혜 (2008). 문제해결 과정에서의 정보과학적 사고 능력에 대한 개념적 고찰. 정보창의교육논문지, 2(2), 15-24.

윤영화 (2019). 마이크로비트기반 STEAM 교육프로그램. 석사학위 논문, 전북대학교 교육대학원.

윤진아, 남윤경 (2020). 환경교육 활성화를 위한 과학과 교육과정과 환경과 교육과정 비교. 한국지구과학회지, 41(2), 155-175.

윤진아, 남윤경, 조운석 (2020). 마이크로비트를 활용한 과학-SW 융합교육 프로그램 개발 및 적용. 컴퓨터교육학회 논문지, 23(6), 77-87.

윤진아, 한금주, 남윤경 (2019). Model Eliciting Activity (MEA)를 통한 초등 과학영재들의 문제해결 특성 분석. 대한지구과학교육학회지, 12(1), 64-81.

윤회정, 김지영, 방담이 (2016). 통합교육의 효과변인 추출을 위한 델파이 연구. 한국과학교육학회지, 36(6), 959-968.

이대현 (1999). 창의적인 문제해결 과정에서의 직관과 논리의 역할. A-수학교육, 38(2), 159-164.

이대현 (2006). 직관의 즉각성 요인과 효과에 대한 고찰. 수학교육, 45(3), 263-273.

이대현, 박배훈 (2002). 수학교육에서 시각화와 직관. 수학교육학연구, 12(1), 71-79.

이동영, 남윤경 (2018). 공학 설계 측면에서 한국 steam 프로그램 분석틀 제안. 대한지구과학교육학회지, 11(1), 63-77.

이범홍, 김영민 (1983). 과학과 수업과정 모형 및 평가방법 개선 연구-초등학교 자연과를 중심으로. 한국교육개발원 연구보고, RR 83-7.

이성훈 (2017). “빅데이터 날게 달고... 제조업, 서비스업 되다” <조선일보>, 2017.02.09https://biz.chosun.com/site/data/html_dir/2017/02/09/2017020900080.html

이신동 (2010). 영재학교 및 과학고와 대학과의 연계 강화 방안. 한국과학창의재단.

이영준, 백성혜, 신재홍, 유헌창, 정인기, 안상진, 최정원, 전성균 (2014). 초중등 단계 computational thinking 도입을 위한 기초연구 [BD14060010]. 한국과학창의재단.

이영은, 이효녕 (2014). 공학 설계와 과학 탐구 기반의 STEAM 교육 프로그램이 중학생의 과학, 수학, 기술에 대한 흥미, 자기효능감 및 진로 선택에 미치는 효과. 교과교육학연구, 18, 513-540.

이은경 (2020). 국내외 초· 중등학교 인공지능 교육과정 분석. 컴퓨터교육학회 논문지, 23(1), 37-44.

이정민, 신영준 (2014). 융합인재교육 (STEAM) 수업에서 초등교사들이 겪는 어려움 분석. 초등과학교육, 33(3), 588-596.

이효녕, 권혁수, 박경숙, 오희진 (2014). 과학 탐구 기반의 통합적 STEM 교육 모형 개발 및 적용. 한국과학교육학회지, 34(2), 63-78.
이효녕, 박경숙, 권혁수, 서보현 (2013). 공학 설계와 과학 탐구 과정 기반의 STEM 교육 프로그램 개발 및 적용. 교원교육, 29(3), 301-326.
이효진 (2020). 공학 설계 기반의 과학수업 프로그램 개발 및 현장적용을 위한 실행 연구. 부산대학교 석사학위논문
이효진, 남윤경 (2019). '빛'과 '소리'교육을 위한 공학 설계 기반의 과학· 공학 융합프로그램 개발 및 적용. 현장과학교육, 13(3), 211-224.
이효진, 남윤경 (2020). 과학-공학 융합수업의 중학교 현장적용을 위한 전문가 제안. 공학교육연구, 23(3), 20-31.
임선하 (1993). 개인 창의성에의 초대, 교보문고.
임유나 (2012). 통합 교육과정에 근거한 융합인재교육 (STEAM)의 문제점과 개선 방향. 초등교육연구, 25(4), 53-80.
임희준 (2014), 초등학생들의 과학 학습에 대한 인식과 과학 진로에 대한 인식과의 관계. 한국초등교육, 25(3), 227-238.
신영준 (2017). 2015 개정 교육과정에 제시된 적정기술, 지속 가능 발전, 기후변화, 에너지 교육 내용 분석. 에너지기후변화교육, 7(1), 15-23.
신세인, 하민수, 이준기, 박현주, 정덕호, 임재근 (2014). 고등학생들의 융합에 대한 태도 검사도구의 개발과 타당화. 한국과학교육학회지, 34(2), 123-134.
장희선 (2013). Netlogo 프로그래밍 활용 학습이 학습동기와 학습능력 향상에 미치는 영향 분석. 박사학위논문, 아주대학교.
전영국 (2015). 컴퓨터 프로그래밍과 창의성 발현 활동에 관한 질적 사례 연구: NetLogo 기반의 계산적 사고 중심으로. 컴퓨터교육학회 논문지, 18(3), 1-14.
전영국, 윤지현 (2016). 수학정보 영재반 학생의 자발적인 NetLogo 창의 프로젝트 활동에 관한 사례 탐구. 과학영재교육, 8(3), 145-166.
전윤식, 김정섭, 윤경미 (2003). 창의성 교육의 새로운 접근: 문제 찾기. 교육학연구, 41(3), 215-238.
정영근, 한혜정, 김종윤, 박은아, 변희현, 이인호, 김사훈, 안성훈, 박남정, 송지윤 (2016). 개정 교육과정에 따른 성취기준 코딩 체계 구축을 통한 교과 간 연계·융합 학습 강화 방안 연구. 한국교육과정평가원 연구보고 CRC, 5.
정웅열, 이영준 (2018). SW·수학·과학 융합형 교수-학습 자료에 나타난 교

육과정 성취기준 내용 분석. 컴퓨터교육학회 논문지, 21(5), 11-23.

정진현 (2011). 초등학생 공학기술 학습의 배경요인 조사 연구. 한국실과교육학회지, 24(3), 25-54.

조석희, 한석실, 안도희 (2005). 초등학교 고학년의 창의적 문제해결력에 영향을 미치는 정의적 특성에 대한 경로 분석. 교육심리연구, 19(3), 745-760.

조한진, 김태훈 (2013). 공학 교육 전공 대학생의 기술적 문제해결 성향과 기술적 문제해결력 간의 상관 관계 분석. 공학교육연구, 16(6), 38-44.

조헌국 (2018). 2015 개정 교육과정에서 나타나는 과학적 탐구 요소 분석: 과학탐구실험을 중심으로. 교과교육학연구, 22(3), 208-218.

조희형, 김희경, 윤희숙, 이기영 (2009). 과학교육의 이론과 실제, 교육과학사.

지덕영, 맹희주, 손연아 (2019). 지속가능발전교육 확산을 위한 과학교과와의 통합에 대한 초· 중등 교사들의 인식 조사. 한국환경교육학회 학술대회 자료집, 233-242.

최숙영 (2016). 문제해결의 관점에서 컴퓨팅사고 증진을 위한 교수-학습에 대한 연구. 컴퓨터교육학회 논문지, 19(1), 53-62.

최유현, 노진아, 임윤진, 이동원, 이은상, 노준호 (2013). 초·중·고등학생용 융합인재소양 측정도구 개발. 한국기술교육학회지, 13(2), 177-198.

최재천, 주일우 (2007). 지식의 통섭-학문의 경계를 넘다. 통섭원총서

최지연, 고연주, 이현주 (2019). 2015 개정 교육과정의 통합과학 및 통합사회 교과서에 제시된 과학기술관련 사회쟁점 비교분석. 학습자중심교과교육연구, 19(16), 1233-1256.

최현종, 이태욱 (2015). TPACK 모형에 기반한 예비 교사의 테크놀로지 지식 교육 프로그램 적용과 분석. 한국컴퓨터정보학회논문지, 20(2), 231-239.

하주현 (2003). 문제발견, 창의적 사고, 창의적 인성의 관계. 교육심리연구, 17(3), 99-115.

한국공학교육인증원 (2015). 공학교육인증기준 2015 (KEC2015).

한국교육학술정보원 (2020a). 포스트 COVID-19 대응 미래교육 체제 전환을 위한 에듀테크 동향 분석. 교육자료 RM2020-21. 한국교육학술정보원.

한국교육학술정보원 (2020b). 에듀테크 소프트랩(softLAB) 적용 방안 연구. 연구보고 RR 2020-8. 한국교육학술정보원.

한국교육학술정보원 (2021). 에듀테크 현장 적용 방안 연구. 한국교육학술정보원, 연구보고 CR 2021-4. 한국교육학술정보원.

한국과학기술기획평가원[KISTEP] (2014). Issue analysis and plan establishment

of creative science and technology human resource (연구보고서, KISTEP 2014-006).
한국과학창의재단 (2013). 유초중등 과학교육의 체계: 실천 관통개념 그리고 핵심 아이디어 (곽영직 번역) 한국과학창의재단 (지은이: Committee on Conceptual Framework for the New K-12 Science Education Standards; National Research Council) (원저: A Framework for K-12 Science Education: Practices, Crosscutting Concepts, and Core Ideas).
한국교육과정평가원[KICE] (2021). STEAM 학습준거 (https://steam.kofac.re.kr/?page_id=34).
한국콘텐츠진흥원 (2011). 보드게임의 교육적 효과 연구와 학습지도안 개발. [KOCCA]보고서, 2011년 4월호.
한금주, 남윤경, 윤진아 (2019). 초등 과학영재와 수학영재들의 어림측정 전략 비교. 영재교육연구, 29(4), 541-557.
한누리, 남윤경 (2018). 과학공학 융합수업을 통한 초등 과학 영재 학생들의 공학과 공학자에 대한 인식 변화. 한국지구과학회지, 39(3), 275-290.
한병래 (2013). 초등정보교육에서의 계산적사고 교육을 위한 언플러그드 컴퓨팅 방법에 관한 고찰. 정보교육학회논문지, 17(2), 147-156.
한선관, 김경신 (2007). 초등학생을 위한 컴퓨터과학의 언플러그드 학습 방법 연구. 정보교육학회논문지, 11(4), 497-504.
한혜숙, 노수혁 (2010). 5 학년 아동들의 수학적 의사소통 능력에 관한 사례 연구-말하기, 쓰기 능력을 중심으로. 한국학교수학회논문집, 13(1), 105-124.
한효순, 최병순, 강순민, 박종윤 (2002). 생각하는 과학'프로그램의 변인활동이 초등학생의 변인통제 능력에 미치는 효과. 한국과학교육학회지, 22(3), 571-585.
허경 (2019). 비전공자 대상 java SW 교육 강좌에서 마이크로비트를 이용한 컴퓨팅적 사고과정 교육 방법. 실천공학교육논문지, 11(2), 167-174.
홍석영 (2021). 컴퓨팅사고 기반 지구과학 언플러그드 활동의 효과와 시사점 탐색: 고체지구 영역의 문제해결을 중심으로. 대한지구과학교육학회지, 14(2), 80-94.
홍우주, 방정숙 (2008). 초등학교 6학년 수업에서의 수학적 의사소통과 학생의 수학적 사고 분석. 한국학교수학회논문집, 11(2), 201-219.
황혜정, 나귀수, 최승현, 박경미, 임재훈, 서동엽 (2016). 수학교육학신론. 서울: 문음사

Amabile, T. M. (1983). Creativity in context: Update to the social psychology of creativity. Boulder, CO: Westview.

Apedoe, X. S., Reynolds, B., Ellefson, M. R., & Schunn, C. D. (2008). Bringing engineering design into high school science classrooms: The heating/cooling unit. Journal of Science Education and Technology, 17(5), 454-465.

ATC21S (2012). Defining twenty-first century skills. Retrieved December 1, 2014, from http://www.atc21s.org.

Balamuralithara, B., & Woods, P. C. (2009). Virtual laboratories in engineering education: The simulation lab and remote lab. Computer Applications in Engineering Education, 17(1), 108-118.

Barr, V., & Stephenson, C. (2011). Bringing computational thinking to K-12: What is involved and what is the role of the computer science education community? Acm Inroads, 2(1), 48-54.

Besterfield-Sacre, M., Moreno, M., Shuman, L. J., & Atman, C. J. (2001). Gender and ethnicity differences in freshmen engineering student attitudes: A cross-institutional study. Journal of engineering Education, 90(4), 477-489.

Bebras Korea (2017). 함께 즐기는 컴퓨팅사고와 정보과학 비버챌린지 I 경기도: 생능출판.

Billiar, K., Hubelbank, J., Oliva, T., & Camesano, T. (2014). Teaching STEM by design. Advances in Engineering Education, 4(1), 1-21.

Brophy, S., Klein, S., Portsmore, M., & Rogers, C. (2008). Advancing engineering education in P-12 classrooms. Journal of Engineering Education, 97(3), 369-387.

Brownlow, S., Smith, T. J., & Ellis, B. R. (2002). How interest in science negatively influences perceptions of women. Journal of Science Education and Technology, 11(2), 135-144.

Bruner, J. S. (1963). The process of education, 이홍우 역 (1973). 교육과정.

교육신서 5.

Bundy, A. (2007). Computational thinking is pervasive. Journal of Scientific and Practical Computing, 1(2), 67-69.

Burgett, T., Folk, R., Fulton, J., Peel, A., Pontelli, E., & Szczepanski, V. (2015). DISSECT: Analysis of pedagogical techniques to integrate computational thinking into K-12 curricula. Paper presented at the 2015 IEEE Frontiers in Education Conference (FIE), 1-9.

Burghardt, M. D., & Hacker, M. (2004). Informed design: A contemporary approach to design pedagogy as the core process in technology. Technology Teacher, 64(1), 6-8.

Burgin, S. R., McConnell, W. J., & Flowers III, A. M. (2015). 'I actually contributed to their research': The influence of an abbreviated summer apprenticeship program in science and engineering for diverse high-school learners. International Journal of Science Education, 37(3), 411-445.

Burton, D. M. (1985). The history of mathematics: An introduction. Group, 3(3), 35.

Bybee, R. W., Carlson-Powell, J., & Trowbridge, L. W. (2008). Teaching secondary school science: Strategies for developing scientific literacy. Columbus: Pearson/Merrill/Prentice Hall.

Carson, D. K., & Runco, M. A. (1999). Creative problem solving and problem finding in young adults: Interconnections with stress, hassles, and coping abilities. The Journal of Creative Behavior, 33(3), 167-188.

Chamberlain, M. (2004). Design principles for teacher investigations of student work. Mathematics Teacher Education and Development, 6(2004), 61-72.

Chamberlin, S. A. & Coxbill, E. (2012). Using model-elicitingactivities to introduce upper elementary students tostatistical reasoning and mathematical modeling. Retrievedfrom http://www.uwyo.edu/wisdome/_files/documents/chamberlin_coxbill.pdf

Chamberlin, S. A., & Moon, S. M. (2005). Model-eliciting activities as a tool to develop and identify creatively gifted mathematicians. Journal of Secondary Gifted Education, 17(1), 37-47.

Chambers, D. W. (1983). Stereotypic images of the scientist: The draw-a-scientist test. Science Education, 67(2), 255-265.

Chinn, C. A., & Malhotra, B. A. (2002). Epistemologically authentic inquiry in schools: A theoretical framework for evaluating inquiry tasks. Science Education, 86(2), 175-218.

Choi, In-soo (2006). Creativity: A sudden risingstar in korea. In J. C. Kaufman, & R. J. Sternberg (eds), International handbook of creativity(pp. 395-420). Cambridge University Press.

Chongo, S., Osman, K., & Nayan, N. A. (2021). Impact of the Plugged-In and Unplugged Chemistry Computational Thinking Modules on Achievement in Chemistry. EURASIA Journal of Mathematics, Science and Technology Education, 17(4).

Clement, J. (2008). Creative model construction in scientists and students: The role of imagery, analogy, and mental simulation Springer Science & Business Media B.V.

Corbett, C. & Hill, C. (2015). Solving the Equation: The Variables for Women's Success in Engineering and Computing. Washington, DC: American Association of University Women.

Crismond, D. P., & Adams, R. S. (2012). The informed design teaching & learning matrix. Journal of Engineering Education-Washington, 101(4), 738-797.

Cropley, A. J., & Urban, K. K. (2000). Programs and strategies for nurturing creativity. International handbook of giftedness and talent, 2, 485-498.

Cunningham, C. M. (2017). Engineering in elementary STEM education: Curriculum design, instruction, learning, and assessment. Teachers College Press.

Cunningham, C., & Lachapelle, C. (2010). The impact of engineering is elementary (EiE) on students' attitudes toward engineering and science. In: ASEE Annual Conferenceand Exposition. Louisville, KY.

Dare, E. A., Ring-Whalen, E. A., & Roehrig, G. H. (2019). Creating a continuum of STEM models: Exploring how K-12 science teachers conceptualize STEM education. International Journal of Science Education, 41(12), 1701-1720.

Dayton Regional STEM Center (2011). A Framework for Quality STEM Education.

Davis, G. A., & Rimm, S. B. (1998). Education of the gifted and talented. Needham Heights. MA: Allyn and Bacon.

Deek, F. P., Hiltz, S. R., Kimmel, H., & Rotter, N. (1999). Cognitive assessment of students' problem solving and program development skills. Journal of Engineering Education, 88(3), 317-326.

Dewey, J. (1938). Democracy and education. New York: Macmillan.

Dickes, A. C., & Sengupta, P. (2013). Learning natural selection in 4th grade with multi-agent-based computational models. Research in Science Education, 43(3), 921-953.

EBS (2017). EBS 다큐프라임 <4차 산업혁명 시대 교육대혁명>.

Dickey, D. M. (2005). Three-dimensional virtual worlds and distance learning: Two case studies of active worlds as a medium for distance education. British Journal of Educational Technology, 36(3), 439-451. https://doi.org/10.1111/j.1467-8535.2005.00477.x

Economics and Statistics Administration (2017). Women in STEM: 2017 Update. Washington, DC:U.S. Department of Commerce.

Engineering is Elementary (2019). Engineering Design Process. Retrieved from https://www.eie.org/overview/engineering-design-process

EngrTEAMS (2017). Curricular Units. Developed by University of Minnesota & Purdue University Research Foundation. Retrieved fromhttps://sites.

google.com/a/umn.edu/engrteams/

Fenwick, G. D., & Neal, D. J. (2001). Effect of gender composition on group performance. Gender, Work & Organization, 8(2), 205-225.

Fischbein, E. (1987). Intuition in science and mathematics: An educational approach. Dordrecht: Reidel Publishing Company.

Formanack, G. (2008). The Importance of Language: The Partnership for 21st Century Skills and AASL Standards. School Library Media Activities Monthly, 25(1), 28-30.

Fortus, D., Krajcik, J., Dershimer, R. C., Marx, R. W., & Mamlok-Naaman, R. (2005). Design-based science and real-world problem-solving. International Journal of Science Education, 27(7), 855-879.

Fralick, B., Kearn, J., Thompson, S., & Lyons, J. (2009). How middle schoolers draw engineers and scientists. Journal of Science Education and Technology, 18(1), 60-73.

Gkiolmas, A., Karamanos, K., Chalkidis, A., Skordoulis, C., Papaconstantinou, M., & Stavrou, D. (2013). Using simulations of netlogo as a tool for introducing greek high-school students to eco-systemic thinking. Advances in Systems Science and Applications, 13(3), 276-298.

Glancy, A. W., Moore, T. J., Guzey, S., & Smith, K. A. (2017). Students' successes and challenges applying data analysis and measurement skills in a fifth-grade integrated STEM unit. Journal of Pre-College Engineering Education Research (J-PEER), 7(1), 5.

Guilford, J. P. (1967). Creativity: Yesterday, today and tomorrow. The Journal of Creative Behavior, 1(1), 3-14.

Guilford, J. P. (1967). The nature of human intelligence.

Guzey, S. S., Tank, K., Wang, H., Roehrig, G., & Moore, T. (2014). A high-quality professional development for teachers of grades 3-6 for implementing engineering into classrooms. School Science and Mathematics, 114(3), 139-149.

Hango, D. W. (2013). Gender differences in science, technology, engineering, mathematics and computer science (STEM) programs at university. Statistics Canada= Statistique Canada.

Harms, H. R., & Janosz, D. A. (2012). Pre-engineering. McGraw Hill Education.

Helson, R. (1996). In search of the creative personality. Creativity Research Journal, 9(4), 295-306.

Heller, K. A. (2007). Scientific ability and creativity. High Ability Studies, 18(2), 209-234.

Henderson, P. B. (2009). Ubiquitous computational thinking. Computer, 42(10), 100-102.

Herron, M. D. (1971). The nature of scientific enquiry. The school review, 79(2), 171-212.

Hirsch, L. S., Berliner-Heyman, S., Cano, R., Kimmel, H., & Carpinelli, J. (2011). Middle school girls' perceptions of engineers before and after a female only summer enrichment program. Paper presented at the 2011 Frontiers in Education Conference (FIE), S2D-6.

Hjalmarson, M., & Lesh, R. (2008). Engineering and design research: Intersections for education research and design. In A.E. Kelly, R.A. Lesh and J.Y. Baek (Ed.), Handbook of Design Research Methods in Education: Innovations in Science, Technology, Engineering, and Mathematics Learning and Teaching (pp. 96-110). Routledge.

Holly, J., Glancy, A. W., & Moore, T. J. (2015, June). Rehash Your Trash: An EngrTEAMS STEM Integration Recycling Curricular Module. In 2015 ASEE Workshop on K-12 Engineering Education (pp. 18-24).

Hoover, S. M., & Feldhusen, J. F. (1990). The scientific hypothesis formulation ability of gifted ninth-grade students. Journal of Educational Psychology, 82(4), 838.

Hutchinson, J., & Karsnitz, J. (1993). Design and problem solving in technology. New York, United States: Glencoe/McGraw-Hill School Pub.

Hynes, M., Portsmore, M., Dare, E., Milto, E., Rogers, C., Hammer, D., & Carberry, A. (2011). Infusing engineering design into high school STEM courses 2011. Retrieved from https://digitalcommons.usu.edu/ncete_publications/165.

Isaksen, S. G., & Treffinger, D. J. (1985). Creative problem solving: The basic course. buffalo, NY: Brearly limited.

Isaksen, S. G., Dorval, K. B., & Treffinger, D. J. (2000). Creative approaches to problem solving: A framework for change Kendall Hunt Publishing Company.

ISTE, I., & CSTA, C. (2011). Operational definition of computational thinking for K-12 education. National Science Foundation.

Karatas, F. O., Micklos, A., & Bodner, G. M. (2011). Sixth-grade students' views of the nature of engineering and images of engineers. Journal of Science Education and Technology, 20(2), 123-135.

Kennedy, T. J., & Odell, M. (2014). Engaging students in STEM education. Science Education International, 25(3), 246-258.

KICE. (2014). Education study on curriculum development direction. Korea Institute for Curriculum and Evaluation(KICE). research report. CRC 2014-7.

Knight, M., & Cunningham, C. (2004). Draw an engineer test (DAET): Development of a tool to investigate students' ideas about engineers and engineering. In American Society for Engineering Education National Conference and Exposition.

Koehler, M., & Mishra, P. (2009). What is technological pedagogical content knowledge (TPACK)?. Contemporary issues in technology and teacher education, 9(1), 60-70.

Korea Foundation for The Advancement of Science & Creativity, (2016). 2015 Investigation Report about Korea STEAM Education and an

Analysis of Its Impact. Retrieved from https://steam.kofac.re.kr/?type=%EC%97%B0%EA%B5%AC%EB%B3%B4%EA%B3%A0%EC%84%9C&paged=3

Korea Institute of S&T Evaluation and Planning (2014). Issue analysis and plan establishment of creative science and technology human resource (Research Report, KISTEP 2014-006). Retrieved from http://www.kistep.re.kr/c3/sub2_2.jsp

Lawson, A. E. (1995). Science teaching and the development of thinking. Belmont, CA: Wadsworth.

Lee, D. & Nam, Y. (2021). Elementary Student's Perception Changes about Their Creativity During Engineering Design Process. Summer 2021 Conference of the Korea Association for Science Education (July 26~27).

Lesh, R. & Doerr, H. (2003). Foundations of a model and modeling perspective on mathematics teaching, learning, and problem solving.

Lesh, R., & Harel, G. (2003). Problem solving, modeling, and local conceptual development. Mathematical Thinking and Learning, 5(2/3), 157-189.

Lesh, R., Hoover, M., Hole, B., Kelly, A., & Post, T. R. (2000). Principles for developing thought-revealing activities for students and teachers. Research design in mathematics and science education (pp. 591-646). Lawrence Erlbaum Associates, Inc.

Lindgren, R. & Schwartz, D. L. (2009). Spatial learning and computer simulations in science. International Journal of Science Education, 31(3), 419-438.

Llewellyn, D. (2013). Inquire within: Implementing inquiry-and argument-based science standards in grades 3-8. Corwin press.

Lockwood, J., & Mooney, A. (2017). Computational thinking in education: Where does it fit? A systematic literary review. arXiv Preprint arXiv:1703.07659

Lubart, T. I. (1994). Product-centered self-evaluation and the creative process.

Doctoral dissertation, Yale University.

Lunetta, V. N., Hofstein, A., & Clough, M. P. (2007). Learning and teaching in the school science laboratory: An analysis of research, theory, and practice. Handbook of Research on Science Education, 2, 393-441.

Martin, M. O., Mullis, I. V. S., Foy, P., & Hooper, M. (2016). TIMSS 2015 International Results in Science. Retrieved from Boston College, TIMSS & PIRLS International Student Center website: http://timssandpirls.bc.edu/timss2015/international-results/

Massachusetts Department of Education (MDE) (2006). Massachusetts Science and Technology/Engineering Curriculum Framework.

Mayer, R. E. (1999). Multimedia aids to problem-solving transfer. International Journal of Educational Research, 31(7), 611-623.

MDE(Massachusetts Department of Elementary and Secondary Education) (2016). 2016 massachusetts science and Technology/Engineering curriculum framework. Retrieved from http://www.doe.mass.edu/frameworks/scitech/ 2016-04.pdf.

Mead, M., & Metraux, R. (1957). Image of the scientist among high-school students. Science, 126(3270), 384-390.

Mensan, T., Osman, K., & Majid, N. A. A. (2020). Development and Validation of Unplugged Activity of Computational Thinking in Science Module to Integrate Computational Thinking in Primary Science Education. Science Education International, 31(2), 142-149.

Ministry of Education (2015). Reformed National Science Education Standard. Report# 2015-74. [Appendix 9] Retrieved from http://www.gjue.ac.kr/gjue/preview/ 1489212933882/index.html;jsessionid=467E80329D4F568706693DC141494F9B

Ministry of Education (2017). Science, Mathematics, and Information Education Promotion Act [Law No.14903].

Ministry of Education and Science Technology[MEST] & Korea Foundation for the Advancement of Science & Creativity[KOFAC] (2012). Teacher training program for STEAM education. Seoul, Korea: Author.

Ministry of Education, Science and Technology (2010). 2011 Business report-Opening Korea with a creative talented person and a developed scientific technology. Seoul, Korea, 16 p. (in Korean)

Ministry of Education, Science, and Technology (2010). Executive report to president Park Geun-Hye, Preparing creative human resources and advanced science and technology for Korea's future. Retrieved from http://www.moe.go.kr/web/110499/ko/board/view.do?bbsId=346&boardSeq=14388

Ministry of Education[MOE] (2015). 2015 revised curriculum general remarks and particulars defined published. Ministry of Education.

Moore, T. J., Glancy, A. W., Tank, K. M., Kersten, J. A., Smith, K. A., & Stohlmann, M. S. (2014). A framework for quality K-12 engineering education: Research and development. Journal of Pre-College Engineering Education Research (J-PEER), 4(1), 2.

Moore, T. J., Miller, R. L., Lesh, R. A., Stohlmann, M. S., & Kim, Y. R. (2013). Modeling in engineering: The role of representational fluency in students' conceptual understanding. Journal of Engineering Education, 102(1), 141-178.

Moore, T. J., Tank, K. M., Glancy, A. W., & Kersten, J. A. (2015). NGSS and the landscape of engineering in K-12 state science standards. Journal of Research in Science Teaching, 52(3), 296-318.

Moore, T. J., Tank, K. M., Glancy, A. W., Kersten, J. A., & Ntow, F. D. (2013). The status of engineering in the current K-12 state science standards (research to practice). Paper presented at the 2013 ASEE Annual Conference & Exposition, 23.1234. 1-23.1234. 23.

Moss, E., & Cervato, C. (2016). Quantifying the level of inquiry in a reformed introductory geology lab course. Journal of Geoscience

Education, 64(2), 125-137.

Museum of Science, Boston (2019). Engineering design process. Retrieved from https://www.eie.org/overview/engineering-design-process

Nam, Y., Lee, S., & Paik, S. (2016). The impact of engineering integrated science (EIS) curricula on first-year technical high school students' attitudes toward science and perceptions of engineering. Eurasia Journal of Mathematics, Science and Technology Education, 12(7), 1881-1907.

National Research Council (2000). Inquiry and the national science education standards: A guide for teaching and learning. Washington, DC: The National Academies Press. https://doi.org/10.17226/9596.

National Research Council (2009). Engineering in K-12 education: Understanding the status and improving the prospects. National Academies Press.

National Research Council (2010). Standards for K-12 engineering education? National Academies Press.

National Research Council (2011). Successful K-12 STEM education: Identifying effective approaches in science, technology, engineering, and mathematics. National Academies Press.

National Research Council (2012). A framework for K-12 science education: Practices, crosscutting concepts, and core ideas. National Academies Press.

National Science Foundation (2010). Preparing the next generation of stem innovators: Identifying and developing our nation's human capital National Science Foundation.

NCTM (1991). Mathematical modeling in the secondary school curriculum, In Frank Swetz and J. S. Hartzler(Eds.). Reston, VA: The National Council of Teachers of Mathematics.

NGSS Lead States (2013). Next Generation Science Standards: For States, By States. The National Academies Press.

Organisation for Economic Co-operation and Development (2009). Top of the class: High performers in science in PISA 2006. ERIC Clearinghouse.

Oware, E., Capobianco, B., & Diefes-Dux, H. (2007). Gifted students' perceptions of engineers? A study of students in a summer outreach program. Paper presented at the 2007 Annual Conference & Exposition, 12.784. 1-12.784. 13.0

Park, K., & Lee, H. (2014). Elementary students' perceived images of engineers. Journal of the Korean Earth Science Society, 35(5), 375-384.

Park, M., Nam, Y., Moore, T., & Roehrig, G. (2011). The impact of integrating engineering into science learning on student's conceptual understandings of the concept of heat transfer. Journal of the Korean Society of Earth Science Education, 4(2), 89-101.

Parong, J., & Mayer, R. E. (2018). Learning science in immersive virtual reality. Journal of Educational Psychology, 110(6), 785.

Partnership for 21st Century Skills. (2009). P21 framework definitions. P21 framework definitions. Retrieved December 1, 2014, from http://www.p21.org

Polya, G. (1971). How to solve it: A new aspect of mathematical method mathematical method(2nd ed.). Princeton University Press.

Ring-Whalen, E., Dare, E., Roehrig, G., Titu, P., & Crotty, E. (2018). From conception to curricula: The role of science, technology, engineering, and mathematics in integrated STEM units. International Journal of Education in Mathematics, Science and Technology, 6(4), 343-362.

Rodriguez, B., Rader, C., & Camp, T. (2016). Using student performance to assess CS unplugged activities in a classroom environment. Paper presented at the Proceedings of the 2016 ACM Conference on Innovation and Technology in Computer Science Education, 95-100.

Roehrig, G. H. (2017). A curricular framework for integrated STEM. In: Science and engineering integrated STEM education. Workshop conducted at the Pusan National University, Pusan, South Korea.

Roehrig, G. H., Ring, E., Dare, E., & Wieselmann, J. (2017). Evaluating the Quality of Integrated STEM Curriculum. In Proceedings of the Annual Meeting of Japan Society for Science Education 41 (pp. 63-66). Japan Society for Science Education.

Proudfoot, D., Kay, A. C., & Koval, C. Z. (2015). A gender bias in the attribution of creativity: Archival and experimental evidence for the perceived association between masculinity and creative thinking. Psychological science, 26(11), 1751-1761.

Runco, M. A., & Acar, S. (2012). Divergent thinking as an indicator of creative potential. Creativity Research Journal, 24(1), 1-10.

Sadeh, I., & Zion, M. (2009). The development of dynamic inquiry performances within an open inquiry setting: A comparison to guided inquiry setting. Journal of Research in Science Teaching: The Official Journal of the National Association for Research in Science Teaching, 46(10), 1137-1160.

Salmon, W. (1967). The foundations of scientific inference, pittsburgh: The University of pittsburgh press. Salmon The Foundations of Scientific Inference 1967.

Schmidt, D. A., Baran, E., Thompson, A. D., Mishra, P., Koehler, M. J., & Shin, T. S. (2009). Technological pedagogical content knowledge (TPACK) the development and validation of an assessment instrument for preservice teachers. Journal of Research on Technology in Education, 42(2), 123-149.

Schoenfeld, A. H. (1985). Mathematical problem solving. New York: Academic Press.

Schwab, J.J. (1962). The teaching of science as enquiry. In The teaching of science, eds. J.J. Schwab and P.F. Brandwein, 3–103. Cambridge, MA: Harvard University Press.

Schwab, J. J. (1966). The teaching of science: The teaching of science as enquiry. Harvard University Press.

Selby, C., Dorling, M., & Woollard, J. (2014). Evidence of assessing computational thinking. Brookes e-Journal of Learning and Teaching, 1-12.

Sivaraj, R., Ellis, J. A., Wieselmann, J. R., & Roehrig, G. H. (2020). Computational participation and the learner-technology pairing in K-12 STEM education. Human Behavior and Emerging Technologies, 2(4), 387-400.

Slater, M. (2009). Place illusion and plausibility can lead to realistic behaviour in immersive virtual environments. Philosophical Transactions of the Royal Society B: Biological Sciences, 364(1535), 3549-3557. https://www.ncbi.nlm.nih.gov/pmc/articles/PMC2781884/

So, W. W. M., Zhan, Y., Chow, S. C. F., & Leung, C. F. (2018). Analysis of STEM activities in primary students' science projects in an informal learning environment. International Journal of Science and Mathematics Education, 16(6), 1003-1023.

STEM Graduate (2019). Retrieved from https://www.stemgraduates.co.uk/

Sternberg, R. J. (2006). The nature of creativity. Creativity research journal, 18(1), 87.

Sternberg, R. J., & Lubart, T. I. (1993a). Creative giftedness: A multivariate investment approach. Gifted Child Quarterly, 37(1), 7-15.

Sternberg, R. J., & Lubart, T. I. (1993b). Investing in creativity. Psychological Inquiry, 4(3), 229-232.

Shulman, L. S. (1986). Those who understand: Knowledge growth in teaching. Educational Researcher, 15, 4-14.

Taub, R., Armoni, M., & Ben-Ari, M. (2012). CS unplugged and middle-school students' views, attitudes, and intentions regarding CS. ACM Transactions on Computing Education (TOCE), 12(2), 1-29.

Thompson, S., & Lyons, J. (2005). A study examining change in underrepresented student views of engineering as a result of working with engineers in the elementary classroom. Paper presented at the 2005 Annual Conference, 10.92. 1-10.92. 14.

Trilling, B., & Fadel, C. (2009). 21st century skills: Learning for life in our times John Wiley & Sons.

UNESCO (2009). Review of the Context and Structure for Education for Sustainable Develop- ment Learning for Sustainable World. UNESCO, Paris.

Wang, L., Zhang, R., Clarke, D., & Wang, W. (2014). Enactment of scientific inquiry: Observation of two cases at different grade levels in china mainland. Journal of Science Education and Technology, 23(2), 280-297.

Weintrop, D., Beheshti, E., Horn, M., Orton, K., Jona, K., Trouille, L., & Wilensky, U. (2016). Defining computational thinking for mathematics and science classrooms. Journal of Science Education and Technology, 25(1), 127-147.

Wieselmann, J. R., Dare, E. A., Ring-Whalen, E. A., & Roehrig, G. H. (2020). "I just do what the boys tell me": Exploring small group student interactions in an integrated STEM unit. Journal of Research in Science Teaching, 57(1), 112-144.

William, K. C (2021). Top 5 Trends Impacting K-12 Education in 2021, Gartner. https://www.gartner.com/en/doc/736049-top-5-trends-impacting-k-12-education-in-2021

Wing, J. M. (2006). Computational thinking. Communications of the ACM, 49(3), 33-35.

Wing, J. M. (2008). Computational thinking and thinking about computing. Philosophical Transactions of the Royal Society A: Mathematical, Physical and Engineering Sciences, 366(1881), 3717-3725.

Woolfolk, A. E. (1995). Educational Psychology.(6th ed.) London : Allyn and Bacon.

Yıldırım, G., Yıldırım, S., & Çelik, E. (2018). A New insight – 3d printers and their instructional use: a content analysis. Bayburt Eğitim Fakültesi Dergisi, 13(25), 163-184. Retrieved from http://dergipark.gov.tr/download/article-file/498694.

색인

ㅍ

ㅎ

우리시대 질문총서 12

미래세대를 위한 과학 융합교육

초판 인쇄 2022년 3월 18일

초판 발행 2022년 3월 25일

저자 남윤경

기획 우리시대 질문총서 제작위원회

간사 장윤서 · 김은진

교정·교열 이해숙

디자인·편집 배영미

발행인 차정인

펴낸곳 부산대학교출판문화원

출판등록 제1983-000001호 1983.11.10.

부산광역시 금정구 부산대학로 63번길 2 (우편번호46241)

대표전화 051-510-1932 팩시밀리 051-512-7812

https://press.pusan.ac.kr

ISBN 978 - 89 - 7316 - 739 - 5 (04500)

978 - 89 - 7316 - 650 - 3 (세트)

※ 이 총서는 부산대학교 국립대학육성사업(REN)의 지원으로 제작되었습니다.